LES
ŒVVRES
DE
MISERICORDE.

Par le R. P. YVES de Paris,
Capucin.

A PARIS,
Chez la vefue THIERRY, & DENIS THIERRY,
ruë S. Iacques, à l'enseigne de S. Denis,
& de la Ville de Paris.

M. DC. LXI.
Auec Approbation, & Priuilege du Roy.

Permissions d'imprimer.

F. Simplicianus à Milano ordinis FF. Capucinorum Generalis minister, licet immeritus.

Reuerend. in Christo Patri Yuoni Parisino, eiusdem ordinis concionatori & exdefinitori. S.

CVM à duobus prædecessoribus nostris, R. P. V. alias impertita fuerit licentia Generalis, vt quæcumque componeret opera à duobus ordinis nostri Theologis prius reuisa & approbata prelo committere posset, & ejusdem concessionis confirmationem postulet à nobis: id ipsum æquum ducentes, præsentium litterarum virtute prædictam facultatem, à prædecessoribus nostris elargitam, confirmamus atque impartimur. In quorum fidem præsentes officij nostri sigillo munitas, & manu propria subsignatas, dedimus Romæ. Pridie nonas Septemb. 1656.

F. Simplicianus, Minister Generalis.

EGo infra scriptus Prouincialis Prouinciæ Parisiensis fratrum Minorum Capucinorum, visa licentia ad. R. P. Generalis ordinis nostri, qua permittitur R. P. Yuoni Parisino concionatori ejusdem ordinis, & Prouinciæ nostræ Parisiensis exdefinitori, typis committere quæ cōposuisset opera. Inhærendo supradictæ licentiæ, cōsentio quantum in me est, vt liber ab ipso compositus, cui titulus est; *Les œuures de Misericorde*, à duobus ordinis nostri Theologis approbatus typis mandetur, seruatis insuper omnibus alijs de jure seruandis. Datum Parisijs, die 10. Octob. 1660.

F. Basilius Parisi. Prouinc. in.

Approbation des Theologiens.

NOvs sous-signez Capucins, Professeurs en Theologie, certifiōs auoir leu auec attention le Liure des œuures de Misericorde, composé par le R. P. Yues de Paris, Pred. Capucin, & n'y auoir rien trouué qui ne soit conforme aux sentimens de la foy & aux veritez du Christianisme : C'est pourquoy nous l'auons approuué auec plaisir, comme vn ouurage digne d'estre veu de tout le monde, qui en pourra tirer de tres-belles instructions. Fait à Paris en nôtre Conuent de la Cōception, le 1. Aoust 1660.

F. Hierosme de Sens, Gardien de la Conception,
& definiteur de la Prouince de Paris.
F. Martial de Rion, Pred. Capucin.

Extraict du Priuilege du Roy.

PAR Grace & Priuilege du Roy, en datte du 10. Nouembre 1660. signé PATV; Il est permis au R. P. YVES de Paris, Predicateur Capucin, de faire imprimer par tel Libraire ou Imprimeur qu'il voudra choisir, le Liure par luy composé, intitulé, *Les Oeuures de Misericorde*, auec deffences à tous autres, que ceux par luy choisis, de l'imprimer ny contrefaire, sous les peines portées en l'Original.

Ledit R. Pere a cedé & transporté son droit du present Priuilege, à la veufue & DENIS THIERRY pour en iouyr.

Acheué d'imprimer la premiere fois, le 1. iour de Decembre 1660.

Nous Federic Sforza, des Comtes de sainte Flore, Prothonotaire du S. Siege Apostolique, du nombre des participans, Referendaire de l'vne & l'autre signature de nostre S. Pere le Pape, Vice-Legat & Gouuerneur general de la legation d'Auignon; Permettons par grace & priuilege special, aux RR. PP. Yues de Paris, & Zacharie de Lizieux, Predicateurs Capucins, de faire imprimer les œuures par eux respectiuement faites, & par tel Imprimeur qu'ils voudront choisir, & ce durant le temps & espace de dix ans, à commencer du iour que lesdites œuures auront esté acheuées d'imprimer pour la premiere fois, faisant expresses inhibitions & deffenses, à tous autres Libraires & Imprimeurs de cette ville d'Auignon, & Comté de Venise, & autres personnes de quelque qualité & condition qu'elles soient, d'imprimer ou faire imprimer, vendre & debiter les œuures desdits Peres Yues, & Zacharie durant ledit temps, en quelque façon & maniere que ce soit, si ce n'est du consentement desdits Peres, ou de l'Imprimeur, ou Imprimeurs qu'ils auront choisi, à peine de cinq cent liures d'amende, applicables au fisc de sa Sainteté, & confiscation des exemplaires contrefaits. Donné à Auignon, au Palais Apostolique, le 22. iour du mois de Decembre 1642.

        I. SFORTIA.

TABLE DES CHAPITRES.

Et œuvres de misericorde, fol. 1.
Avant-propos, fol. 1.
Chapitre I. *L'instinct porte toutes choses à soulager leurs semblables,* 11
Chap. II. *Entre toutes les creatures, l'homme a des sentimens plus vifs de misericorde,* 17
Chap. III. *Dans la necessité l'on doit du secours à tous les hommes,* 25
Chap. IV. *Le sentiment naturel de misericorde n'est pas sans quelque imperfection,* 30
Chap. V. *La Religion Chrestienne a des motifs de misericorde plus épurez, & plus sublimes que ceux de la nature.* 35
Chap. VI. *La charité qu'on a pour le prochain, est une suite & une dépendance necessaire de l'amour de Dieu,* 43
Chap. VII. *Iesus-Christ veut que tous les fidelles ne forment qu'un corps animé de son esprit,* 50
Chap. VIII. *L'intelligence & les secours reciproques, qui doivent estre entre les membres de Iesus-*

TABLE

Chrift, 56

Chap. IX. *Les bonnes œuures se doiuent faire auec la foy de l'Eglise,* 63

Chap. X. *Les diuers estats de la vie ciuile ne doiuent pas empescher les parfaites vnions de la charité,* 72

Chap. XI. *Les plus puissants sont establis de Dieu pour le soulagement des autres,* 78

Chap. XII. *Les plus puissans ont besoin d'estre assistez par les plus petits,* 91

Chap. XIII. *Les personnes pourueuës de benefices sont particulierement obligées d'assister les pauures,* 98

Chap. XIV. *Le luxe & les profusions ne doiuent pas passer pour aumosnes, sous pretexte qu'elles donnent sujet aux pauures de gaigner leur vie,* 106

Chap. XV. *Chacun doit assister les pauures à proportion de ses moyens,* 112

Chap. XVI. *L'aumosne ne se doit pas seulement faire de ce que l'on tient pour superflu,* 120

Chap. XVII. *Les bonnes œuures de pieté doiuent estre accompagnées de l'aumosne.* 130

Chap. XVIII *L'aumosne faite auec charité est vn sacrifice d'expiation,* 136

Chap. XIX. *De l'aumosne faite aux Religieux mendiants,* 143

Chap. XX. *Exercer les œuures charitables en personne,*

DES CHAPITRES.

sonne, & par ses propres mains, 152

Chap. XXI. Les respects humains ne doiuent pas empescher les bons offices de charité, 160

Chap. XXII. Donner sans reproches & sans inue-ctiues. 166

Chap. XXIII. Ne se rebuter point de faire l'aumosne pour quelques desordres qu'on void entre les pauures, 171

Chap. XXIV. Des trop grandes apprehensions d'af-foiblir ses biens par les aumosnes, 178

Chap. XXV. Les recompenses de l'aumosne, 183

Chap. XXVI. Se faire un droit & une habitude de l'aumosne, 189

Chap. XXVII. Le plus seur est de faire les bonnes œuvres de charité pendant sa vie, 195

Chap. XXVIII. Des legs pieux. 200

Chap. XXIX. Des saintes Congregations pour l'exercice de charité, 209

Chap. XXX. Quelques poincts à remarquer dans les Congregations charitables, 215

SECONDE PARTIE.

Des differents emplois de la charité, 223
Auant-propos, 223
Chapitre I. La charité garde des ordres en la

TABLE

distribution de ses secours, 230

Chapitre II. *Exposer les biens & sa personne pour un interest public,* 236

Chap. III. *Les parens pauures doiuent estre soulagez par preference,* 247

Chap. IV. *Les plus vertueux sont preferables aux autres,* 255

Chap. V. *L'aumosne se doit particulierement aux pauures tombez dans l'impuissance de gaigner leur vie,* 261

Chap. VI. *Les pauures honteux souffrent beaucoup, & meritent vn prompt secours,* 266

Chap. VII. *Assister les prisonniers,* 272

Chap. VIII. *Des charitez publiques,* 278

Chap. IX. *De l'equité,* 284

Chap. X. *Des hospitaux pour receuoir les pelerins,* 290

Chap. XI. *Des hospitaux où les pauures sont enfermez,* 295

Chap. XII. *Des hospitaux où les malades sont assistez,* 303

Chap. XIII. *Recueillir les enfans exposez,* 307

Chap. XIV. *L'education des pauures enfans,* 312

Chap. XV. *Des Academies pour l'education des enfans nobles, mais pauures,* 317

Chap. XVI. *Pouruoir les pauures filles,* 327

Chap. XVII. *Rendre des visites officieuses aux malades,* 328

DES CHAPITRES.

Chap. XVIII. *Si l'innocence est opprimee, luy donner tout ce qu'on peut de secours,* 335

Chap. XIX. *Empécher autant qu'il se peut les malheurs publics,* 340

Chap. XX. *Rompre les mauuais desseins par de bons aduis,* 46

Chap. XXI. *Déliurer les pauures Chrestiens, que le Turc tient dans vne cruelle captiuité,* 352

Chap. XXII. *Les œuures spirituelles de misericorde,* 375

Chap. XXIII. *Instruire les ignorans,* 380

Chap. XXIV. *Trauailler à la conuersion des heretiques,* 387

Chap. XXV. *Mettre les nouueaux conuertis à couuert des outrages, & des necessitez que les heretiques leur font souffrir,* 399

Chap. XXVI. *Donner de bons conseils,* 405

Chap. XXVII. *Consoler les affligez,* 416

Chap. XXVIII. *Appaiser les querelles & les procez,* 424

Chap. XXIX. *Toutes les œuures charitables doiuent estre accompagnées de la priere,* 434

Chap. XXX. *Assister les defuncts de nos suffrages,* 439

Fin de la Table des Chapitres.

LES

LES OEVVRES DE MISERICORDE.

AVANT-PROPOS.

SI l'on considere les presages, la naissance, les progrez, la fin, tous les mysteres de la Religion Chrestienne, & les grands effets qui ont partagé les siecles depuis la creation du monde; ils ne font que nous representer les misericordes infinies de Dieu, à soulager les infirmitez de l'homme. Par tout, c'est vne mesme bonté, qui selon la necessité des âges, & la disposition des esprits, paroist sous des visages, & auec des remedes differens, pour guerir les maladies de nostre nature. Pour expliquer ces écoulemens de grace proportionnez aux sujets qui les reçoiuent, l'Escriture sainte en mille endroits, qu'il seroit trop long de rapporter, se sert des comparaisons

A

LES OEVVRES

de l'eau qui donne à la terre, tout ce qu'elle a de feconditez. Cela se fait par trois moyens fort differents, qui nous peuuent representer les trois estats de l'Eglise, durant la loy de la Nature, celle de Moyse, & celle de l'Euangile.

Premierement, les eaux se tiennent couuertes dans les abysmes de la terre, & font là de grands reseruoirs, d'où procedent les humiditez qui seruent à la formation des métaux, des marcassites, des pierreries, de toutes les coagulations; elles entretiennent les mers dans ce qu'elles ont d'égalité; elles remplissent les veines de la terre; elles font enfin couler en sa surface les fonteines & les fleuues. C'est la seconde maniere que gardent les eaux pour gratifier le monde; mais auec beaucoup d'esclat, quand elles tombent à gros bouïllons des montagnes, lors qu'estant tranquilles dans les plaines, elles font le miroir du Ciel; qu'estant assemblées elles forment de grosses riuieres si fauorables au commerce, & aux Prouinces, ou prenant leur cours, elles y laissent l'abondance.

Durant la loy de Nature, les graces diuines qui l'accompagneirent, se tenoient cachées au secret des cœurs, dans cette abysme im-

DE MISERICORDE.

penetrable aux yeux des hommes, quoy qu'elles y ayent fait de grandes & miraculeuses productions; Car elles ont formé les Patriarches pleins de zele dans leurs familles pour l'adoration de Dieu, & le soulagement du prochain en esprit & verité. Nous remarquons en leurs vies des amplitudes de vertus qui ont esté les sources & les origines de celles qu'ont eu les siecles suiuants, & qui nous sont encore tres-precieuses; neantmoins elles ne pûrent empescher que tout le reste des hommes ne se corrompist par des vices tellement abominables, qu'il fallut des deluges d'eau & de feu pour en nettoyer le monde. Cette loy donc de la nature estant comme estouffée dans les cœurs, sans effet pour la conduite raisonnable de la vie, Dieu se sert du Ministere des Anges & de Moyse, pour en donner vne autre plus expresse : elle est grauée sur le marbre, afin qu'estant l'objet des yeux, elle y attache dauantage les esprits; elle est apportée de la montagne auec vn fracas épouuantable; elle prescrit le culte de la Religion, auec vne pompe magnifique de ceremonies prise sur l'idée de l'ordre & du mouuement des Cieux; elle promet, elle donne des recompenses temporelles à ceux qui la gardent, & par des victoires miracu-

A ij

leuses elle les met en possession du plus beau climat du monde. Mais comme elle n'oblige qu'vn peuple, comme elle est quasi toute en l'exterieur, & qu'elle ressemble aux riuieres qui paroissant beaucoup n'arrousent qu'au long des riuages où elles passent, elle ne fut par effet que le presage & la figure d'vne autre loy plus sainte, plus vniuerselle, signifiée par le troisiéme moyen, dont l'eau sert à guerir les sterilitez de la terre.

De ce globe de deux élemens, l'vn liquide, l'autre détrempé, le Ciel par sa chaleur en extrait beaucoup de vapeurs, d'vn corps grossier & pesant, il en fait vn leger & facile à se répandre par tout comme l'air; car les nuages portez par les vents arrousent toutes les regions, y distillent les rosées & les pluyes grosses d'vne qualité celeste, auec vne surabondance qui en oblige mesme les rochers & les arenes incapables d'en profiter. Cela me represente l'incomparable misericorde de Dieu en l'vnion de son Verbe, auec la nature humaine pour la guerir de ses infirmitez par vne matiere prise d'elle-mesme; pour sauuer les hommes, par vn homme, par Iesus-Christ Homme-Dieu, que la personne diuine rendoit capable de gaigner des merites infinis, indifferemment à tous les hommes, afin

DE MISERICORDE. 5
de les sauuer tous. Ce souuerain Seigneur conduit tellement la vie qu'il passe au monde l'espace de trente-trois ans, que comme nous verrons plus bas, elle ne fut qu'vne suite de misericorde, & l'idée de la parfaite charité que l'on doit rendre au prochain.

Les Apostres furent spectateurs des exemples, & les disciples des grandes maximes qui leur en donnoit, afin qu'ils pûssent en son absence les enseigner au monde; & que selon le Prophete, ils pûssent voler comme des nuës sur toute la terre, pour y distiller les eaux de la grace. Saint Iean qui fut le cher disciple de Iesus, & qui par vne faueur singuliere, s'estoit reposé sur son cœur, qui en auoit ressenty plus que les autres les saintes flammes de la charité, veut par l'effusion de son sang esteindre l'idolatrie dans Rome, où elle tenoit le siege de son empire. Estant sauué par miracle des tourmens que l'impieté luy fit souffrir; estant tiré sans blessure d'vne chaudiere d'huile boüillante, il suruit aucunement à luy-mesme, iusques à vne extreme vieillesse dans l'isle de son bannissement. Là, son ame demy dégagée du corps, nourrie des reuelations, esclairée par les lumieres diuines, & qui voyoit desia la verité dans le Verbe qu'il auoit annoncé si hautement, ne pense & ne

A iij

parle que de la charité. Comme sur la fin de sa vie, ses disciples le pressoient de leur donner ses dernieres instructions pour conclusion de toutes les autres, & pour sommaire des hautes maximes de salut, qu'il tenoit du Verbe incarné, il leur repete sans cesse, mes enfans ayez de l'amour & de la charité les vns pour les autres, cela vous suffit.

Saint Paul apres ses rauissemens, reduit ce qu'il en auoit tiré de lumieres & de chaleur, à persuader aux fidelles d'imiter la charité de Iesus-Christ, ses sublimitez qui n'ont que Dieu pour objet, ses immenses étenduës qui embrassent tous les hommes racheptez de son propre sang; ses profondeurs qui conseruent ce grand thresor au plus secret du cœur humain, hors les perils de se perdre.

Ephes. 3. 18.

Le commandement qui nous est fait d'aymer Dieu de tout nostre cœur, de toute nôtre ame, de toutes nos forces, & le prochain comme nous-mesme, arreste les sallies de l'amour propre, d'où naissent les passions qui rauagent les consciences, les familles & les estats: Il ne faudroit ny loix ny justice, que pour empécher les profusions; le monde possederoit icy la paix des bien heureux, si l'amour diuin y rendoit les biens communs,

DE MISERICORDE.

si l'on aymoit & qu'on assistast le prochain comme soy-mesme.

Puis donc que la charité nous est recommandée par Iesus-Christ, & par les Apostres, comme le grand precepte qui accomplit toutes les loix, qui s'oppose à tous les desordres de la vie, qui nous met dans vn estat de perfection, & qui nous merite le Ciel, ie tâche d'y animer les Chrestiens par ce petit liure. I'y trouue de grandes dispositions dans les esprits; & dans les mal-heurs d'vne longue guerre, dans les desolations ineuitables des particuliers, des Villes & des Prouinces nous auons eu sujet de rendre mille actions de grace à Dieu, qui a temperé ces mal heurs publics par l'assistance des personnes charitables, & par des largesses qu'on n'eust pas iugé possibles dans vn siecle qu'on estime si corrompu. Cela me fait esperer, que si les bonnes intentions des deux plus puissants Roy de l'Europe, conseruent entre eux vne heureuse paix, le commerce & la joüissance des biens estant plus libres, les apprehensions de la necessité beaucoup moindres, les largesses seront plus amples pour le soulagement des pauures, pour essuyer leurs larmes, & releuer les familles desolées. L'Eglise beniroit Dieu, de voir ces charitables secours entre ses enfans qu'elle ayme d'vn amour égal; le soulagement des vns, & le merite des autres en l'équitable distribution de leurs biens accompliroient ses desirs par des joyes entieres. L'estat y trouuera ses profits, quand l'extréme pauureté ne reduira pas ses sujets dans l'impuissance de l'action & du commerce; sa gloire sera de voir toutes ses parties vigoureuses, sans le reproche de les auoir trop affoiblies, toutes se donnant de l'ayde sans trouble & sans reuolte, iroient de concert aux fins d'vn iuste gouuernement, & contribuëroient à la paix qui est son souuerain bien.

Si les Chrestiens animez d'vn esprit de charité, ne craignent point d'employer leurs temps, leurs biens, leurs personnes pour le soulagement du prochain, ils seront fort éloignez de s'emporter à des passions qui luy causent du dommage; car ce sont deux mouuemens contraires, en mesme temps impossibles. Aymant mon frere, mes interests sont inseparables des siens, ie m'espargne donc de la douleur, quand ie ne luy en cause point, ie profite & ie faits mes joyes, de ce qu'il a de contentement. Figurez-vous vn bien-heureux dans le Ciel eternellement satisfait en la vision & en l'amour de Dieu, il trouue en ce centre de felicité tous les autres bien-heureux,

DE MISERICORDE.

reux, il ne void en eux que Dieu, comme on ne void que le feu en vne matiere bien enflammée; il les ayme donc d'vn mesme amour, parce qu'ils l'ayment, & qu'ils en sont aymez; Que si ses veuës extrémement nettes, ne laissent pas de remarquer vne diuersité de sujets, tant d'amours sont la perfection & le soulagement du sien, toutes ces lumieres, toutes ces flammes recueillies par complaisance, ne font en luy qu'vne felicité consommée. Nous aymons icy Dieu de la mesme charité que nous l'aymerons au Ciel, & nous la deuons estendre sur nostre prochain, parce qu'il porte son image, & qu'il est l'objet de son amour. Estant ainsi consideré, les biens & les maux nous seront communs auec luy; l'amour bannira toutes les aigreurs, toutes les jalousies du cœur, il n'y laissera que des ardeurs & des suauitez pour la vertu, & seulement des auersions pour le vice. La charité nous est donc vn grand sujet, où l'on pourroit rapporter tout ce qui se dit de la perfection Chrestienne. Ie n'entreprends pas vne matiere si vaste en ce petit Liure, ie me restrains à parler seulement de cette diuine vertu, en ce qu'elle produit les œuures de misericorde, & qu'elle assiste les affligez. En cette consideration, c'est d'elle que dépend la vie

B

des pauures, le salut des riches, le repos de l'état & de l'Eglise, l'accomplissement du grand precepte que le Fils de Dieu nous a donné par son exemple & par sa doctrine, d'imiter son Pere celeste; Non pas, dit saint Augustin, en ce qui est de sa toute-puissance & de sa gloire, par vne sallie trop ambitieuse, qui perdit le premier Ange & le premier homme; mais l'imiter en ses misericordes, qui font luire le Soleil, & distiller les pluyes, sur les bons & sur les méchants. I'ay proposé les admirables effets de cette Bonté souueraine dans le Liure des Misericordes de Dieu en la conduite de l'homme, pour nous faire voir de combien nous sommes redeuables à ses graces; maintenant en ce petit œuure, ie considere la diuine misericorde comme vn original, sur lequel nous deuons former toutes nos actions viuant entre les hommes, parce qu'estant effectiue de tout nostre bien, nous ne la pouuons mieux adorer ny reconnoître, que par vne fidelle imitation. I'en representeray les motifs en general dans la premiere Partie de ce Liure; & en la seconde, ie déduits en particulier les occasions où elle se doit pratiquer. Mais voyons premierement d'où elle tire son origine.

marginal note: D. Aug. l. 2. conf. c. 6.

CHAPITRE I.

L'instinct porte toutes choses à soulager leurs semblables.

LA Prouidence diuine conduit le monde par des ordres la pluspart secrets, & quoy que les parties qui sont dans le ministere les suiuent auec des fidelitez inuiolables, nous en voyons les effets sans en découurir les causes, ny les manieres d'agir. Peut-estre que l'estat de cette vie ne merite pas encore ce grand jour de l'Eternité, qui nous découurira tous les objets dans le Verbe; les lumieres de l'Aurore ne peuuent pas égaler celles du Midy, ny les illustrations de l'estude & de la grace, celles de la gloire. Peut-estre que la portée de l'esprit humain ne doit pas aller jusques à des curiositez qui luy seroient inutiles, qui luy seroient vne charge, vn détour, vn sujet d'abus au chemin du Ciel, & qu'il doit particulierement s'attacher à ce qui le peut instruire pour la conduite des mœurs: C'est pour cela que beaucoup de loix naturelles sont publiques, qu'elles se voyent affichées en toutes les parties du monde, qu'elles se publient par toutes les creatures, en vne langue entenduë de tous les peuples, parce qu'elles nous enseignent nostre deuoir, & que par des objets sensibles elles nous forment aux vertus necessaires pour l'entretien des societez ciuiles ou saintes.

Entre ces loix, ie n'en trouue point de plus generale, de plus instructiue, de plus necessaire que celle qui porte toutes choses au soulagement de leurs semblables, quand elles souffrent de la douleur, & qu'elles ont besoin de secours. Mettez de l'eau sur le feu dans vn chaudron, cét element tenu là captif, contraint à souffrir la violence de son ennemy, fait ses efforts par de gros boüillons, pour franchir les murailles qui l'enferment, & s'il ne le peut, les parties superieures moins chaudes, toutes incommodées qu'elles sont, viennent releuer les plus basses, plus proches, ainsi plus trauaillées du feu, & par cette vicissitude, elles se rendent leurs peines plus supportables. Ouurez la porte & les fenestres opposées d'vne chambre, il s'y fait vn si prompt abord de l'air exterieur, pour déliurer celuy qu'on tenoit captif, & qui ne laissoit pas de se corrompre parmy les plus riches emmeublemens, que c'est vn vent sans exhalaison de la terre, & sans l'influence d'aucune Planete. Si

DE MISERICORDE.

quelque partie du corps est malade d'obstruction, la Nature depéche aussi-tost grande quantité de sang & d'esprits, pour forcer la resistance des matieres qui s'opposent à leur passage ; & de là, les Chirurgiens se sont fait l'art de presser la veine, pour en tirer plus facilement le sang. Le corps est bien plustost refait de ses foiblesses par des nourritures, & guery de ses maladies par des medecines, qui ont du rapport auec son temperament. Sans aucun effet des sés, de la fantaisie, ny de la raison, la reste tourne promptement l'oreille, qu'elle a saine au droit de la voix, que l'autre malade ne peut entendre. Au premier ressentiment de la douleur, l'oreille aussi-tost visite la partie dolente pour en remarquer la cause, la main s'étend pour y donner du secours, si le pied glisse, il est à l'instant retenu de l'autre, qui s'affermit pour en empescher la cheute. Les facultez de nostre corps, retentiues, digestiues, expultrices, auec l'équipage de leurs organes si justement appropriez, & toutes les parties officieres, ne sont que pour secourir la necessité des autres par des mouuemens si prompts & si peu libres, qu'ils s'acheuent sans nostre choix.

Cét instinct d'ayder ses semblables paroist beaucoup plus dans les animaux; blessez deux ou trois mouches à miel, toutes les autres fondent sur vous, & ces petites bestiolles estant en gros, vengent l'injure faite à leur sœur, auec des coleres impetueuses, qui mettent les plus resolus en desordre, & les obligent au repentir par la fuite. Quand par l'artifice des chasseurs, l'éléphant est tombé dans vne fosse, les autres trauaillent aussi-tost à la remplir, par les bois & les terres qu'ils y portent, afin de luy en faciliter la sortie, & d'éleuer ce vaste corps, en comblant le fonds où il se trouue abbatu. Les lyons viuent separez dans les deserts, pour ne se point incommoder en leurs chasses, & n'estre point dans l'occasion de combatre, pour vne proye qui ne suffiroit pas à plusieurs, mais les relations d'Afrique nous apprennent, que quand quelqu'vn témoigne par ses rugissemens qu'il est pressé des chasseurs, les autres s'attrouppent pour le secourir, & comme s'il leur estoit honteux après vne injure receuë d'estre seulement sur la deffensiue, ils attaquent auec d'horribles fureurs, ils mettent en fuite ceux qui les poursuiuoient, & défont des gros de Caualerie.

Ie me suis plus étendu par l'induction sur ce sujet dans vn autre Liure, ce peu que ie represente icy peut suffire pour adorer la souue-

Ius naturale lib. 2. lege. 17. §. 6.

DE MISERICORDE.

raine Prouidence, qui fait que les creatures mesme déraisonnables portent quelques vestiges, comme de la creation par les generations, de la toute-puissance par leur diuerses actiuitez, ainsi de la diuine bonté par les secours qu'elles se donnent: Elles ont toutes en particulier des armes ou des adresses pour la conqueste de leur nourriture, & pour se deffendre de leurs ennemis; mais auec cela, si elles se trouuent trop foibles contre des attaques violentes, elles ont leurs semblables comme des trouppes de reserue pour les secourir, car elles ne font ensemble que comme vn corps d'armée n'estant qu'vne espece, sous la domination d'vn mesme Astre, & d'vne mesme intelligence. Il est vray que les masles se battent, & se chassent par jalousie au temps de la generation, parce que plusieurs concourants se nuisent en leurs amours, & en la nourriture de leurs petits, mais en ce qui est de leur deffense contre vne force estrangere, ils se donnent l'alarme, se secourent, & tiennent leurs perils communs, comme dans vne quantité continuë le mouuement d'vne partie, se fait ressentir à toutes les autres.

C'est pour cela que les animaux qui ont naturellement des armes, & du courage pour soustenir le choc de leurs ennemis, ont aussi des voix de plaintes & des clameurs, qui appellent leurs semblables à leur secours dans l'occasion d'vn grand peril, d'où d'eux-mesmes ils ne pourroient échapper. Quant aux foibles & craintifs, comme les moutons, les liévres, lapins, pigeons, tous les indiuidus de ces especes impuissantes, n'ont point de voix dans les perils qui les menacent, ny sous la force qui les opprime; parce qu'aussi bien la multitude n'en pourroit pas secourir vn seul qui souffriroit, & qu'vn trouppeau de moutons au lieu d'étonner, attirera plustost le loup, comme vne volée de perdrix, le tiercelet. Leur deffense n'est qu'en la fuite, ou à contrefaire les morts, pour rebutter l'appetit & la cruauté de ces petits tyrans de la nature qui ne vont qu'au vif, auec vne extreme auidité de verser le sang. Les autres animaux parfaits ont recours à leurs semblables dans les grandes necessitez, ils les appellent au secours auec des clameurs plaintiues, ordinairement efficaces, pour leuer ces trouppes auxiliaires, dautant qu'elles y ont de grandes dispositions par vn secret instinct de misericorde.

CHAP.

CHAPITRE II.

Entre toutes les creatures, l'homme a des sentimens plus vifs de misericorde.

SI cette inclination qui oblige toutes choses à soulager leurs semblables, est plus forte dans les animaux, que dans les simples composez elementaires, & plus dans les animaux parfaits que dans les imparfaits; il faut inferer qu'elle doit estre éminente entre les hommes, qui sont les plus nobles des creatures inferieures, & la fin du monde materiel. Les Cieux ont leurs lumieres, leurs influences, leurs periodes reglées, les élemens entretiennent leur commerce, la terre donne ses fruits, les animaux agissent & souffrent ce qu'il luy plaît pour les commoditez de sa vie; mais le plus puissant, le plus illustre, le plus agreable secours de l'homme doit venir de l'homme. Car c'est receuoir vn bien qui procede de l'amour, de la liberté d'vn Prince, dont les forces & les industries ajustez aux occasions font tout esperer. C'est pourquoy la prouidence graue dans nos cœurs ce sentiment de misericorde, & nous le rend si propre qu'on l'appelle humanité du nom de l'homme, comme si c'estoit l'essentiel de sa nature; car il porte l'image de Dieu, dont la bonté est le titre le plus esclattant, par lequel il se fait connoistre, & la plus éminente de ses œuures, c'est la misericorde. Elle predomine aussi, elle tient l'empire sur les lumieres & les mouuemens de nostre ame, quoy qu'on estime tres-juste qu'vn scelerat soit puny de mort, par le glaiue que le Prince a receu pour cét effet de la main de Dieu; qu'il expie sa faute par cette peine temporelle; qu'on luy oste auec la vie, le moyen, aux autres l'audace de plus offenser, neantmoins quand on le voit au supplice, les cœurs sont touchez de compassion. On court auec vn extreme empressement à ce spectacle funeste, comme à celuy des tragedies, où l'on represente la déroute des hautes fortunes, & de ces illustres vies, qui apres auoir tenu long-temps le monde dans l'admiration, luy en donne beaucoup plus par vne fin sanglante & mal-heureuse.

Mais d'où vient, que contre l'inclination que nous auons de fuïr la douleur, icy l'on la cherche, qu'on trouble les joyes & les tranquillitez de l'esprit par vn supplice volontaire, & qu'on attire dans son cœur le ressentiment d'vne disgrace, qui n'estoit que pour

DE MISERICORDE.

les autres. Cela procede, dit saint Augustin, D. Aug l. 3. conf. c. 2. de ce que la nature nous imprimant la misericorde, l'accompagne comme toutes ses autres actions d'vn secret plaisir, qui en adoucit & en recompense le trauail; c'est vn effet d'amour qu'on ayme, & dont tous les symptomes, les chaisnes, les larmes, les peines sont agreables, parce qu'elles supposent l'excez & la sincerité de cette chere passion. Nous en faisons bien souuent l'essay sur des matieres moins nobles, faute d'vn sujet humain, vn bon naturel, vne douce humeur ne peut voir souffrir vn animal sans en auoir quelque pitié, & sans luy donner ce qu'elle peut de secours.

Ce sentiment de misericorde s'empare ordinairement du cœur par vne surprise, qui ne luy permet pas de s'en deffendre, & qui le transforme en vn sujet de douleur, deuant qu'il s'apperçoiue d'en estre touché; Mais celuy qui vient de la sorte n'est pas de durée, l'esprit s'en décharge, si-tost que les yeux sont détournez de l'objet, il meurt, comme il est produit par vne extréme promptitude, & comme ces meteores enflammez, qu'vn mesme moment forme & dissipe, sans autre effet que d'auoir paru. Mais quand la raison s'accorde auec l'instinct, elle le perfectionne, elle

C ij

en fait les habitudes & les largesses d'vne constante bonté. Il n'est pas possible de considerer les accidens où cette vie nous expose, les veritables disgraces, & celles de l'opinion qui ne sont pas moins sensibles, que l'homme ne soit touché de douleur, qu'il ne craigne, qu'il ne souffre desia par aduance en ses semblables, le mal qu'vn coup inesperé peut rejetter sur sa teste: S'il a fait luy-mesme l'essay de ces maux, il plaint dauantage les personnes foibles qui s'en trouuent opprimées, les éminentes conditions abbatuës par ces orages, l'innocence & la vertu qui sembloit moins meriter ces rudes épreuues. Par ces mouuemens du cœur, la bouche s'ouure pour donner des consolations, les mains pour faire des liberalitez, la force se met en deuoir malgré les resistances & les perils, de soulager les miserables.

Ce nous est donc vn grand sujet de rendre mille actions de graces à la Prouidence, d'auoir mis dans l'homme ces sentimens, qui sont de tres-prompts remedes dans les disgraces de la vie, qui entretiennent l'vnion, la paix, la societé ciuile par des bien-faits reciproques, & qui ne nous laissent plus de maux ny de craintes, sans esperance d'en estre tirez. Neantmoins, il s'est veu des Philosophes

DE MISERICORDE.

plains de vanité jusques à condamner la misericorde comme vne passion trop basse pour de grandes ames, qui se doiuent porter au bien par vn autre sentiment que celuy des bestes; qui, comme Dieu, doiuent donner du secours aux miserables par vne essentielle bonté, libre, agissante d'elle-mesme, sans les impressions d'vn mal estranger. Quelle impertinence de mesurer les mouuemens de l'homme, aux perfections infinies de Dieu, & pour couurir les infirmitez de nostre nature, en refuser les remedes. Chacun fait en soy-mesme l'épreuue d'vn amour propre qui débauche la raison, qui corrompt le jugement & la conscience, qui poursuit ses interests au desauantage des autres par toutes sortes de voyes illegitimes, si l'on le laisse dans ses libertez: Les loix diuines & humaines ont beau representer ce que l'on doit d'assistance à son prochain, ce que l'on doit à la societé ciuile, qui periroit bien-tost, si chacun n'auoit des soins & des industries que pour soy-mesme; apres tous les commandemens, toutes les menaces, toutes les peines de ces loix, nous verrions encore des hommes moins portez au soulagement de leurs semblables que des lyons, sans les merueilleux artifices de la Prouidence. Elle imprime dans nos cœurs le sentiment de misericorde, qui nous fait considerer le mal des autres, & agir pour le soulager, comme s'il trauailloit nostre personne, elle trompe ainsi les attaches passionnées de l'amour propre, quoy qu'il se reserue, elle luy donne des étenduës fauorables au bien de l'espece & de la societé ciuile.

Il suffit de dire que ce sentiment est naturel, pour inferer qu'il nous est donné de Dieu, qu'il est bon, que c'est la plus innocente, la plus fauorable des inclinations pour arrester les transports de l'enuie, de la haine, de la cruauté, qui sont les pestes publiques, & pour tenir les hommes vnis par les liens de l'amour, on se forge des phantosmes pour s'épouuanter de la misericorde, de dire qu'elle trouble la paix de l'esprit, & qu'attirant sur nous le mal d'vn autre, elle nous rend disposez à le receuoir, mais incapables de le secourir : Car nous voyons beaucoup de personnes, en qui les mauuaises habitudes de l'auarice, des tyrannies & des guerres ont forgé des cœurs de bronze, sans misericorde, aussi sans aucunes liberalitez, & sans aucuns bons offices pour le soulagement des pauures; mais nous ne trouuons point de personnes qui manquent à ces deuoirs d'humanité, quãd elles sont touchées de misericorde. Elle est le propre effet de l'amour tousiours industrieux & agissant ; elle est si necessaire, que qui ne la point, la contrefait, pour consoler ses amis dans les disgraces, pour meriter leur affection par ce témoignage de la sienne, & pour ne se pas bannir de la societé des hommes, par vne humeur plus que brutale.

Dans vne incendie le feu tombe en bas, auec la poutre où il s'est pris, sans rien perdre de ses legeres qualitez, & du mouuement qu'il a naturel de s'éleuer à son centre ; le sage peut bien de mesme compatir de sorte aux afflictions d'vn amy, qu'il n'en perde ny les lumieres ny les tranquillitez de l'ame. La vanité de ces Philosophes se figure l'homme autre qu'il n'est de sa nature, ils ne veulent en luy qu'vn pur esprit, des affections, comme celles des intelligences, sans mouuemens sensitifs ; ils voudroient voir sans yeux, manger sans goust & sans appetit, afin de pouruoir aux seuretez & aux nourritures du corps, par le seul acte de la raison ; mais comme il estoit necessaire que nous fussions picquez par les douleurs de la faim, & les attraits du plaisir pour nous assujettir à des actions animales ; de mesme il falloit estre sollicitez par le sentiment de la misericorde, & par les douceurs de l'amour d'où elle procede, pour partager nos biens & nos vies en ces bons offices, qui sont le nœud de la société ciuile.

Ostez de l'estat les loix qui animent les bons courages à la vertu par les recompenses, & qui tiennent en bride les mauuais par la menace des peines, vous faites regner auec l'impunité tous les vices, sous couleur de rendre les ames plus libres & plus genereuses. Cette sagesse humaine qui l'entreprend contre la diuine est vne pure folie, vouloir effacer en l'homme ces douces inclinations d'amour & de compassion, qu'il a naturellement grauées dans le cœur, pour se porter auec plus d'attrait au soulagement de son prochain, prendre ces tendresses pour de grands défauts qui deshonorent le sage, c'est le rendre en mesme temps inofficieux comme insensible. Adorons icy les ordres de la prouidence, qui a fondé le sensible sur l'élémentaire, & le raisonnable sur le sensible par vne dépendance, d'où naist vne équitable vnion, du degré bas & superieur, de l'éminent auec le necessaire. La Philosophie n'a pas moins d'estime, pour auoir pris ses premieres instructions des yeux, ny parce que les especes qu'ils nous presentent à toute heure, sont les matieres, les preuues, les experiences decisiues de nos plus sublimes raisonnemens. Quoy retrancher les affections,

fections, interdire les bien-faits, mettre les hommes en peril de perdre les douceurs & les assistances de la vie, sous pretexte qu'elles ne procedent pas d'vne raison parfaitement dégagée du mouuement sensitif: L'action se mesure à l'estre, nous sommes sensitifs & raisonnables, il faut donc agir par le concert de ces deux parties qui nous composent. Nous sommes dans l'alliance naturelle de tous les hommes, il leur faut rendre ce qu'on leur doit d'affections & de bons offices.

Chapitre III.

Dans la necessité l'on doit du secours à tous les hommes.

Representez-vous vn homme né dans vn climat directement contraire au vôtre, d'vne humeur antipatique, qu'il soit Antipode, il est cependant vostre prochain, vostre concitoyen du monde; il est vostre frere par la participation d'vne mesme espece raisonnable, par l'origine qu'il tire d'vn mesme premier pere; d'vn mesme Dieu qui a formé vos corps, creé vos ames, comme ses images & ses representations. Tous ces titres d'alliance qui vous sont communs, vous obligent à des affections reciproques, & à ne pas voir la necessité de vostre frere sans la secourir à vostre possible. Iesus-Christ fait aduoüer aux Pharisiens, que le Samaritain qui eust la misericorde de faire traitter ce pauure blessé mortellement par les voleurs, estoit son prochain à beaucoup plus juste titre que le Iuif Leuite, qui le voyant demy-mort, passa prés de luy sans luy donner de secours.

Ces differences de Nations, de Princes, de langues, d'habits, de coustumes, ne doiuent point alterer la societé que la nature a mis entre les hommes ; elle nous est essentielle pour n'estre pas changée par ces accidens, comme la figure d'vn cercle ou d'vn triangle demeure la mesme sur quelque matiere, & auec quelque couleur qu'elle soit formée ; c'est tousjours vn homme à cherir, à secourir quelque denomination qu'on luy donne au sujet de sa patrie. C'est pourquoy les Astrologues ont pris des Egyptiës ce caractere ? pour signifier l'amour, parce que le petit globe superieur nous represente le Ciel, & la Croix qui est au dessous les quatre parties du monde, sur lesquelles il fait vne generale effusion de ses lumieres & de ses influences, pour nous instruire à gratifier tous les peuples de nos affections

DE MISERICORDE.

& de nos bien-faits sans reserue, & sans auoir en cela d'autres bornes que la circonference de la terre.

Ie me figure que Dieu permet cette grande diuersité de langues, qui ne sont point entenduës des estrangers, parce qu'il ne faut point de persuasions pour demander du secours dans la rencontre d'vne necessité qui parle à nos yeux, qui par vn sentiment de la nature touche viuement les cœurs de compassion, & comme l'on entend par vn concept, ainsi l'on ayme par vne impulsion qui se dégage du singulier & de la matiere. Au reste, les larmes, les gemissemens, les yeux & les gestes sont des langues entenduës de toutes les nations, pour exprimer la douleur & demander du secours. On le doit à tous les hommes qui sont en necessité, disent les Docteurs, à cause de la societé naturelle que la Prouidence a mis entre nous, qu'elle nous prescrit, & nous en donne le sentiment par la compassion, qui n'attend, ny le discours de la raison, ny le choix de la volonté ; comme vn Prince peut obliger ses sujets à ne tenir pas pour ennemis ny pour estrangers, ceux qu'il a receus dans son alliance, & dans les droits de bourgeoisie ou de noblesse. *D. Tho. 2. 2. q. 32. 4.*

Sa Majesté diuine ne cherche en cela que

l'auantage des hommes, qu'elle veut joindre de sorte qu'ils se secourent les vns les autres par vn commerce de biens & d'affections, & se soustiennent comme les pierres que l'Architecte enclaue dans vne voute. Ainsi ces secours affectionnez, qui se donnent indifferemment à tous les hommes, sont d'vn interest public, & chacun doit s'acquitter des bons offices, qu'il seroit bien aise de receuoir en pareilles occasions. C'est pourquoy la loy des Egyptiens condamnoit comme criminels ceux qui dans la rencontre ne deffendoient pas vn innocent opprimé; celle d'Athene permettoit à qui que ce fut, de prendre le fait & cause d'vn absent, & le deffendre mesme sans auoir de procuration : Celles de Rome establissent le mesme droit, & de pouuoir appeller pour les condamnez au dernier supplice, si l'on a quelque prejugé de leur innocence. Nos Casuistes tiennent qu'on peut deffendre par les armes la vie d'vn homme inconneu, comme on feroit la sienne propre, jusques à verser le sang de l'agresseur qui le vouloit assassiner. Ainsi dans les grandes necessitez, les Saints ont rendu ce qu'ils pouuoient d'assistance non seulement aux fidelles, mais aux heretiques mesme & aux Payens. Ioseph ayant fait de grandes prouisions de

Diod. sicul. rer. ant. l. c. 3. Plutar. in solone.

L. seruum. ff. de procura. l.29.c. de appella.

Bonac. de restit. q. vlt.

Ioseph.l.2 antiquit.

DE MISERICORDE. 29

bled en Egypte, pour subuenir à la famine qu'il auoit preueu, permit aux autres peuples d'en venir prendre à juste prix, parce que dans l'alliance naturelle qui le lioit auec eux, il ne les consideroit pas comme estrangers. Saint Gregoire de Nysse rapporte, que saint Basile voyant le peuple affligé d'vne cruelle famine, distribua tous ses biens aux pauures auec des liberalitez extremes, qui s'estendirent jusques sur les Iuifs. Les Annales Ecclesiastiques loüent hautement Atticus, Euesque de Constantinople, de ce que faisant beaucoup de distributions aux pauures, il donnoit mesme aux heretiques pressez de necessité pour satisfaire aux obligations de la nature. L'Eglise honore comme Martyrs ces genereux Prêtres, qui sous l'empire de Valens & Galien s'exposerent au seruice des Payens, malades de peste & abandonnez de secours, peut-estre qu'en assistant les corps, ils conuertissoient les ames à Iesus-Christ, au moins ils l'imitoient de mourir pour leurs ennemis; leur charité consideroit Dieu dans le prochain, & pensoit acomplir ses diuines volontez, s'ils s'immoloient de la sorte pour des personnes que sa loy grauée dans nos cœurs commande d'aymer & de secourir. En effet, quand nostre Seigneur dit; Faites aux hommes le bien que

Baron. an. 425.

Martyrol. vlt. febrū.

Testat. Math.10. ş. fo. 125.

D iij

LES OEVVRES

Tostat.
Math.to.
s. fo. 135.

vous feriez bien aife de receuoir d'eux ; Il fe sert, dit Toftat, de ce terme general, pour nous apprendre que la charité fe doit exercer fur tous les hommes, que fans difference des pays & des profeffions, elle fe doit répandre fur tous felon l'ordre, dont nous parlerons plus bas; que l'effet de la mifericorde naturelle eft general fans exception, quoy qu'il ne foit pas fans quelque défaut.

Chapitre IV.

Le fentiment naturel de mifericorde n'eft pas fans quelque imperfection.

LEs maladies de noftre nature font tellement compliquées, les remedes que l'on y apporte renferment vn tel mélange de qualitez fauorables & nuifibles, qu'ils nous bleffent en nous foulageant, & qu'il nous faut fouuent achepter vn petit fecours par de grandes incommoditez. On ne met pas pour cela la medecine en interdit, on ne la bannit pas des villes, ny d'entre les fciéces pratiques; parce que c'eft toufiours vne confolation dans ces coups du Ciel qui nous abbattent au lict, d'auoir quelque appuy de nos efperances,

& de faire ce que l'on peut pour se releuer. Les peuples qui passent six mois de l'année dans les rigueurs continuelles de la nuict & de l'hyuer sous le pole, n'ont lors pour Soleil que le feu, dont ils ne se priuent pas, quoy qu'estant par tout necessaire, il cause souuent des incendies. Nous sommes obligez de mesme à nous seruir des mouuemens sensitifs, quoy qu'ils s'emportent quelquesfois plus loing, que les tranquillitez de l'esprit ne le demandent. L'estat de cette vie, & la condition de nôtre nature meslée, ne nous permet guere l'vn sans l'autre, c'est à dire, le bien de l'esprit, sans quelque trouble qui luy vient du sens. Il faut separer le pur de l'impur, le vil du precieux par vne adroite chymie, cherir la misericorde comme vne des principales vertus, en ce qu'elle est conduite de la raison, que ses largesses sont vn effet de la charité, non pas en ce que les mouuemens naturels, tirent les soûpirs du cœur, les larmes des yeux, & passent pour des foiblesses au jugement d'vne austere Philosophie.

D. Th. 22. q. 30. a. 2. & 3.

Si elle naist de l'affection qu'on a pour vne personne, il est difficile que l'on n'y considere quelque interest temporel, qu'en cette communauté de biens que l'amitié auoit establie, les pertes ne soient communes; qu'on ne ressente vn double dommage en la disgrace d'vn amy, qui n'est plus en estat de rendre des seruices, mais de les receuoir; de sorte que la compassion est là par effet vne douleur qu'on a, non pas tant de la misere d'vn autre que de la sienne propre, & la foiblesse d'vn esprit qui s'abat sous les coups de l'infortune.

Que si nous sommes surpris de cette tendresse pour des personnes estrangeres, qui ne nous touchent ny d'alliance ny d'affection, elle vient comme nous auons dit, de ce que nous considerons cét affligé, comme vn sujet de mesme nature que nous, ainsi les mesmes accidens qui l'accablent nous menassent, & nous font voir par experience, qu'ils peuuent de mesme tomber sur nos testes : C'est donc la crainte du mal-heur qui nous donne ce sentiment de misericorde, c'est vne imagination blessée qui se fait vn mal réel d'vn possible, qui court au deuant, qui se precipite & qui se noye durant le calme crainte du naufrage dans vne tempeste, qui peut-estre ne sera pas ; sans doute c'est vne foiblesse qui peut troubler les plus beaux jours de la vie, & les tranquillitez de l'esprit par mille inquietudes, & mille craintes de souffrir de la douleur par la seule idée du mal qui la peut causer;

DE MISERICORDE.

ser; N'est-ce pas là rendre les armes deuant le combat, mourir du tonnerre & de l'éclair deuant qu'estre touché de la foudre ? Les Philosophes ont creu que la nature raisonnable auoit receu de Dieu des forces assez grandes, qu'elle pouuoit prendre d'assez genereuses resolutions, non seulement pour souffrir, mais pour attaquer & pour vaincre tous les mal-heurs de la vie. N'est-il donc pas juste qu'elle condamne comme vn lâche deserteur celuy qui prend la fuite, parce qu'il void tomber à ses pieds son compagnon, & qui s'amuse à pleurer ses playes, au lieu de s'animer au combat auec plus de feu ? Certes, les pauures languissants dans la misere, n'ont pas de grandes obligations à celuy qui est touché de quelque tendresse pour eux, & qui leur presente auec ses larmes du soulagement, s'il ne considere en cela que son interest, s'il n'est meu que par la crainte des mesmes disgraces, dont il peut estre accueilly ; s'il donne ses biens comme vn dépost qu'il espère luy estre rendu, quand vne pareille necessité le demandera. Supposez qu'il n'agisse que par vn empressement de l'amour qu'il a pour luy-mesme, quand il tesmoigne ses doleances aux affligez ; ne flatte-t'il point leur lâcheté, au lieu de la guerir, au lieu de leur inspirer de gene-

Epictet. in enchiridio.

E

reufes refolutions, & n'eſt-ce pas juſtifier leurs larmes par les fiennes?

Si vous épluchez ainfi les fentimens naturels de la mifericorde, vous y trouuerez fans doute quelques circonſtances & quelques fecrettes intentions, qui n'ont pas toutes les integritez d'vne parfaite vertu. Mais il faut confiderer que cela fe paffe feulement dans le refſort de la nature, qui fe guerit de fes maladies par des remedes pris d'elle-mefme, quoy que ce ne foit pas fans quelque moindre incommodité, comme dans vn deluge d'humeurs corrompuës qui la menaçoient de mort, elle les digere, & s'en fait quitte par les ardeurs de la fiévre: quand ces incendies font trop grandes, elle les éteint, elle amollit les feichereffes & les duretez par vn flux d'humiditez penibles, mais fecourable. L'amour qu'on a pour foy-mefme, la paffion de fe conferuer affez de biens pour fe munir contre tous les accidens de la vie, détourne bien fouuent les yeux de voir, le cœur de reſſentir le malheur des autres, & de le foulager par quelques largeffes. La prouidence, comme nous auons dit, pouruoit à cela, quand elle amollit la dureté des cœurs, & qu'elle les transforme en ceux qui fouffrent par les fentimens de la mifericorde. C'eſt vn grand remede à beaucoup

DE MISERICORDE.

de maux, à l'auarice des grands, à la misere des pauures, aux indigences publiques, apres les guerres & les sterilitez. Comme la terre apres vn grand tremblement tire quelquesfois de ses abysmes, & fait couler de grands fleuues pour la commodité des Prouinces ; ainsi les personnes émeuës de compassion ouurent leurs thresors, & font de grandes largesses pour l'assistance des pauures ; c'est tousiours vn fauorable effet de la prouidence, qui n'employe encore que la nature, pour disposer les ames aux plus pures & plus sublimes intentions de la charité Chrestienne.

<small>Georg. Agricola l. 4. de his quæ fluunt ex terra.</small>

Chapitre V.

La Religion Chrestienne a des motifs de misericorde, plus épurez & plus sublimes que ceux de la nature.

LA grace est la lumiere & la chaleur que le Soleil de justice, le Verbe fait chair, est venu répandre sur tous les hommes qui naissent au monde ; mais ses effets sont differents, selon les diuerses dispositions qu'il a luy-mesme premierement mises dans les sujets qui les reçoiuent. Vn grand contemplatif <small>Rusbroch, de vera</small>

les rapporte aux vertus des sept Planettes. A son dire, les bonnes influences de Saturne rendent vn homme propre à la solitude & à la contemplation; celles de Iupiter aux grands emplois du gouuernement ; celles de Mars à vn courage inuincible, tel qu'eurent les saints Martyrs ; celles du Soleil à donner innocemment de l'éclat à la profession qu'on embrasse; celles de Mercure à l'éloquence sacrée, enfin, celles de Venus forme vne humeur affable, douce, complaisante, facile à rendre ce qui se peut de bons offices aux autres ; & susceptible des admirables transformations de l'amour diuin. La toute-puissance de Dieu, qui a tiré l'estre du neant, la lumiere des tenebres, peut bien grauer des sentimens d'amour & de compassion sur des cœurs de bronze; mais comme les progrez de sa sagesse sont pleins de douceur, ordinairement dit Tostat, il met dans les corps des dispositions propres aux grandes ames qu'il y veut créer, & aux magnifiques effets qu'il destine à l'édification du monde.

Cette tendresse de cœur qui porte naturellement à secourir le prochain, est donc vn present d'aduance que Dieu fait à l'homme par l'entremise des causes secondes, & vne premiere disposition aux habitudes de la cha-

DE MISERICORDE.

rité dont il le veut enrichir. Nous auons veu que cette inclination n'est pas épurée des veuës, des attaches, des interests de l'amour propre, qu'elle ressemble aux productions trop hastiues des animaux, ordinairement foibles, parce que les corps des parens retiennent la meilleure part de la substance, pour acheuer leur juste grandeur. Qui suit la seule impulsion de la nature dans les assistances qu'il donne au prochain, n'agit en cela que par humeur, quelquesfois auec beaucoup d'empressement, & puis auec des craintes, des langueurs, des reserues, qui font que leurs bons offices viennent à manquer au plus grand besoin. Ces transports pour le soulagement de ses semblables, sont moins fautifs dans les autres animaux que dans l'homme, parce que sa phantaisie plus feconde fournit vne infinité d'images, son jugement corrompu, sa volonté débauchée, soûleuent mille mouuemens sensifs, qui font vne diuersion de cét instinct. Il faut donc que la Religion vienne au secours de la nature, & qu'elle nous inspire des sentimens plus épurez, plus sublimes, plus solides comme eternels, parce qu'ils sont diuins, pour estre l'ame des bons offices, & d'vne societé moins humaine que celeste.

L'Apostre nous propose pour cela l'idée de Iesus-Christ Homme-Dieu, & veut que la conduite de la vie qu'il luy a plû passer en terre, pour le rachapt & pour l'instruction des hommes, serue de racine qui nourrisse, de fondement qui soustienne la charité que nous deuons auoir les vns pour les autres. Quand il escrit aux Romains, aux Corinthiens, aux Hebreux, à Timothée, en toutes ses lettres, il recommande cette charité, il veut qu'elle anime toutes les actions des fidelles, parce que c'est la loy qui doit accomplir toutes les autres; parce qu'elle a des forces qui doiuent dompter tout le monde, dissiper tous les tenebres qui l'enueloppent, vaincre les persecutions de ses ennemis visibles & inuisibles. Ce qu'il souhaite de plus éminent aux Corinthiens, c'est que leur esprit soit capable de comprendre qu'elle est la souueraine charité de Iesus-Christ, afin que cette science les mette dans la plenitude des perfections de Dieu. Si c'est cette charité qui nous doit rendre inuincibles, qui doit establir nos forces, nostre paix, nostre bon-heur, & nous mettre dés ce monde dans vne condition diuine, attachons nos veuës sur la vie de Iesus-Christ qui nous en est le modele, & que toutes nos œuures soient conduites par cette idée.

In charitate radicati & fundati. Eph 3.

DE MISERICORDE. 39
Depuis que ce souuerain Seigneur eust pris naissance d'vne sainte Vierge, tous les momens de sa vie ont trauaillé d'effet & de paroles pour la satisfaction de nos pechez, & pour nous meriter les graces qui nous donnassent la force de suiure le modele de perfection qu'il nous proposoit. D'abord il fait vne offrande au Pere eternel de tous les Royaumes de la terre, qui luy appartenoient par toute sorte de droit, & se resout à viure dans vne estroitte pauureté, pour nous instruire par son exemple à vaincre les sentimens de l'auarice & de l'ambition. Des trente-trois ans de sa vie, il en passe trente inconneu des hommes dans vne humble sujettion de ses parens: Il est beaucoup plus long-temps dans la retraite que dans l'action, parce qu'il falloit vn plus grand exemple à la plus grande multitude des hommes, dont la vie se passe sous la conduite des puissances ; aussi pour instruire ceux qui doiuent venir au gouuernement, à faire de grands preparatifs de vertu dans la solitude & dans la contemplation deuant que se produire dans les grands emplois. Cette sainte Humanité conceuë de l'Esprit diuin, cette ame bien-heureuse bruslant d'vne charité plus que seraphique, ne pouuoit pas estre sans action dans ce grand repos, & sans tra-

uailler quoy qu'à couuert pour le bien du monde. Qui pourroit dire les adorations du petit Iesus, les sacrifices de loüanges, les vœux qu'il rend sans cesse au Pere eternel, les offrandes infinies qu'il luy presente en desirs & en preparation d'esprit, d'vne vie qu'il ne pouuoit perdre par effet qu'vne fois sur le Caluaire? Qui doute que tant de Martyrs, tant de morts precieuses deuant Dieu, ne nous ayent merité des thresors incomparables de graces, & qu'en cette longue passion les obscuritez de sa vie n'ayent esté les presages des tenebres qui firent le deüil, quand il la finit sur la Croix. Apres trois iours il resuscite de cette derniere mort à la gloire, & apres trois dizaines d'années, il sort de sa retraite comme d'vn tombeau, pour faire esclatter sa doctrine & ses miracles aux yeux du monde, qui ne le reconnoissoit pas pour son Liberateur.

Le premier de ses miracles fut aux nopces de Cana, où il conuertit l'eau en vn excellent vin, qui acheua les délices du banquet, pour nous donner les esperances de ce que sa bonté deuoit faire vn iour en faueur des siens, jusques à changer leurs souffrances en plaisirs, leurs hontes en gloire. Il partage tout son temps de sorte qu'il employe les nuits en l'oraison,

DE MISERICORDE. 41
raison, les iours à la guerison des malades, & à conuertir les pecheurs. L'ame de sa conduite, le sommaire de sa vie & de sa doctrine, c'est la charité. Sur la demande qu'on luy fait, en quoy consiste la perfection, il rend cét oracle, que l'accomplissement de toutes les loix, de toutes les instructions des sages & des Prophetes, le point heroïque de vertu qui rend l'homme semblable à Dieu, c'est la charité. Personne ne la peut auoir plus grande, dit ce Seigneur, que de donner sa vie pour son amy; mais la sienne fut sureminente, de verser son sang pour ses ennemis, de prier, de s'immoler pour ceux mesme qui le crucifient. Comme il preuoit que son départ du monde deuoit exposer ces chers Apostres à de grands orages, il se donne à eux en la derniere Cene, & par cét adorable mystere d'amour & d'vnion, il les asseure qu'il leur continuëra sa presence jusques à la consommation des siecles. Il leur promet de leur enuoyer peu de temps apres le Saint Esprit, que par effet ils receurent le iour de la Pentecoste, auec toutes les lumieres & toutes les ardeurs sacrées, qui leur donnerent assez de courage pour entreprendre la conuersion de tout le monde, au prix de leur sang, & d'imiter en cela l'exemple qu'ils auoient receu de leur Maistre.

F

42　LES OEVVRES

Voilà l'idée de la parfaite charité de Iesus-Christ, qui ne donne pas seulement les choses exterieures, mais qui fait vne profusion de ses droits, de ses trauaux, de son sang, de sa vie, pour le rachapt des hommes, & qui s'expose à tout ce que la nature craint le plus, pour nous mettre au chemin du Ciel. En cette humanité sacrée jointe à la nature diuine, ie considere comme dans les deux Tables de Moyse les loix d'vne double charité ; l'Apôtre l'appelle fur-éminente, parce qu'elle a Dieu pour principe, pour moyen, pour terme ; & comme la matiere d'icy-bas ne sçauroit estre remplie d'vne forme elementaire plus noble que celle du feu ; & particulierement d'vn feu descendu du Ciel, comme celuy qui consommoit les plus agreables sacrifices ; il ne faut point douter que les sentimens de misericorde procedants de ce feu diuin, dont Iesus-Christ veut que le monde soit embrazé, ne soient incomparablement plus purs, plus vifs, plus sublimes que ceux qui nous viennent de la nature.

Albert. Mag. tr. 2. de proprie. element. c. 11.

Quand l'air estoit corrompu, pour le purifier la coustume des anciens estoit de prendre du feu de l'Autel, & en allumer grande quantité de bois dans les villes & dans la campagne : l'humanité sainte de Iesus-Christ, fut

Suidas in voce ἀναλή. & in voce Iachen.

DE MISERICORDE. 43
la victime & l'autel, sa charité le feu qui en fit pour nous vn sacrifice eternel; si ce feu diuin embraze nos cœurs, il y consommera toutes les impuretés de la nature corrompuë, d'hommes sensibles & mortels, il nous fera les viues images de Iesus resuscité glorieux, plus sublime que les Seraphins.

CHAPITRE VI.

La charité qu'on a pour le prochain, est vne suite & vne dépendance necessaire de l'amour de Dieu.

SI l'homme contemple les parties du monde dans leurs justes dispositions, s'il se rend bien attentif à ce merueilleux spectacle de l'Vniuers, il n'est pas possible qu'il ne s'éleue au dessus de la matiere, & qu'il ne conçoiue vn premier estre, indépendant de toutes ces choses qu'il a formées, & qu'il conserue par vne bonté, par vne sagesse, par vne puissance également infinie. Ces belles idées sont agreablement receuës de nostre ame, qui en auoit desia les impressions, & comme la rencontre de la lumiere auec l'esprit visuel né dans l'œil, cause du plaisir, comme l'harmo-

F ij

nie flatte l'oreille par le rapport qu'ont les accords auec l'esprit & l'air qu'elle enferme; ainsi de l'instinct & de la raison, il en reüssit vn intime sentiment de la Diuinité auec de bien-heureux acquiescemens, qui surpassent à l'infiny les délices de toutes les sympathies. Tant de lumieres recueillies au fond de l'ame n'y demeurent pas sans y produire beaucoup de chaleur, & le moyen de conceuoir toutes les perfections, toutes les beautez des creatures en vn objet éminent sans l'aymer? On sent donc vne sainte ardeur qui transporte l'ame au delà des choses sensibles, du monde & du temps dans vne region de paix & de lumieres; mais helas, trop grandes pour estre supportées d'vn œil si foible: elles se terminent en larmes, en tenebres, en confusions, ce ne sont que des esclairs dans vne nuict fort obscure, des moments de joye suiuies d'vne longue priuation; Ce diuin Soleil ne se montre pas plustost qu'il s'éclypse, on ayme, & on ne sçay quoy, de sorte que cette éminence incomprehensible nous met en estat de n'auoir pour lumieres, & pour amour, que des desirs de voir & d'aymer.

Encore si cela nous estoit tousiours permis, & que nous immolant sans cesse à Dieu, les peines de ne le pas connoistre, de ne le pas aymer comme il le merite, & comme nous le desirons, fissent vne partie de nostre sacrifice; Mais ces éleuations quoy que d'vn moment ne sont pas en nostre puissance, ce sont des faueurs qui viennent immediatement de Dieu, si rares qu'elles sont accordées à peu de personnes, par des surprises, en des temps & des heures inesperées. L'amour diuin est cependant le feu pris du Ciel qui doit tousiours brusler sur l'autel de nostre cœur ; hé comment le conseruer icy-bas hors de sa region, sa matiere estant si fort éloignée, que nous n'y pouuons atteindre ? Ce doit estre l'ame de nos actions, & comment viure si elle n'y est presente que pour peu de temps, & qu'au reste elle nous laisse dans les ombres de mille morts pour vn point de vie?

S'il nous est permis, apres nos tres-humbles sousmissions, de rechercher ce que pretend de nous la prouidence, par vne conduite qui paroist si rigoureuse à nos sentimens, si peu fauorable à nostre salut, nous pouuons dire que Dieu se cache à nos yeux pendant cette vie, pour n'en pas égaler les conditions à celles de l'autre, qui doit accomplir nôtre bon-heur, & puis pour donner de l'exercice à nostre courage par des trauaux, qui cessant metteroient des bornes à nos merites & à nostre gloire. Mais sur tout, ie croy que Dieu ne se laisse pas icy ny voir ny posseder parfaitement, afin que nous le cherissions en nostre prochain qui est son image, & que si nostre amour ne peut rien adjouster aux plenitudes infinies de sa Majesté, il ayt pour le moins dequoy luy complaire & se consoler en déployant ses liberalitez, que Iesus-Christ reçoit comme si elles estoient faites à luy-mesme, quand elles sont faites aux paures.

Ainsi les Perses qui adoroient le Soleil, ne pouuant rien adjouster à ses beautez par leurs sacrifices, & se voyant contraints d'en perdre la iouyssance plus de la moitié du temps, considererent le feu comme son Lieutenant dans le monde, à cause de sa lumiere & de sa chaleur qui le representent : Ils le nourrissoient de bois precieux, dans des vases d'or, l'entretenoient sur les Autels auec tout ce qui se peut de ceremonies, le faisoient porter deuant le Roy par autant de beaux jeunes pages, richement parez, qu'il y auoit de iours en l'an, & se donnoient par ce moyen vn double contentement qu'ils ne pouuoient pas esperer du Soleil mesme, d'en auoir vne perpetuelle iouyssance, & de signaler leur culte religieux par des presens effectifs, dont cét illustre Mi-

DE MISERICORDE. 47

niftre receuoit fans entretien. Ainfi les Empereurs Romains qui ne pouuoient pas eftre prefens en perfonne dans les principales villes des Prouinces, y enuoyent leurs images qu'on éleuoit auec beaucoup de magnificence, & qu'on traittoit auec toute forte de refpects, dont auffi le Prince fe monftroit reconnoiffant par le droit d'afyle qu'il leur accordoit, mais extrémement feuere à venger les injures qui leur eftoient faites, comme des crimes au premier chef de leze-Majefté.

Si vous doutez que Iefus-Chrift ne foit en la perfonne des pauures, qu'il ne vous y demande & n'y reçoiue vos liberalitez, il vous le dit en termes exprés dans l'Euangile. Ce que vous auez fait au moindre des miens, ie le tiens comme fi vous l'auiez fait à moy-mefme; & au jugement vniuerfel : Venez, dit-il, mes Efleus, j'auois faim & foif, vous m'auez donné à boire & à manger, j'eftois nud vous m'auez couuert, j'eftois dans les prifons vous m'auez donné du foulagement, j'eftois malade & vous m'auez confolé. Apres la gloire de fa Refurrection, il n'eft plus capable d'vne réelle fouffrance au corps qu'il auoit pris de la Vierge, mais en celuy qui eft formé comme l'autre par l'operation du Saint Efprit

Math. 25.

dans l'Eglise. Son amour qui ne se lasse point d'agir & d'endurer pour nostre salut, est tousjours sensible aux biens & aux maux qu'on luy fait en son corps moral.

Il sollicite nostre charité par l'aspect de ses membres affligez, d'où saint Iacques prend sujet de dire, si vous n'aymez pas Dieu dans le prochain que vous voyez, comment l'aymerez-vous quand il vous est inuisible ; comme on oblige vn Prince en la personne de son ministre, vn maistre en son seruiteur, vn homme en son amy, vn pere en son enfant, on rend seruice au Fils de Dieu, & l'on suit ses intentions d'assister les pauures, qu'il a racheptez de son sang, qu'il adopte pour ses enfans, qu'il nomme pour heritiers de sa gloire, & qu'il permet neantmoins viure dans l'incommodité des biens exterieurs, afin qu'ils soient l'objet de vostre charité, & l'occasion de vos merites.

Ces belles idées que nous auons de la Diuinité par interualles, ces affections trascendentes qui quelquesfois nous éleuent & nous transforment, sont comme le feu pris à l'eau de vie, qui disparoist aussi-tost sans beaucoup d'effet ; car en suite l'ame delaissée dans les sentimens de la nature, toute esblouye des lumieres qu'elle vient de perdre, & des obscuritez

1. Ioan. 4. 10.

DE MISERICORDE.

ritez qui l'enuironnent, ne void rien dans le passé où elle puisse se prendre, ny tirer de la consolation. Mais ceux qui trauaillent pour le soulagement des pauures, voyent de leurs yeux les fauorables effets de leur charité, les miserables tirez des prisons remis en estat de gaigner leur vie, & de restablir leur pauure famille; des corps languissants de faim qui reprennent leurs premieres forces auec les aliments qu'on leur fournit; des malades, des desesperez resolus à la patience, qui n'ont des cœurs & des bouches que pour rendre mille actions de grace à Dieu, d'auoir inspiré des personnes charitables de leur donner du secours. Ces benedictions & les douceurs interieures dont Dieu recompense dés icy les œures de charité sont si rauissantes, que ie m'étonne comment la personne qui les reçoit peut apporter quelque temperament à ses largesses, sans passer jusques à l'excez. La Prouidence le permet ainsi, afin que ce feu sacré qu'elle allume dans les cœurs ne pointe pas seulement en haut, mais qu'il s'abaisse sur la matiere d'où il tire sa nourriture, & qu'il jette ses bouffées au long & au large, poussé d'vn souffle diuin pour remplir toute la terre. C'est pourquoy l'Apostre nous exhorte si souuent de donner à la charité tout ce qu'elle deman- 2. Cor. 6.

G

de d'étenduë, pour passer de Dieu dans nos prochains, où elle trouue Dieu mesme, puis qu'elle là pour vnique objet, pour premier motif & pour sa derniere fin ; puis qu'elle le considere tellement vn, qu'il est infiny, & que ne pouuant suiure d'esprit les amplitudes sans bornes de son essence, elle le void, l'adore, & luy fait l'offrande de ses biens en cette multitude de pauures, où il se trouue par vne espece d'immensité.

Chapitre VII.

Iesus-Christ veut que tous les fidelles ne forment qu'vn corps animé de son esprit.

L'Escriture sainte considere Iesus-Christ, comme le premier né des creatures, & luy donne ce titre éminent, parce qu'il fut le premier dans les idées diuines, comme la fin où se deuoit rapporter l'œuure de la creation, & qui en deuoit estre l'accomplissement par vn bien-heureux retour à son principe: tellement que la premiere aussi la plus miraculeuse de toutes les vnions, projettée dés l'eternité pour s'accomplir dans le temps, fut celle de la nature diuine auec l'humaine, c'est

DE MISERICORDE.

à dire, du Verbe auec la chair, du repos auec le mouuement, de la gloire auec les souffrances, de la vie auec la mort.

De là vient que les estres plus parfaits, enferment en soy des differences plus étenduës & plus approchantes des extremitez, par vne estroite vnion qui est l'image de l'vnité, cóme la multitude l'est de l'infinité diuine. Ainsi les parties officieres de nôtre corps, sont composées de chers, d'humeurs, d'esprits, de membranes, d'os, & l'homme est appellé le petit monde, parce qu'il contient toutes les qualitez élementaires & celestes du grand comme en abregé. Le plus illustre & le plus heureux conquerant des Roys, fit dessein d'obliger toutes les nations qu'il auoit domptées à viure sous les mesme loix, comme si le monde ne leur eust esté qu'vne ville, que l'espece & la raison commune fut vn lien assez fort pour entretenir vne generale societé. Rome fut emportée de la mesme ambition, & donna ce mesme beau pretexte aux vsurpations de ses armes, de rendre les peuples qu'elles auoit vaincuës, mieux policez. Elle se persuada que l'augure des douze vautours qui parurent à son fondateur, luy promettoit tous les empires qui ont esté, & qui doiuent estre courant les douze maisons du Ciel, auec les grandes

Alber. Mag initio de vegeta.

Plutar. l. de fortuna Alex.

G ij

années, & les siecles qu'elles mesurent jusques à la dixiesme, clorre ainsi le cercle en ce mesme point, où le monde & elle prirent leur commencement.

Ce grand dessein d'vne Monarchie vniuerselle a possedé beaucoup de Princes, qui en ont mesme pris le titre ; mais l'experience nous a fait voir la vanité de ces grands projets, parce que les peuples sont nez auec des inclinations trop contraires pour estre reduits à de mesmes loix humaines, ils sont trop jaloux de leur liberté pour souffrir longtemps vn victorieux qui les captiue, & qui leur est vn reproche continuel de leur impuissance ; ils sont trop attachez à leurs sentimens & à leurs coustumes, pour les quitter à la discretion d'vn vsurpateur qui les irrite, & si la contrainte n'est pas de longue durée dans la nature, elle l'est incomparablement moins entre les hommes nez libres, & genereux pour repousser ce qu'on leur fait de violence, si tost que l'occasion fauorise la reuolte. Chaque ame a des sympathies si particulieres auec son corps, qu'elle n'en peut pas animer vn autre, & ce Prince est proprement né pour vn peuple, non pas pour tous ceux qu'il peut assujettir à ses armes ; mais qui tost ou tard s'en retirent, comme vn liege se releue à la surface de l'eau, si tôt que la force qui le plongeoit vient à cesser.

Il n'appartient qu'à la cause vniuerselle de dominer sur tous les hommes, il n'y a qu'vne verité diuine qui puisse estre bien receuë de tous les esprits ; il n'y a que le souuerain bien qui peut gaigner toutes les volontez, & par ce mesme mouuement qui les tire à soy, les approcher, les joindre entr'elles, enfin, les confondre, & de toutes n'en faire qu'vne dans le commun centre de leur amour. Pour cét effet Iesus-Christ paroist en l'Apocalypse, auec la deuise qui le fait connoistre pour le Roy des Roys, & le Seigneur des Seigneurs, parce qu'il est seul donné de Dieu, pour dominer plus sur les esprits & sur les cœurs, que sur les corps ; il est seul qui sans contrainte laissant les hommes dans toutes leurs libertez, les conduit à professer les veritez d'vne mesme foy, à se tenir, & s'aymer par les motifs d'vne mesme charité.

Apocal. 29.

De toutes les nations de la terre si differentes qu'elles soient sous la diuersité des climats, il n'en veut faire qu'vne Eglise, qu'vn corps moral qui a pour ame son esprit diuin, la source inépuisable des lumieres, del'amour, & de toutes les perfectiõs possibles. Luy qui par des ordres eternels a fait en soy l'vnion des choses extremes, paroist au monde pour assembler tous ceux que sa grace met au nombre des enfans de Dieu, & les ramasser non pas en vn lieu, dit saint Augustin, mais en vn esprit, en vn corps moral dont il est le chef ; en cét esprit qui descendit sur l'assemblée des Apôtres, sous la figure de plusieurs langues de feu, à cause des diuerses illustrations dont le cœur de chacun d'eux estoit enflammé ; mais il n'y parut qu'vne colombe, parce que ces lumieres & ces ardeurs estoient les effets sensibles de ce mesme esprit, qui a fait vn monde auec vn merueilleux accord de ses partie d'elles-mesmes discordantes, & qui deuoit faire vne Eglise de tous les peuples de la terre quoy qu'antipathiques.

 Les differentes matieres qu'on met au feu deuiennent les mesmes, & perdent ce qu'elles auoient de propre sous la force de cét illustre conquerant qui les conuertit en soy. Iesus-Christ fait cette priere au Pere eternel pour tous les fidelles, qu'ils ne soient, mon Pere, qu'vn entr'eux comme vous & moy ne sommes qu'vn ; que leurs esprits soient esclairez de mesmes lumieres, que leurs volontés soient échauffées de mesmes flammes, & que si la condition de cette vie ne leur permet pas de s'affranchir entierement des choses sensibles,

DE MISERICORDE.

que tous ne composent qu'vn corps moral à qui l'esprit de charité donne tous les mouuemens; nous sommes plusieurs, & neantmoins nous ne sommes qu'vn, dit saint Augustin, parce que nous sommes les membres d'vn corps, dont le chef est veritablement vn, indiuisible, inalterable.

Id. in Pf. 163.

De ce que tous ensemble ne forment qu'vn corps, l'Apostre tire cette consequence, que les joyes & les douleurs nous doiuent estre communes, que chacun doit à son prochain, le secours que la main est tousiours preste de donner à l'autre, de seruir la bouche qui a faim, de déliurer les autres parties de ce qui les incommode, de prendre toutes sortes de postures, se mettre mesme en peril pour les deffendre. Tous les iours en mille rencontres la nature s'acquitte parfaitement de ces deuoirs officieux par vne prompte impulsion qui suit la vitesse de la veuë, sans attendre ny le choix du jugement, ny les ordres de la volonté ; hé l'homme sera retif à donner secours à son prochain, où l'instinct le porte, la necessité l'appelle, la raison l'oblige, comme les loix de la police & de la Religion luy commandent ? S'opposera t'il aux desseins eternels qu'eut la Prouidence, d'establir nostre salut par les œuures de misericorde, qui fu-

rent pratiquées en noſtre faueur, & qu'en re-
connoiſſance nous deuons aux autres pour
luy complaire? Qui n'a point de charité pour
ſon prochain n'a pas la foy de cét incomparable myſtere, qui a joint la nature diuine
à l'humaine pour la ſauuer; il ſe ſoûleue contre l'empire vniuerſel que Ieſus-Chriſt veut
prendre ſur tous les hommes; il eſt deſerteur
de ſa milice; il eſt vn membre mort & ſeparé
de ſon corps, s'il ne garde pas les ordres de la
charité.

Chapitre VIII.

*L'intelligence & les ſecours reciproques qui doiuent
eſtre entre les membres de Ieſus-Chriſt.*

LE diuin Apoſtre qui veut animer tous
les fidelles aux deuoirs de la charité, leur
propoſe & leur repete en pluſieurs endroits
l'exemple du corps humain. De là ie prends
la liberté d'en faire vne courte deſcription,
ſous cette creance qu'elle ne ſera pas ſans profit, ſi elle nous monſtre ſenſiblement qu'il
n'y a pas vne partie ſaine qui ne ſoit touſiours
en eſtat de ſeruir les autres, ſelon le rang qu'elle tient, & les proprietez qu'elle a receuës de

la

DE MISERICORDE.

la nature. Les Medecins ont obserué que la vertu formatrice trauaille en mesme temps sur son sujet à l'establissement des trois plus nobles parties, qui sont le cœur, le foye, le cerueau, sans primauté, afin qu'il n'y ayt point d'independance entre ces principes mesme, qui ne doiuent subsister que par vn secours reciproque. De la nourriture qui vient du foye, de la chaleur naissante du cœur, des esprits poussez par le cerueau, il s'en fait vn mouuement qui donne de l'estenduë à la matiere, comme fait le souffle de l'ouurier au verre fondu, & lors la main de Dieu employe ces foibles moyens, pour acheuer cét admirable chef-d'œuure. Quand il vient au iour, c'est auec vne juste disposition des parties qui laissent par tout vn libre passage aux esprits & aux humeurs des plus nobles qui les animent, & qui leur fournissent des munitions continuelles : La veuë, l'odorat, le goust employent leurs differentes épreuues, pour examiner la nourriture qui se presente : apres cette censure, estant bien preparée par la bouche, elle coule dans l'estomach, dont la chaleur & la vertu particuliere la conuertit en vne consistence assez fluide, pour se répandre dans les intestins; leurs contours & leurs mouuemens épanchent adroitement cette masse détrem-

H

pée, la font passer & repasser sur des ouuertures imperceptibles, d'où les petites veines du mesentaire ont le temps d'en succer l'extraict, qu'elles portent au foye doüé d'vne qualité singuliere pour le conuertir en sang. Afin que cét humeur qui doit seruir de nourriture à tout le corps, ayt plus de douceurs & de délices, le fiel en tire ce qu'elle auoit d'amertume, la rate s'en reserue le plus grossier comme la lie; ainsi purger, elle coule dans la veine caue haut & bas, sans que sa pesanteur l'empesche de s'éleuer, parce qu'elle est plaine d'vn esprit qui ne se laisse point abattre par le poids de la matiere. Le sang monte donc du foye vers les parties superieures, mais auec trop de flegme que les esmulgentes & les reins succent pour s'en décharger par les vreteres dans la vesie, de sorte qu'il ne luy reste que ce qu'il en faut pour déleyer sa consistence, & faciliter son écoulement sans éteindre sa vertu. Auec ses preparatifs il se décharge dans la capacité droite du cœur, & il fait vn petit étang d'vne profondeur qui l'occupe toute, afin que par toutes les parties de la cloison tyssuë de petits nerfs, il se filtre dans le costé gauche, où la chaleur plus ramassée, aussi plus viue forme vn sang plus délicat, plus petillant, parce qu'il est plein de l'esprit de vie qui se répand dans tout le corps par les arteres, posées sous les grosses veines pour leur donner de la chaleur, & en estant couuertes en receuoir de la protection.

Cét esprit conduit au cerueau se subtilise incomparablement plus, se transforme en celuy qui donne le sens & le mouuement à l'animal, aux yeux, aux oreilles, aux nez, au goust, au tactat, à chacun la force particuliere pour distinguer son object; enfin, qui est le premier ministre de l'ame, & qui cause tant d'effets prodigieux de la fantaisie. Ie ne parle point de la substance du cerueau distingue par ses trois cellules, pour les trois principales operations de l'ame, & qui remplit l'espine du dos pour de ses vertebres répandre les conjugaisons des nerfs, dont tout le corps reçoit sa force & son mouuement.

Ie ne m'arreste pas à representer les enchaisneures & les liaisons des os, la justesse des concauitez qui les reçoiuent, leurs distinctions qui rendent le corps tout à la fois souple & ferme dans les diuerses occasions du mouuement, de la resistance & du repos. Ie glisse legerement sur ce grand sujet, qui depuis tant de siecles fournit tousiours de nouueaux miracles à la curiosité des Medecins. Ie ne touche que ce qui est de plus commun pour y remarquer, qu'il y a comme dans la Hierarchie des Cieux, des puissances subordonnées, qui purgent, qui esclairent, qui perfectionnent; par tout vne ame qui regle tant d'operations, qui conseruent tant de parties dans vne parfaite intelligence, de sorte que toutes agissent pour vn bien commun. On void sensiblement que l'estomach ne fait sa digestion, le foye n'acheue le sang, le cœur n'emply les arteres, le cerueau n'est l'origine des nerfs & de l'esprit animal, que pour le seruice & la perfection de tout le corps.

Quand aux parties exterieures, des bras, des mains, des pieds, il paroist assez qu'ils n'agissent, qu'ils ne s'exposent & n'employent leur diligence que pour le commun seruice des plus nobles, dont ils reçoiuent aussi ce qui les compose, & ce qui les nourrit. Cette dépen-

1. Cor. 12.

dance mutuelle des parties, fait, dit l'Apostre, que les plus nobles ne peuuent pas dire aux moindres, comme la teste aux pieds & aux mains, ie n'ay que faire de vostre secours. Si ces parties manquent à leur deuoir, & ne s'acquittent pas des actions où la nature les a destinées, c'est vne maladie dont le sentiment & les incommoditez passent sur toutes les autres, & quand elles ont entierement perdu la force d'agir, par la solution de con-

DE MISERICORDE. 61

tinuité ou par la mort, elles ne sont plus considerables comme veritables parties ; Ainsi, dit saint Iacques, tenez la foy pour morte qui est sans les bonnes œuures de la charité ; cét homme croyt, dit-il, en Dieu, mais il ne profite plus de ses graces pour son salut, s'il n'a plus ny le mouuement ny les œuures pour le secours du prochain. C'est bien fait, dit cét Apostre, de croire & de craindre vn Dieu, mais ce n'est pas grande merueille, puisque les Demons ont ces mesmes sentiments, qui n'empeschent pas qu'ils ne soient tousiours miserables, dans vne mort eternelle, priuez de Dieu. Voilà, dit saint Augustin, comment l'Apostre conçoit vne extreme horreur de ceux qui viuent sans charité, puis qu'il les compare aux Demons, qu'il les tient morts à la grace, à la communion des Saints, à la gloire, quand ils n'agissent plus par l'Esprit de Iesus-Christ, qui est celuy de misericorde, la plus sublime des œuures de Dieu. Ils sont dans l'exercice des demons, ils versent le sang du prochain, ils tentent les ames de desespoir, quand ils ne donnent pas ce qu'ils deuroient de secours; ils enflamment les concupiscences & les cruautez par les mauuais exemples qu'ils donnent.

Le corps, dit saint Bernard, n'a point la vie

H iij

Arist. 4. met. c.v.t.

Iacobi ep. 2.

D. Aug. l. 1. de fide & oper. b. c. 14.

D. Ber. ser. 1. de resur.

sans le mouuement, ny la foy sans la charité qui se répand par les bonnes œuures, Iesus-Christ tenoit cét arbre pour desia mort, où il ne trouua point de fruits, & la malediction qui le fit seicher, ne fit qu'oster les apparences de vie que faussement il monstroit auec ses feüilles. Le cœur va mourir quand les arteres ne portent plus son mouuement jusques aux mains. Tenez de mesme la foy pour morte ou mourante, qui ne fait plus ce qu'elle pourroit d'aumosnes. I'ay peine à me persuader qu'on croye sincerement l'Euangile, vn Iesus qui donne sa vie pour nostre salut, qui promet des recompenses au centuple dés cette vie, & dans la gloire aux œuures de misericorde, & que ceux qui portent le nom de Chrétien, soient cependant si refroidis à les pratiquer ; Nous ne serions pas aujourd'huy, si Dieu n'eust eu pour nous que des idées, sans cét amour effectif qui nous a mis en l'existence. Nous ne serions pas en grace sans les misericordes de nostre Sauueur, qui nous reçoit au partage de ses merites. Hé pourquoy ne répondons-nous pas par effet à tant de bontez ? Pourquoy se dire membres de l'Eglise, sans correspondance & sans action auec les autres ; porter des apparences de vie, auec des parties nobles qui ne s'acquittent plus de

DE MISERICORDE.

leurs fonctions, vn estomach qui ne digere plus, vn foye qui ne fut plus de sang, vn cœur glacé, vn cerueau paralytique, des yeux sans voir, des pieds sans marcher, des mains sans agir, comme l'or & l'argent, dont les mauuais Chrestiens ont fait leurs idoles. Mon Dieu, rendez-leur encore par miracle le sens & le mouuement de charité pour le salut de leurs ames, & l'édification de vostre Eglise.

Chapitre IX.

Les bonnes œuures se doiuent faire auec la foy de l'Eglise.

Nous sommes dans vne creance & dans vn sentiment tout contraire à ceux qui ont osé dire que les œuures de misericorde faites par des personnes estant en peché mortel, dans l'heresie ou l'infidelité, sont autant de pechez mortels, dont l'ame s'accable par vne suite comme infinie de mal-heurs, lors mesme qu'elle se croyoit soulager. I'ay fait voir ailleurs l'extrauagance de cette opinion desesperée ; c'est pourquoy ie ne fais icy que dire en peu de mots auec saint Thomas, que chose aucune ne se destruit par l'a-

Liure des misericordes de Dieu par.
3.c.8. & 9.
D. Th. l. 2.
sent. dist.
28. a. 1.

ction que la nature luy a rendu propre, qu'ainsi l'homme qui conduit par la raison naturelle rend de bons offices à son prochain, qui donne du secours à l'innocence opprimée, qui s'acquitte des autres devoirs de justice & de misericorde, fait vn bien & non pas vn mal. Comment seroit-il en cela coupable, puis qu'il ne fait que suiure la loy naturelle que Dieu a mis dans son cœur; si la transgression de cette loy est vn peché digne de peines, il s'ensuit que l'obeyssance qu'on luy rend est vn acte de vertu, qui a son prix & qui doit receuoir des recompenses.

Ces bonnes actions morales ne meritent pas à la verité la derniere beatitude en la vision de Dieu, si elles sont faites en peché mortel, parce que ce miserable estat est la mort de l'ame separée de Dieu, par ce moyen elle est incapable d'agir & de meriter pour luy. L'homme est lors priué des graces de Iesus-Christ, comme vn deserteur durant qu'il est chez les ennemis, ne prend point de part aux liberalitez militaires que fait le Prince; tant qu'il n'est point en ses bonnes graces, on le suppose comme s'il n'estoit point en vie, & tout ce temps s'écoule pour luy sans profit, quoy qu'ensuite il obtienne sa restitution. C'est ainsi que les bonnes œuures faites

dans

DE MISERICORDE.

faites dans le peché mortel sont mortes, & n'ont point de part aux graces que Iesus-Christ nous a meritées pour nous rendre dignes du Ciel. Quant à celles qui sont faites dans l'infidelité ou dans l'heresie elles ont leur bonté morale, dit saint Thomas, quoy qu'elles n'ayent pas la surnaturelle, elles demeurent dans ce plus bas estat de merite quoy qu'elles ne s'éleuent pas au plus haut, ny jusques à l'éminence de la gloire. Leur recompense ne va pas plus loing que la nature qui les a produites. Elles se terminent donc à détourner les disgraces du destin; à meriter la santé du corps, la possession des biens temporels, vne heureuse & longue vie auec vne reputation qui s'étendra bien loing dans la posterité. Ces bonnes œuures tiennent l'esprit de l'homme en haleine, sans luy permettre de s'emporter à beaucoup de déreglemens; elles le destournent des vices, amortissent les concupiscences, donnent à l'ame des tranquillitez qui sont des grandes dispositions aux graces surnaturelles. Ie tire ces considerations du grand Patriarche de Venise, afin que les Chrestiens ne tombent pas dans le desespoir de leur salut, & qu'ils n'abandonnent pas les bonnes œuures comme si elles leur estoient inutiles, lors que la fragilité de la na-

D. Tho. 1. 2. sent. dist. 41.

Laur. Iusti. l. de spiritu intellectu.

I

ture les a fait tomber dans quelque peché mortel. En ces maladies mesme mortelles, les bonnes œuures sont des nourritures qui entretiennent les forces, des lenitifs pour arrester la violence des symptomes, jusques à ce que la penitence guerisse le mal en sa source.

Cela peut estre considerable en ceux, que les passions ont engagé dans des crimes, ou que le mal-heur de la naissance a nourry dans d'autres sentimens que ceux de la foy Chrétienne; mais quelle extrauagance de se causer à soy-mesme vne maladie mortelle, afin de faire l'essay de ce qui la peut soulager, & non pas guerir. Les souffrances y sont infallibles, le peril y est éminent, le remede fort incertain, tousiours trop foible. N'est-ce pas manquer de raison, estre pis qu'aueugle dans le sujet important de son salut, de se jetter de sang froid dans vne secte que l'Eglise a condamnée, sous couleur qu'on y pratique les œuures de misericorde auec beaucoup d'esclat ? Ces bonnes œuures faites hors de l'Eglise n'ont point de merite pour le Ciel, elles sont mortes pour cét égard, car hors de l'Eglise il n'y a point de salut; hé comment, dit saint Bernard, esperez-vous plaire à Dieu par vn sacrifice des choses mortes & corrom-

De B. ser. 24. super Cant.

DE MISERICORDE. 67

puës ? Vos mains, vos folles resolutions ont égorgé vostre foy, & vous donnant ainsi la mort, vous pensez estre au chemin du Ciel, vous perdez volontairement la vie de la foy, afin d'estre en estat d'en faire les œuures ? Comment agir auec vne foy morte par l'heresie, & comment considerer des œuures comme meritoires, quand elles procedent d'vne foy morte ? Si la foy n'est toute entiere, elle est nulle, dit saint Augustin, les œuures qu'on s'imagine là bonnes, sont mortes, parce que le juste ne tire sa vie que de la foy. La maison où l'Agneau Paschal deuoit estre mangé tout entier selon la ceremonie de la loy sans qu'vne partie peut estre transportée dehors, signifioit que les œuures pour estre bonnes, doiuent estre faites dans vne parfaite submission aux sentimens de l'Eglise, parce qu'il n'y a selon l'Apostre qu'vn Dieu, qu'vn baptesme & qu'vne foy.

D. Aug. de
ser. dom. in
monte l. 2.
c. 9.

Rupert. in
Exo. l. 2. c.
11.

L'histoire Ecclesiastique rapporte que les Manicheens, les Donatistes, les Nouatiens, enfin tous les heretiques conjurez contre l'Eglise par vne monstreuse diuersité d'opinions, ont tous paru sous des visages, des paroles & des pratiques d'vne éminente probité, formée ce sembloit sur les conseils de l'Euangile, & ces belles apparences toucherent

I ij

long-temps saint Augustin, d'vn respect qui l'empécha d'escrire contre Pelagius. Iulien l'Apostat tâcha de couurir ses impietez, & de temperer la haine des peuples par des largesses publiques, & les ordres plus importants qu'il donnoit aux Prestres de ses idoles, estoient d'exercer toutes sortes d'humanitez enuers les pauures & les pelerins. Les Circoncilions des Donatistes faisoient profession de prodiguer non seulement leurs biens, mais leurs personnes pour le soulagement des necessiteux. Les chefs d'autres heretiques, dont parle saint Hierosme, auoient tant d'adresse qu'ils se rendoient maistres absolus des cœurs & des bourses de leurs adherans, sous couleur d'en assister les pauures : Ils leur donnoient à la verité quelque chose pour se mettre dans vne estime de charité ; mais de ces dépots ils en retenoient pour eux la meilleure part, & leur entremise estoit à proprement parler vne chasse ou vne pesche, qui attiroit vne grande proye par vne petite amorce. Ils pratiquoient l'art de ces anciens infames qui faisoient la ronde des Prouinces, & enleuoient les pauures belles filles sous pretexte de les assister, s'obligeoient mesme à leur éducation jusques à les pouruoir par vn honneste mariage ; mais ce n'estoit que pour en faire vn

D. Aug. 2. retrac. c. 33.

D. Hier. ep. ad Nepot.

honteux trafic par des prostitutions que l'Empereur Theodose deffend, sous de grandes peines en sa Nouelle.

{Nouel. Theodos. de Lenon. & Cuia. in Nouel. 14.}

A quoy tendent les heretiques d'aujourd'huy par les largesses qu'ils font dans les Villes, les Bourgs & les Villages, accompagnées de predications & de secretes conferences, que pour achepter ainsi des suffrages qui fauorisent vne secte solemnellement condamnée de toute l'Eglise, & auec ces nouueautez attirer les vns à donner par ambition, les autres à receuoir & à les suiure par necessité. Ils donnent beaucoup, mais ils retiennent incomparablement plus jusques à se faire vn grands fonds pour corrompre vne jeunesse incommodée dans ses estudes, pour attacher les grands & les petits à leur party par des pensions considerables. Pauure deuote abusée, pauure esprit malade, abbatu par quelques disgraces, vous jettez vos biens dans vne abysme, d'où il ne peut sortir que des tempestes contre l'Eglise & l'estat. Ces profusions faites aux ennemis de Iesus-Christ & de son Espouse ne laueront pas vos pechez, puis qu'ils les augmentent, & qu'ils vous rendent criminels, des schismes, des reuoltes, des pernicieuses entreprises, des negoces de tenebres que ces brouillons machinent sans cesse, parce que vous leur en fournissez les moyens. Vous ne le sçauez pas dites-vous, mais vous le deuez sçauoir, & qu'il ne faut point attendre de bien, que vous ne deuez nullement entrer dans le commerce, ny dans l'alliance de ceux qui se separent de l'Eglise.

Vous auriez sujet de prendre ces routes escartées, de suiure la nouueauté si les Catholiques auoient des sentimens & des pratiques contraires aux œuures de misericorde. Mais considerez dans Paris le grand nombre de hospitaux, où les pauures sont assistez sans reserue, où vous les verrez seruis par des mains illustres, par des Dames des plus hautes conditions. La honte cache souuent sous la soye des indigences lamentables, & la charité a des yeux perçans qui les découurent pour les soulager, comme ils desirent en secret. Les Sermons, les Conferences des personnes dédiées à Dieu, exhortent sans cesse les Chrétiens à ces œuures de misericorde. Si Dieu vous en inspire quelque mouuement interieur, si la nature & la grace vous rendent sensible aux souffrances de vostre prochain, suiuez les remonstrances des Saints qui vous y animent, joignez-vous à ces illustres & deuotes trouppes de personnes signalées, qui n'es-

DE MISERICORDE. 67

pargnent point en cela leurs personnes ny leurs biens. Le Saint Esprit preside à ces saintes assemblées, il vous comblera de benedictions, vous trouuerez des suauitez incomparables dans l'vnion que vous aurez auec tant de bonnes ames par vne communication reciproque de lumieres & de chaleurs. Vous ne serez point en hazart d'estre surprise par vne secte pernicieuse ; de tremper dans des schismes & des reuoltes, d'attirer sur vous le peché des autres, quand vous pensez agir pour la charité. Vous ne metteriez pas la moindre somme d'argent entre les mains d'vn infame condamné de mauuaise foy, & vous mettez ces dépots de pieté à la discretion de ceux que vous sçauez estre ennemis de l'Eglise, hé doutez-vous qu'ils ne s'en seruent contre elle? Vous acheptez bien cherement la perte au moins le grand hazart de vostre ame; quoy que vous aymiez la paix, vous troublez l'Eglise & l'estat ; quoy que vous cherissiez la verité, vous corrompez les ames, quand ceux qui commettent tous ces crimes sont à vos gages par ces furtiues contributions.

Chapitre X.

Les diuers eſtats de la vie ciuile ne doiuent pas empêcher les parfaites vnions de la charité.

LE meſme eſprit de ſuperbe qui precipita Ange du Ciel, a ſeparé les heretiques du corps de l'Egliſe, & en a fait des membres morts qu'il a fallu retrancher, parce que leur deſvnion les auoit fait incapables de receuoir l'eſprit de Ieſus, & capables d'en priuer les autres en leur donnant de mauuaiſes impreſſions. Quelle ſacrilege vanité dans vn eſprit particulier, de ſouſtenir ſes ſentimens contre les Decrets du College Apoſtolique, pour vne pointille d'eſcole diuiſer les cœurs auec les eſprits, jetter le trouble dans les conſciences, dans l'Egliſe, dans les eſtats, & par cét inſigne défaut de charité verifier qu'ils ne ſont pas les diſciples de Ieſus-Chriſt. L'Apoſtre tient que les hereſies ſont neceſſaires, afin qu'on puiſſe plus facilement donner remede au mal qui paroiſt à l'exterieur, & retrancher les corruptions qui pourroient infecter les autres parties. Que ce ſoit donc là l'vnique ſujet qui rompe l'vnion desChreſtiens,quand
ils

ils cessent d'estre membres d'vn mesme corps & viure d'vn mesme esprit de Iesus qui en est le Chef. Quand aux conditions de la vie ciuile, leur diuersité n'est qu'accidentelle à la nature & à la Religion, dont elle ne doit pas aussi rompre les alliances.

Pour faciliter le gouuernement de la multitude, Dieu la mis dans l'ordre, sa prouidence éleue les vns, abaisse les autres en des estages si fort éloignez par l'empire & la sujettion, les richesses & la pauureté, par des emplois & de manieres d'agir aussi peu semblables, que si les personnes estoient d'vne differente espece. La plus grande part des aduantages qu'on appelle de fortune sont moins que des accidens, parce qu'ils ne consistent qu'en opinion, & qu'vne phantaisie preoccupée de quelque image d'honneur, comme de la noblesse, consomme les forces, perd les libertez d'esprit & de corps dans les fatigues de la guerre, plus grandes que celles d'vn pauure artisan. Neantmoins de ces vanitez quoy qu'extrement onereuses, ce Gentil-homme, ce Prince tire vne presomption d'esprit qui luy fait considerer les peuples, comme des animaux nez pour son seruice, il en immole le temps, les biens, les vies aux moindres de ses interests; il fait le mal-heu-

K

reux destin du pauure, malgré la faueur des Astres & le droit de la nature.

Elle met également tous les hommes au rang d'vne mesme espece, elle les assujettit tous aux mesmes basses conditions de la naissance, aux foibles progrez de l'âge, aux infirmitez continuelles d'vn corps, qui souffre, qui meurt, qui se corrompt au temps que le Ciel luy a prescrit, & qui apres auoir tenu sa place au monde durant peu d'années, enfin disparoist comme si jamais il n'auoit esté. Si ces considerations naturelles ne sont pas assez puissantes pour rabattre les sallies de l'opinion, pour obliger les hommes à se tenir bien vnis, puis qu'ils sont semblables, & à se donner des secours reciproques dans les disgraces qu'ils doiuent considerer, comme si elle leur estoient communes ; la Religion vient en ce cas au secours de la nature.

L'Eglise represente à tous les Chrestiens, qu'ils sont freres, non seulement parce qu'ils ont receu de Dieu leur commun Pere, vne ame qui porte sa ressemblance, mais encore parce qu'ils sont adoptez par Iesus-Christ, nourris de ses Sacremens, membres de son corps, animez de son esprit ; enfin, les objets de son amour, aduantagez de ses graces capables de les éleuer jusques à sa gloire. Tant d'illustres conditions se peuuent appeller essentielles, à cause de la bonté de Dieu qui nous les fait propres, qui nous les presente, nous les conserue tousiours, de sorte qu'elles ne nous manquent que quand nous voulons les perdre. Ce sont les aduantages de l'ame la plus noble partie des hommes, ce sont des lumieres & des chaleurs diuines, qui doiuent estre plus puissantes pour les tenir dans l'vnion de la charité, que ne le sont les qualitez mondaines pour les separer. Les tempestes de l'air & de l'Ocean, les fracas d'vn tremblement de terre ne peuuent rompre, ny le rayon du Soleil, ny l'influence du Ciel, ny la continuité du monde pour y causer la priuation & le vuide, quelle apparence que ces vsurpations accidentelles de la vanité diuisent des cœurs, que les liens de la nature & de la grace tiennent vnis ?

I'estime plus le moindre des Astres qui brillent au Ciel, que ces grands cometes que tous regardent auec admiration, parce que ces lueurs sont passageres, qu'elles s'esteignent en peu de temps, que naissant d'vne mauuaise cause, elle presagent de plus dangereuses suites; & ie faits fort peu d'estat des richesses auec tout ce qu'elles ont de lustre & de credit entre les hommes, parce qu'elles sont inconstantes, ordinairement funestes à l'ame, & que nous les voyons souuent estre les filles, les meres, les nourrices de l'iniquité. La veritable grandeur de l'homme se mesure par les habitudes de la vertu, qui le dégage autant qu'il se peut des choses sensibles, qui l'éleue dans vne region de lumieres, d'integrité, de paix; qui luy donne ces precieux gages du Ciel, dont l'ame estant enrichie a dés icy la ressemblance & la veuë de Dieu.

C'est vne merueille peu connuë des hommes, que ces éminentes qualitez sont soustenuës par des défauts & des foiblesses en apparence dignes de mespris. La bassesse de la naissance, & la pauureté leur est fauorable, parce qu'elles conjurent bien loing de l'esprit ces demons de superbe, d'ambition, d'enuie, d'auarice, de contentions, de cruautez; le trauail qui pouruoit aux necessitez de la vie dans vn exercice legitime que l'habitude rend aisé, tient les laboureurs & les artisans innocemment occupez, jamais oysifs, ny sujets aux inquietudes criminelles qui trauaillent les grands du monde. Souuent vous trouuerez des esprits plus esclairez, plus solides, & qui meritent plus de creance, comme moins corrompus de l'opinion, sous la burre ou la toile d'vn ouurier, que sous la pourpre des plus puissants. La pauureté a tant de rapport auec la sagesse, que ceux qui n'y sont pas reduits par la naissance, la professent par élection. Alexandre prenoit conseil de Diogene, & la politique donne ce precepte au Prince, de prendre le sentiment de ses domestiques qu'il connoist de meilleur esprit, dans les affaires que les intrigues & les interests rendent embroüillées : Ie ne void donc pas que les mondains pour estre nobles & riches, doiuent traitter les pauures auec insolence, & les estimer indignes de leur affection, quoy que la nature & la pieté Chrestienne les y oblige. L'Eglise n'a point ces acceptions de personnes, elle tient indifferemment ses portes ouuertes, elle donne l'intelligence de sa doctrine, elle presente ses Sacremens, & l'ouuerture du Ciel, aux pauures comme aux riches ; elle les tient tous pour ses enfans, & j'ose dire auec quelque plus grande tendresse pour les pauures, parce qu'ils ont plus de necessité, & que Iesus-Christ veut particulierement qu'ils soient reconnus pour ses membres.

Ce n'est pas que les riches ne puissent auoir de grandes pretentions à l'heritage du Ciel, s'ils s'acquittent fidellement de leur deuoir n la distribution des talents que la Prouidence leur a mis en main. La puiſſance temporelle leur preſente les grandes occaſions des vertus heroïques, dont les effets cauſent la felicité des Prouinces & des Royaumes; par vne ſeule action de miſericorde, ils ſoulagent les oppreſſions de tout vn peuple, ils ſont dans l'eſtat les Aſtres qui donnent de l'efficace aux foibles efforts, qui fait chaque particulier pour ſe retirer de la miſere par ſon trauail, & qui accompliſſent en ce ſujet les vœux, les ſoins, les contributions d'vne charité populaire.

En la naiſſance du monde Dieu produit en meſme iour, le Ciel pour donner ſes influences, & la terre pour les receuoir; le Soleil ſource de lumieres, & les Aſtres qui en deuoient eſtre eſclairez; il poſe deux elements ſuperieurs pour en faire auec les deux plus bas le mariage, d'où procedent toutes les generations des mixtes. Le grand commerce de la nature ne conſiſte qu'en cette inclination qu'ont les choſes ſuperieures à répandre leurs fauorables qualitez ſur les plus baſſes, & en celle qu'a l'indigence de les recueillir. La forme, le feu, le maſle témoignent des recherches amoureuſes & paſſionnées de leurs matieres, afin de les perfectionner en mettant leurs puiſſances en acte. Pour regler le gou-

DE MISERICORDE.

uernement des villes sur celuy du monde; la coustume estoit anciennement en Crete de faire en certains temps de l'année des festins publics, où les nobles & les roturiers, les paures & les riches, les maistres & les esclaues se mesloient indifferemment, & prenoient leur place selon la rencontre, sans faire aucune distinction de ces qualitez imaginaires, afin de renouueller l'égalité que la nature auoit mise entre les hommes. Ces titres éminens d'vne puissance temporelle, ne doiuent donc pas empécher les riches de se maintenir auec les pauures dans l'vnion de la charité, particulierement s'ils contemplent les mysteres de la Religion Chrestienne, tous establis en l'vnion des grandes choses auec les petites, du Verbe diuin auec la nature humaine, de la foy auec la raison, d'vne vertu surnaturelle auec vne matiere commune dans les Sacremens, d'vn corps glorieux sous des especes de pain & de vin, & du vin auec l'eau dans le Calice. S'ils sont enflez de superbe, s'ils souffrent auec indignation l'approche de ce qu'ils croyent moindres qu'eux, il faut qu'ils sortent du monde pour n'auoir point de commerce auec les élemens, les nourritures, les animaux, d'où nous tirons des seruices & du plaisir auec quelques charges; il

Strabo. l. 10. Athen. l. 3. c. 5.

faut que leur ame parce qu'elle est immortelle refuse de donner la vie, le sens & le mouuement à son corps mortel; ils cesseront d'estre hommes en perdant ces vnions naturelles de parties fort inégales, comme ils ne seront plus Chrestiens, s'ils traittent auec mespris les pauures qui sont les membres d'vn corps, dont Iesus-Christ est le Chef, qui sont les collegues de ses emplois laborieux, les propres enfans de la croix, & qui peuuent estre les coheritiers de sa gloire.

Chapitre XI.

Les plus puissants sont establis de Dieu pour le soulagement des autres.

N'Estoit que l'vsage excuse nos façons ordinaires de parler, elles ne seroient pas innocentes, quand on dit qu'vn homme s'est acquis de grandes richesses, qu'vn pere, qu'vn Prince, qu'vn amy la mis en possession des plus hautes charges, qu'ainsi l'on pense tenir de son industrie, de la naissance ou de la faueur, ce qui se doit rapporter à Dieu. Comme en la fabrique d'vne horologe, toutes les roües depuis la grande jusques à la plus

petite

DE MISERICORDE.

petite font compaſſées par la main de l'ouurier, afin que de la proportion qu'elles gardent entre elles, il en reüſſiſſe vn mouuement aſſez juſte pour ſuiure celuy du Ciel, & qui de plus eſtant l'effet d'vne cauſe ſenſible & raiſonnable monſtre le nombre à nos yeux, & le prononce diſtinctement à nos oreilles. Ainſi nous deuons conſiderer dans le monde, les Cieux, les Elements, les Mixtes, les Animaux, comme des parties dont chacune a ſa proprieté, ſa region, ſublime, moyenne ou baſſe, ſelon qu'il eſt conuenable pour le bien de l'Vniuers; & comme elles ſe tiennent par de grands rapports, par les ordres qu'elles ont receu de la ſageſſe Diuine, elles en publient la gloire par vn langage muet, comme celuy des bien-heureux, mais ſouuerainement intelligible à nos ames. Elles nous laiſſent vn ſentiment de Dieu plus prompt, plus ſublime, plus aſſeuré que celuy qui nous vient de la raiſon, & nous font nettement voir, que ſi les Cieux ont des vertus inalterables, des lumieres immortelles, des mouuemens reguliers, ce n'eſt que pour eſtre des inſtrumens en la main de Dieu, propres à determiner les conditions de toutes choſes, & les maintenir contre les inconſtances de la matiere juſques au terme qui leur eſt preſcrit.   L

Faites le mesme jugement du monde ciuil que du materiel, & comme vous y voyez des puissances souueraines, d'autres subordonnées, les honneurs & les richesses entre les mains de quelques-vns, tenez pour certain qu'elles leur sont données de Dieu pour des fins, & sous des conditions qui feroient la felicité des estats, si elles estoient bien gardées.

Prou. 8. C'est moy, dit la Sagesse, qui met les Princes dessus le throsne, qui donne le credit & la prudence necessaire au gouuernement, ie donne à qui me plaist les richesses, & les thresors ne sont remplis que de mes liberalitez. Iob dans ce torrent de disgrace, qui luy enleue en vn iour tous ses biens & tous ses enfans, trouue vn fort de consolations en cette pensée, que la mesme main de Dieu qui luy auoit fait ces presens, & luy en auoit permis pour vn temps l'vsage, les retiroit pour des raisons reseruées au secret de sa prouidence, qu'il en estoit le maistre absolu, & qu'en cette déroute generale il ne perdroit iamais ce qu'il luy deuoit de respects & d'adorations.

Dan. 4. Nabuchodonozor qui se donnoit la gloire de son empire, fut reduit au rang des bestes, & en fit toutes les actions par vne extrauagance de melancholie, iusques à ce qu'il confessa que Dieu domine absolument sur les Princes de la terre, qu'il donne & oste les sceptres comme il luy plaist; enfin l'Apostre conclud, que toute puissance vient de Dieu. Rom.1.

Il faut donc le considerer comme le Seigneur dominant, de qui tous les Monarques, tous les riches de la terre tiennent leurs puissances à fief, c'est à dire, sous certaines conditions, auec des redeuances, & des fidelitez qui en determinent l'vsage. Le premier homme est mis dans le Paradis terrestre, auec le pouuoir de commander au reste des creatures, de manger de tous les fruits, mais à l'exclusion d'vn seul. Les Cieux ont receu des qualitez éminentes, mais à condition de faire tous les iours le tour du monde, & d'acheuer leurs periodes au temps qui leur est prescrit: Les Anges auec ce qu'ils ont de felicité doiuent les vns rouler les Cieux, les autres agir au gouuernement des empires, en la tutelle des hommes, en la conseruation des especes, & ne le répandre point hors l'étenduë de la iurisdiction qui leur est permise. Ainsi le monde & naturel & ciuil ne souffre aucunes puissances sans bornes & sans quelques obligations qui en assignent les emplois au bien general, auquel ils se doiuent, comme n'en estant que des parties.

Selon ce droit commun, Dieu donne les

L ij

Pagination incorrecte — date incorrecte

NF Z 43-120-12

faut que leur ame parce qu'elle est immortelle refuse de donner la vie, le sens & le mouuement à son corps mortel ; ils cesseront d'estre hommes en perdant ces vnions naturelles de parties fort inégales, comme ils ne seront plus Chrestiens, s'ils traittent auec mespris les pauures qui sont les membres d'vn corps, dont Iesus-Christ est le Chef, qui sont les collegues de ses emplois laborieux, les propres enfans de la croix, & qui peuuent estre les coheritiers de sa gloire.

Chapitre XI.

Les plus puissants sont establis de Dieu pour le soulagement des autres.

N'Estoit que l'vsage excuse nos façons ordinaires de parler, elles ne seroient pas innocentes, quand on dit qu'vn homme s'est acquis de grandes richesses, qu'vn pere, qu'vn Prince, qu'vn amy la mis en possession des plus hautes charges, qu'ainsi l'on pense tenir de son industrie, de la naissance ou de la faueur, ce qui se doit rapporter à Dieu. Comme en la fabrique d'vne horologe, toutes les rouës depuis la grande jusques à la plus
petite

DE MISERICORDE.

petite font compaſſées par la main de l'ouurier, afin que de la proportion qu'elles gardent entre elles, il en reüſſiſſe vn mouuement aſſez juſte pour ſuiure celuy du Ciel, & qui de plus eſtant l'effet d'vne cauſe ſenſible & raiſonnable monſtre le nombre à nos yeux, & le prononce diſtinctement à nos oreilles. Ainſi nous deuons conſiderer dans le monde, les Cieux, les Elements, les Mixtes, les Animaux, comme des parties dont chacune a ſa proprieté, la region, ſublime, moyenne ou baſſe, ſelon qu'il eſt conuenable pour le bien de l'Vniuers; & comme elles ſe tiennent par de grands rapports, par les ordres qu'elles ont receu de la ſageſſe Diuine, elles en publient la gloire par vn langage muet, comme celuy des bien-heureux, mais ſouuerainement intelligible à nos ames. Elles nous laiſſent vn ſentiment de Dieu plus prompt, plus ſublime, plus aſſeuré que celuy qui nous vient de la raiſon, & nous font nettement voir, que ſi les Cieux ont des vertus inalterables, des lumieres immortelles, des mouuemens reguliers, ce n'eſt que pour eſtre des inſtrumens en la main de Dieu, propres à determiner les conditions de toutes choſes, & les maintenir contre les inconſtances de la matiere juſques au terme qui leur eſt preſcrit.

Faites le mesme jugement du monde ciuil que du materiel, & comme vous y voyez des puissances souueraines, d'autres subordonnées, les honneurs & les richesses entre les mains de quelques-vns, tenez pour certain qu'elles leur sont données de Dieu pour des fins, & sous des conditions qui feroient la felicité des estats, si elles estoient bien gardées.

Prou. 8. C'est moy, dit la Sagesse, qui met les Princes dessus le throsne, qui donne le credit & la prudence necessaire au gouuernement, ie donne à qui me plaist les richesses, & les thresors ne sont remplis que de mes liberalitez. Iob dans ce torrent de disgrace, qui luy enleue en vn iour tous ses biens & tous ses enfans, trouue vn fort de consolations en cette pensée, que la mesme main de Dieu qui luy auoit fait ces presens, & luy en auoit permis pour vn temps l'vsage, les retiroit pour des raisons reseruées au secret de sa prouidence, qu'il en estoit le maistre absolu, & qu'en cette déroute generale il ne perdroit iamais ce qu'il luy deuoit de respects & d'adorations.

Dan. 4. Nabuchodonozor qui se donnoit la gloire de son empire, fut reduit au rang des bestes, & en fit toutes les actions par vne extrauagance de melancholie, iusques à ce qu'il confessa que Dieu domine absolument sur les Princes

DE MISERICORDE.

de la terre, qu'il donne & oste les sceptres comme il luy plaist; enfin l'Apostre conclud, que toute puissance vient de Dieu. Rom. 13.

Il faut donc le considerer comme le Seigneur dominant, de qui tous les Monarques, tous les riches de la terre tiennent leurs puissances à fief, c'est à dire, sous certaines conditions, auec des redeuances, & des fidelitez qui en determinent l'vsage. Le premier homme est mis dans le Paradis terrestre, auec le pouuoir de commander au reste des creatures, de manger de tous les fruits, mais à l'exclusion d'vn seul. Les Cieux ont receu des qualitez éminentes, mais à condition de faire tous les iours le tour du monde, & d'acheuer leurs periodes au temps qui leur est prescrit: Les Anges auec ce qu'ils ont de felicité doiuent les vns rouler les Cieux, les autres agir au gouuernement des empires, en la tutelle des hommes, en la conseruation des especes, & ne se répandre point hors l'étenduë de la iurisdiction qui leur est permise. Ainsi le monde & naturel & ciuil ne souffre aucunes puissances sans bornes & sans quelques obligations qui en assignent les emplois au bien general, auquel ils se doiuent, comme n'en estant que des parties.

Selon ce droit commun, Dieu donne les

richesses à quelques-vns, non pas pour nourrir leurs concupiscences, les desordres & les abominations d'vne vie qui n'agit que pour les sens ; car il deffend ces excez, & luy qui est l'innocence essentielle ne fourniroit pas des armes aux ennemis de ses loix, & de leur salut. Tellement que s'il donne des richesses sous quelque condition, c'est comme nous auons dit, afin que les personnes qui en sont aduantagées, les rapportent à vn bien public, de l'estat ou de l'assemblée dont ils font partie, & au soulagement des autres qui ont besoin de ce secours. Ainsi le Soleil qui à receu de Dieu ses lumieres, les répand pour acheuer la beauté du monde ; les fleuues serpentent, & courent auec beaucoup de détours pour faire vne plus large distribution de leurs eaux, qui seruent aux feconditez de la terre, & au commerce des peuples. Ainsi le foye qui forme le sang, le fait aussi-tost couler par les veines, le cœur & le cerueau poussent leurs esprits, pour donner la vie, le sens & le mouuement au corps, sans que ces parties nobles retiennent pour elles les propres effets de leur vertu, que la necessité des autres leur demandent.

C'est donc vn droit naturel que la plenitude se décharge dans le vuide, que l'abon-

DE MISERICORDE.

d'an ced'vne partie donne remede aux langueurs des autres, qu'elle agisse comme elle doit pour la perfection de son tout, quand elle ny souffre, ny l'excez, ny le défaut. Ces effusions naturelles sont trop importantes pour estre laissées au choix de l'animal, elles se font aussi sans qu'il en ayt le desir ny le sentiment, par vne pure, mais secrete & surprenante necessité qui se fait connoistre par son effet infallible, si quelques infirmitez ne l'empêchent.

La Prouidence diuine ne pouruoit pas moins au monde ciuil, qu'au naturel par des moyens proportionnées; c'est pourquoy ie pense qu'elle n'employe pas la force ny la surprise pour tirer l'aumosne des riches, parce qu'elle leur veut laisser en cela la liberté, comme au reste des actions morales, afin qu'ils ayent le merite de cette bonne œuure, qui ne seroit ny charitable ny sainte si elle n'estoit volontaire: Elle ne les violente donc pas, mais elle les induit, elle les presse à faire ce bien, premierement par vne idée de justice & de bonté, qu'elle imprime comme son image dans les ames, & puis par vn sentiment de misericorde qui touche viuement les cœurs d'vn mal estranger, & leur en fait chercher le remede, comme si l'accident leur étoit propre.

Cela suffit aux Patriarches durant la loy de nature, pour donner toutes les assistances possibles au prochain ; Abraham & Loth se rendirent fort signalez en ces deuoirs : Tobie durant sa captiuité ménageoit ses petites commoditez auec beaucoup de retenuë, pour auoir dequoy soulager l'indigence de ses freres compagnons de sa disgrace : Mais parce que dans des consciences moins délicates, les passions l'emportent souuent sur la loy de la nature, il fut necessaire de l'exposer plus nettement, de l'affermir, de luy donner plus de credit & plus de cours par les diuerses loix de la police & de la Religion.

Celle des Iuifs en ce qui est des choses morales n'a que cette fin, elle considere le droit naturel estably de Dieu auec tant de justice, que si l'on s'en dispense en quelques points pour des raisons particulieres, on ne le peut pas reuoquer en tout ; or il nous rendoit toutes les possessions communes, quoy donc que les loix municipales eussent introduit la distinction des domaines, il fut juste de conseruer aux pauures quelques droits sur les heritages des riches. Le maistre d'vne moisson leur en laissoit la soixantiesme partie sans y toucher ; au reste ils pouuoient glaner tous les espics qui eschappoient de la

DE MISERICORDE. 87

fossille ou de la main du moissonneur ; ils s'emparoient aussi des gerbes & des faisseaux, qui par mesgarde estoient laissez dans le champ. La vendange faite, ils auoient droit de grapiller, & ramasser tous les grains tombez. De la recolte totale chacun en mettoit la dixiesme à part pour la leur distribuer dans l'occasion. Cela joint auec les autres largesses qu'ils faisoient les iours de festes, auec les deniers qu'ils deuoient prester sans interest, auec les libertez qu'ils donnoient à leurs esclaues l'année du Iubilé, leurs aumosnes pouuoient bien monter, dit saint Chrysostome, jusques à la moitié de leur reuenu. Saint Iean Baptiste qui viuoit encore sous cette loy, estant interrogé des peuples ce qu'ils deuoient faire pour estre sauuez, celuy, leur dit-il, qui a deux tuniques, en donne vne à celuy qui n'en a point ; il fait vn partage égal du bien entre celuy qui le possede, & les pauures ausquelles il est deub.

Selden. de iure natur. l.6.c.6. Voisin. de lege diuina.c.15.

D. Chrys. hom. 65. in Math. Luc. 3.11.

Mais Iesus-Christ donne des estenduës bien plus vastes à la charité, sans s'arrester à ces portions, il dit en general, si vostre iustice ne surpasse celle des Pharisiens, elle ne vous donnera point l'entrée du Ciel, & n'y a point de salut pour vous : Il faut donc, dit saint Chrysostome, que nos aumosnes soient bien

D. Chrys. à loco.

plus grandes que les leur, & qu'aymant nostre prochain comme nous mesme, nous luy donnions plus qu'à nous, s'il souffre de plus grandes incommoditez; comme de nos deux mains nous épargnons dauantage celle qui est blessée, & pour la tenir en repos, nous surchargeons l'autre de tout son trauail. S'il faut porter les œuures de misericorde jusques à ce point, helas où pourrez-vous en trouuer les pratiques entre les Chrestiens de ce siecle, si resserrez, si refroidis, qu'on y void auec toutes les abondances, toutes les inhumanitez du mauuais riche, sans craindre que la fin ne leur en soit aussi mal-heureuse ? Ils n'en doiuent pas douter, puis qu'au jugement vniuersel le Fils de Dieu doit lancer contre eux les foudres de cette épouantable condamnation, dont il a fait les menaces dans l'Euangile; Allez maudits de mon Pere, allez dans les flammes eternelles, souffrir & mourir sans fin auec les Demons. Quoy viure icy pour peu de temps, auec quelque esclat exterieur qui gaigne les yeux des hommes, & pour cette vanité encourir les indignations irreuocables de la justice de Dieu, dans les confusions, les supplices, les desespoirs, les rages d'vne ame damnée ? La maladie vous abbat au lict, la mort tranche le fil de vostre

vie,

DE MISERICORDE. 89

vie, sans aucun respect de vos qualitez mondaines, vostre conscience vous accusera, vous jugera de mesme deuant le throsne de Dieu, & les cõmoditez temporelles dont vous auez fait de mauuais vsages, seront les principaux articles de vostre condemnation? Vous auiez receu ces biens de la main de Dieu pour en secourir les pauures, & vous en auez nourry vos dissolutions? Vous vous en estes mesme seruy pour opprimer l'innocence, cependant vous ne considerez pas que les pauures abandonnez poussent au Ciel des voix de sang, qui demandent à Dieu justice de tant d'inhumanitez, & de tant d'outrages?

S'il vous reste quelque sentiment d'honneur, & quelque desir des grands emplois dans vne illustre naissance, en pouuez-vous souhaitter de plus éminens, dit saint Chrysostome, que de tenir icy-bas la Lieutenance de Dieu pour le soulagement de l'homme, qui est la plus noble des creatures, la fin où se rapporte la police de l'Vniuers, & de tous les gouuernemens. Vous faites donc quelque chose de plus par vos aumosnes, & vous deuez tenir cette commission que Dieu vous donne plus glorieuse, que si vous auiez receu les ordres d'vn Prince d'apporter remede aux pressantes necessitez de son estat. Sa Majesté

D. Chrys. hom. 14. in f. in ep. ad Rom. & hom. 31. in 1. ad Cor.

M

diuine pourroit d'vn clin d'œil tirer ce pauure de la misere, & de voſtre ſuppliant en faire voſtre ſouuerain; mais il veut que l'homme dans ſes infirmitez ſoit aydé d'vn autre, afin d'entretenir entre eux la charité par les bons offices, qu'on rend ou qu'on reçoit. Car ſi nous aymons la perſonne qui nous fait du bien, comme la cauſe de noſtre repos & de noſtre vie, nous n'aymons pas moins celle que nous obligeons de quelque bien-fait, parce que nous la conſiderons comme vne chere production, comme vn triomphe viuant de noſtre vertu plus precieuſe que tous les biens de fortune, en l'vne & en l'autre occaſion l'on y trouue ſes intereſts, particulierement ſi les riches conſiderent qu'ils ne ſont pas dans vne telle independence, qu'ils ne reſtent beaucoup obligez aux perſonnes meſme d'vne moindre condition qu'eux, & que la neceſſité tient à leur ſeruice.

DE MISERICORDE.

CHAPITRE XII.

Les plus puissants ont besoin d'estre assistez par les plus petits.

IL est difficile qu'vn homme pourueu de grands biens & de grands honneurs, n'ayt de sublimes sentimens de luy-mesme, qu'il ne se figure estre dans vn estat affranchy des sujettions communes, & dans l'independéce de ceux que tous les iours il void à ses pieds pour obtenir quelque grace. Il croyt ses felicitez si parfaitement establies, que quand l'inconstance des choses du monde y donneroit quelque atteinte, il luy resteroit tousjours vn fonds assez considerable, pour subsister de luy-mesme sans emprunter le secours des autres. Apres ces transports de vanité, & que l'esprit s'en est nourry quelque temps dans la chaleur de l'âge & des passions, ie supplie ce riche de rentrer serieusement en luy-mesme, pour reconnoistre par sa conduite ordinaire qu'il est homme miserable par effet, s'il est abandonné de secours.

Hé qu'est-ce que l'homme, qu'vne petite bouteille de sauon enflée de vent, auec quelque esclat emprunté des choses qui l'enuironnent, mais sujette à se dissoudre au moindre choc. Son corps est vne masse pesante, vne machine dont il faut plusieurs fois le iour releuer les poids, entretenir les ressorts, soulager les mouuemens par mille honteuses sujettions : Quelque diligence qu'on y apporte, il fait de luy-mesme la corruption de ses humeurs, les maladies qui l'abbatent, les pestes & les venins qui l'estouffent, cependant que toutes les choses exterieures, les plus foibles mesme sont assez puissantes pour luy donner la mort. Tous les iours le monde nous fait vne sensible demonstration de ses vanitez, que ces beaux titres d'honneur, ces richesses, ces magnificences, ces trouppes d'amis ne sont que des biens imaginaires, puis qu'ils ne peuuent pas empécher que la fiévre ne brusle le corps de ce puissant, qu'vn vlcere ne le ronge, que la goutte ne le gesne pour tirer de sa bouche la confession de sa misere.

Elle est extreme en ce que de riche, de vaillant, enfin de maistre elle le reduit à la misericorde de ses valets : Car s'ils n'ont des affections sinceres pour luy, s'ils ne sont touchez de compassion, ils trouueront leurs libertez dans sa maladie, & leurs gages ne peuuent pas

DE MISERICORDE.

empêcher que leur fidelité ne soit corrompuë par les presens de ses ennemis. Hors ces tristes occasions, en toutes les autres d'vne vie saine & tranquille, tous les domestiques seroient des espions à gage, des voleurs, des assassins, s'ils n'auoient de l'amitié pour celuy qu'ils seruent, & si la part qu'ils prennent par amour en ses interests, ne les détournoit de tout le mal qu'ils pourroient faire impunément. Le secret qu'ils gardent de vos desordres dont ils sont témoins oculaires, leur courage à soustenir vostre honneur contre la médisance qui le blesse ; à ne se point rebuter des sallies & des violences de vostre mauuaise humeur, sont des faueurs qui vous épargnent, & que vous ne sçauriez assez reconnoistre. La vie d'vn Prince dépend de son Medecin dans la maladie, de son cocher dans le voyage, d'vn Pilote dans la nauigation, de son cuisinier en tous les repas; d'vn valet de chambre & d'vn laquais à toute heure.

Les passions croissent ordinairement auec les richesses & le credit, elles portent tousjours beaucoup plus loing que la puissance, jusques à des excez qui menent au precipice, si la misericorde d'vn autre ne les arreste. Vn homme fait grand par vne heureuse temerité, ou par vne faueur inconsiderée, deuient infolent, forme des deffeins ambitieux, les pourfuit auec des intriques, des chaleurs, des violences extremes, qui n'épargnent plus perfonne, qui facrifient tous à fes interefts, qui le rendent aueugle au difcernement des affaires, comme fi la bonne fortune les luy rendoit toutes fauorables. Il prend pour adorateurs de fes merites & de fa grandeur, tous ceux qui l'approchent auec des complimens, quoy que ce foit des perfonnes que l'enuie, que la vengeance, qu'vne fureur déguifée a conjuré contre luy. En ces rencontres vn valet de chambre, vn pauure ouurier, vn vigneron de bon fens, qui preuoyt & ne peut fouffrir fans compaffion la ruyne de fon maiftre, luy dira des veritez fecrettes que toutes les autres bouches luy cachent, luy donnera fes aduis auec refpect ; éuentera des mines, & fera capable d'en empécher le mauuais effet. Les grandes affaires ne peuuent eftre conduites fans l'entremife d'vn grand nombre d'officiers, qu'vn intereft commun peut lier par vne perfide intelligence, qui feroit l'entiere ruyne de leur maiftre, fi la compaffion de fon mal-heur & la charité Chreftienne ne les retenoit. Courez de mefme tous les emplois qui ne fe peuuent acheuer fans le fecours de plusieurs testes & de plusieurs mains, vous verrez que la perfidie d'vn seul, peut renuerser les efforts de tous les autres, qu'vn soldat d'intelligence secrette auec l'ennemy, peut empécher les victoires & causer les déroutes d'vne armée, que la mauuaise foy d'vn Commis fait insensiblement écouler les finances, & met les plus riches partisans à sec.

On fait au monde vn souuerain bien de l'honneur, & c'est en cela que des pauures conjurez peuuent beaucoup sur l'esprit du peuple. L'histoire dit qu'vn homme de basse condition, qui auoit receu quelque mauuais traitement d'vn general d'armée, fit courir le bruit qu'il auoit trahy la Republique, & accompagna cette calomnie de circonstances si vray-semblables, que le peuple tout furieux pilla sa maison, tua ses enfans, & voilà comment vn petit compagnon se vengea d'vn plus puissant par les mains de la multitude. Iettez vne pierre dans vne eau tranquille pour vne petite playe qu'on a faite à sa continuité, vous voyez bien loing de grands cercles qui se forment par vn excez de compassion; ainsi les plaintes justes ou fausses d'vn seul estant receuës par vne maligne facilité des esprits à croire le mal, se peuuent multi-

Quintilia. declam. 11.

plier jusques à faire vne voix publique prejudiciable à l'honneur de l'innocent.

Ce n'est point la sage conduite d'vn chef,
ce ne sont point les loix ny les menasses qui
retiennent les personnes de basse condition
dans leur deuoir, car l'interest particulier peut
trouuer assez de moyens pour tromper les
yeux d'vn maistre & de la justice. C'est vn
sentiment de bonté, de charité, de compassion, qui les empéche de chercher leurs auantages dans la ruine d'vne famille, ou d'vn estat
dont ils sont parties. Ce sentiment interieur
de conscience vient de Dieu, qui sauue & l'a-
me du seruiteur, & la fortune du maistre par
les lumieres & les douces impressions de ses
graces : Il est donc bien estrange que vous
riche, qui subsistez par la misericorde des
pauures, ne soyez iamais en estat de la pratiquer pour eux, & qu'ayant beaucoup de puissance vous ayez si peu de charité. Dieu qui
amollit les cœurs en vostre faueur, qui en oste
les pernicieux mouuemens de l'enuie & de
l'indignation, pour y mettre ceux de l'amour
& du respect, vous demande par reconnoissance, que vous secouriez leurs necessitez:
Ils vous assistent de leurs personnes, de leurs
respects, de leurs suffrages pour la conseruation
de vostre honneur, assistez-les de vos
biens,

DE MISERICORDE.

biens. Faites pour eux quelques violences aux sentimens de l'auarice, puisque pour vous ils surmontent l'aigreur des passions que la mauuaise fortune leur suggere. C'est contre le droit commun du monde, que la plenitude soit moins liberale que l'indigence, qu'vn riche reçoiue beaucoup des pauures & leur donne peu.

Sans mettre les recompenses eternelles en ligne de compte, on peut dire que celuy qui fait l'aumosne reçoit incomparablement plus des pauures qu'il ne leur donne; car si ses faueurs sont telles, qu'ils ne les puissent reconnoistre que du cœur & de la parole, ils luy rendent mille actions de graces, ils luy donnent mille benedictions, ils protestent tout hautement luy deuoir la liberté, la vie, le repos, & font de concert vne voix publique, pour annoncer par tout son éminente probité. Ce titre d'honneur donne de la creance à ses paroles, du credit à ses conseils, des ouuertures & des facilitez miraculeuses à tous ses desseins, le fait estimer digne des plus beaux emplois, de la faueur & de l'amitié des Princes, qui le considerent comme le fauory & l'agent de Dieu. Ioignez à cela les consolations interieures qui accompagnent toutes les bonnes actions, particulierement celles de la charité; Considerez qu'vn petit bien de fortune que mille accidens peuuent arracher des mains, estant mis en celles des pauures, donne le repos à la conscience, gaigne la faueur du Ciel & du monde; vous conclurez que l'aumosne est icy recompensée de Dieu plus qu'au centuple.

Chapitre XIII.

Les personnes pourueuës de benefices sont particulierement obligées d'assister les pauures.

EN la naissance de Iesus-Christ, en ce bien-heureux temps où Dieu fit paroistre la misericorde par-dessus toutes ses œuures quand il se fit homme; les Anges par vne sainte conformité prirent aussi la voix des hommes, pour leur annoncer sensiblement cét admirable mystere. Vne celeste harmonie remplit l'air, rauit les oreilles, les cœurs & les esprits par ce doux Cantique. Sublimes intelligences rendez gloire à Dieu, & vous hommes possedez la paix auec ce precieux gage de vostre reconciliation, auec ce diuin enfant qui vous est né, qui vous est donné.

Le Verbe diuin fut du conseil eternel, qui

le deſtinoit à s'vnir à la nature humaine pour la ſauuer ; ainſi Ieſus-Chriſt connoiſt parfaitement qu'il n'eſt homme que pour les hommes, qu'il leur eſt donné, qu'il eſt la victime pour l'expiation de leurs pechés, tellemẽt qu'il rapporte toutes ſes penſées, toutes ſes actions, tous les merites de ſa vie à ſuiure les volontez de ſon Pere qui le deſtinoient à ce grand effet. Il eſt Homme-Dieu, le Maiſtre comme le Createur de toutes choſes, la Diuinité de ſa perſonne donnoit à ſon Humanité ſacrée l'empire du monde ; neantmoins il ne ſe ſert de tous ſes droits, qu'autant qu'il eſt neceſſaire pour l'inſtruction & pour le rachapt des hommes. Il paſſe, comme nous auons dit, trente ans dans vne vie pauure & cachée. Depuis qu'il parut auec ſes Diſciples, il receut veritablement quelques aumoſnes pour ſubuenir à leur extreme neceſſité, quand ils paſſeroient par les terres des Samaritains, & pour diſtribuer aux pauures mais cela n'empéche pas qu'il n'ordonne à ſes Apoſtres d'aller ſans bourſe, ſans beſaſſe, de demander la refection & le couuert dans les lieux où ils paſſoient. Comme donc il n'auoit la vie, il ne receuoit de l'argent que pour les autres; car il ſe pouuoit bien paſſer d'aliments, comme il le fit paroiſtre au jeuſne de quarante iours sur la montagne, & quand il eust l'entretien de la Samaritaine, il dit lors, que sa nourriture estoit de faire la volonté de son Pere, d'assister les hommes, par sa doctrine, par ses miracles, les pauures par les aumosnes qu'on luy faisoit.

Son esprit de charité anima les premiers Chrestiens, qui à l'enuy vendoient leurs possessions, & en apportoient le prix aux pieds des Apostres, pour estre distribuez aux necessiteux par les mains des moindres officiers. Le Fils de Dieu ne voulut pas lors auoir des Prelats riches, afin qu'ils fussent plus saints, sans attaches aux contentemens du monde, plus disposez à pratiquer les conseils de l'Euangile, & à moins craindre les persecutions, qui s'enflamment par le butin des richesses.

Depuis dans le calme mesme de l'Eglise, les saints Prelats se considererent n'estre comme Iesus-Christ, que pour le bien du peuple, de sorte que leur pratique fut, venant à l'Episcopat, de renoncer à tous leurs biens, les distribuer aux pauures, se rendre ainsi plus semblables à leur Chef, & aux Apostres, qui dans l'abondance des biens qu'on leur offroit ne se reseruoient que le soin de les dispenser, pauures pour eux, riches pour les pauures,

Le Cardinal Baronius rapporte, que saint Grégoire Taumaturge, saint Ambroise, saint Basile en vserent ainsi: Saint Paulin, saint Hilaire, & tous les autres bons Prelats ne se croyoient pas dignes de leur sacré ministere, s'ils ne se gouuernoient comme les œconomes de la maison de Dieu, comme les Agens & les Procureurs des pauures. C'est le sentiment de l'Apostre, nous n'auons, dit il, que la dispensation des biens dont la charité des fidelles nous a chargez, & ce que Dieu demande de nous, c'est de nous acquitter de ce deuoir auec toute la fidelité possible; c'est la decision des Canons & des Peres, où ie ne m'arreste pas dauantage, parce que i'ay traitté ce sujet en vn autre lieu.

Baro. an. 266. 374, 78.

1. Cor. 4. & 7.

Agent de Dieu.

Afin que la grande liberté de cette dispensation ne deuint pas vn sujet d'abus au moins zelés, les Canons reglent comment l'employ se doit faire des biens de l'Eglise, qu'ils diuisent en quatre parties; la premiere se donne à l'Euesque, la seconde à ses Ministres, la troisiesme aux reparations de l'Eglise, la quatriesme aux pauures; mais en sorte que si l'Euesque peut viure de son patrimoine, & si la necessité des reparations n'est point pressante, ce qui leur est destiné reuienne au profit des pauures par vn droit d'accroissement,

D. Thom. quodli. 6. a. 12. Ca. quisquis. 12. q. 2. & 16. q. 1. Can. quatuor & seq. 12. q. 2.

D. Th. 2. 2. q. 8. a. 7. & ad 3.

& parce que tous les reuenus de l'Eglise sont communément censés leur patrimoine. Aujourd'huy les Eglises sont entretenuës par les Marguilliers, les Ecclesiastiques, & les Chantres viuent des distributions journalieres, de sorte que les anciennes fondations sont quasi toutes entre les mains d'vn seul, qui en peut faire de grandes largesses aux pauures, & imiter les saints Prelats qui se sont rendus les fidelles imitateurs des Apostres en cet office, d'vn saint Exupere Euesque de Tholoze, qui au rapport de saint Hierosme fit cette merueilleuse permutation auec les pauures, de leur donner tous ses biens, & de prendre sur soy toutes leurs incommoditez, de sorte que son visage palissoit, son corps estoit affoibly de leur faim. Iamais, dit-il, Prelat ne fut plus riche que celuy cy, qui apres auoir tout vendu pour soulager les membres de Iesus-Christ, portoit son precieux corps dans vn ciboire tissu d'ozier, & son precieux sang dans vne couppe de verre. Sans inuectiues & sans violence, il renuersa les tables de ceux qui vendoient les dons du Saint Esprit, il extermina ce sacrilege trafic du temple, pour n'en faire plus qu'vne maison de priere & de saincteté. Si l'on considere ce saint Prelat, vn saint Louys son Successeur, vn saint Charles

DE MISERICORDE.

Boromée, auec les loüanges que les actes de leurs canonisations leur donnent de s'estre dépoüillés de leurs biens pour en reuestir les pauures, c'est vn grand motif aux Prelats de nostre siecle d'imiter ces illustres charitez. Elles seules sont capables d'attirer sur eux les benedictions du Ciel, l'estime des hommes, vne veneration incomparablement plus grande de leurs merites que de leur caractere, & de leur donner auec la sainteté l'esclat & les felicitez qui l'accompagnent.

Aussi ces grandes lumieres de l'Eglise dont nous auons parlé, entroient en la charge Pastorale pour la distribution de leurs biens aux pauures, pour asseurer le public qu'ils seroient fidelles à leur conseruer ce qui leur appartient, puis qu'ils leur donnoient ce qui ne leur estoit pas deub, & qu'ils se dépoüilloient pour les reuestir. Que seruiroit de rendre les biens de l'Eglise inalienables, si ceux qui se succedent aux benefices, les consommoient tousiours en leurs vsages particuliers; ils ne seroient pas conseruez à la charité, mais à l'vsurpation, & aux dégats qui s'en feroient. Le celibat du Sacerdoce n'asseureroit pas ces sacrez dépôts, hé que seruiroit à cela que les Ecclesiastiques n'eussent ny femmes ny enfans, en faueur desquels ils eussent sujet de

Nou. 6. de Episc. & Cler.

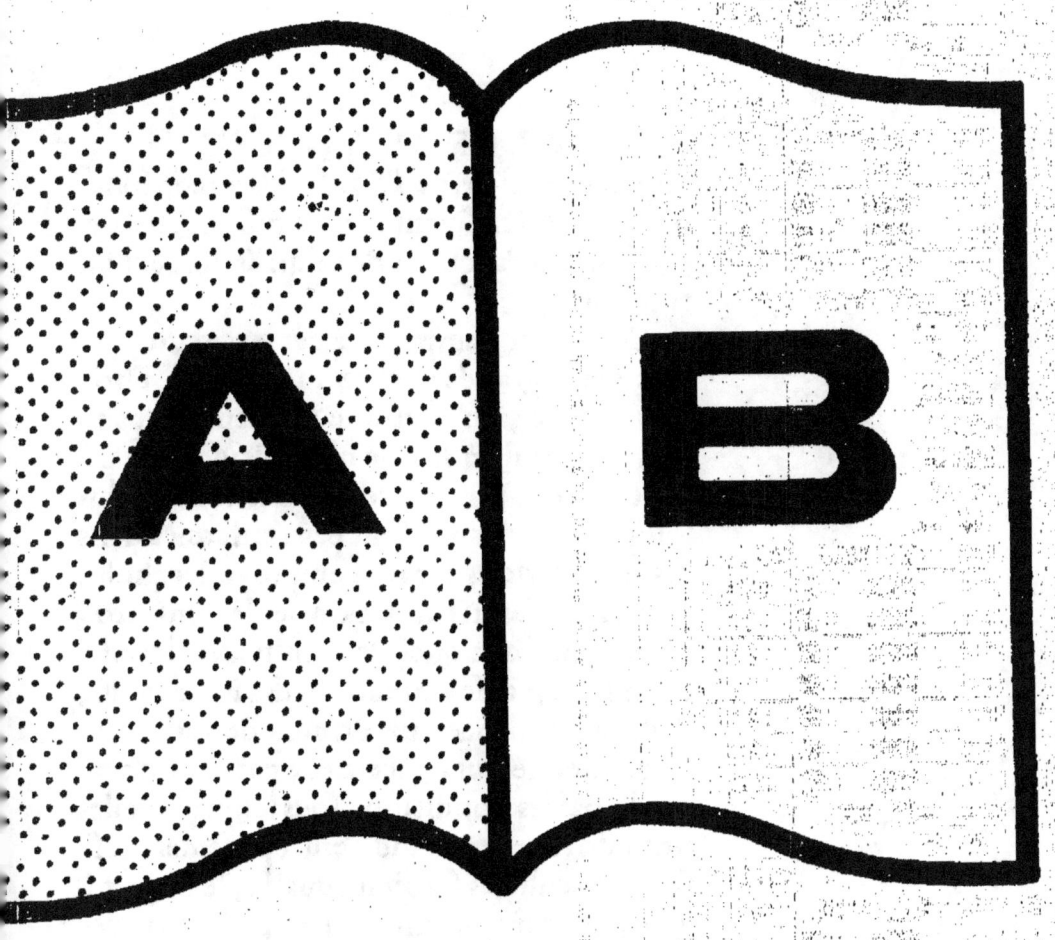

Contraste insuffisant
NF Z 43-120-14

disposer des biens de l'Eglise, s'ils les consommoient & en faisoient des profusions en leurs plaisirs, sans s'acquiter de ce qu'ils doiuent en aumosnes.

D. Thom. quod l. 6. a. 1. Celuy qui s'emporte à cét excez, commet deux grands pechez, dit saint Thomas, parce qu'il vsurpe le bien des pauures, & qu'il en fait de mauuais vsages : on peut dire que ses desordres passent bien plus loing, & qu'ils ne sont pas renfermez dans ces deux articles ; car il employe les choses sacrées en des actions non seulement prophanes, mais quelquefois criminelles, il trompe ainsi les pieuses intentions des Fondateurs, il donne l'audace aux Princes de retirer les liberalitez de leurs ancestres, parce qu'on ne garde pas les conditions sous lesquelles elles ont esté faites : quand l'entreprise des puissances Seculieres seroit mauuaise, le mal est à leur jugement moindre d'employer en des *D. Chrys. hom. 10. in 1. ad Cor.* necessitez publiques, ce qui se consomme ordinairement en de mauuaises libertez scandaleuses aux peuples. Si le foye estoit ouuert pour receuoir la nourriture, & bouché pour ne la pas répandre dans les veines, il periroit luy mesme auec tout le corps. Voilà l'effet d'vne auidité sacrilege, qui en occupant le bien des pauures perd le sien propre par vne vio-

DE MISERICORDE. 105

violence estrangere, & par le refroidissement des fidelles qui ne font plus aux Eglises ces grandes liberalitez, dont ils voyent des vsages si peu rapportants à leurs saintes intentions.

Si ces Messieurs, dit-on, sont sensibles en la conscience, comment peuuent-ils en supporter les remords parmy des vsurpations contraires à toutes les loix diuines & humaines ? S'ils sont sensibles à l'honneur, ne voyent-ils pas qu'aux yeux de Dieu, des Anges & du monde, leur plus grande gloire doit venir de la sainteté, qu'vne magnificence exterieure les rabaisse à la condition des Seculiers, qui en ce point l'emporteront tousiours dessus eux ; mais leur moderation augmenteroit leurs reuenus, sans s'incommoder ils trouueroient dequoy faire de grandes largesses aux pauures. Vn Prelat qui se retranche de la sorte, attire sur soy l'admiration & les respects de tous les peuples, il a sur eux & sur les Princes le credit qu'eurent anciennement les Prophetes ; ses paroles sont des oracles, il préche par sa conduite, sa vie jette des rayons, qui estant refléchis par l'histoire le feront viure & meriter dans vne longue posterité.

O

Chapitre XIV.

Le luxe & les profusions ne doiuent pas passer pour aumosnes, sous pretexte qu'elles donnent sujet aux pauures de gaigner leur vie.

LA vertu est si propre à l'homme, & les desordres qui l'offensent sont si contraires à la raison, que la honte ne manque point de les couurir par quelque beau pretexte de justice pour éuiter les jugements desauantageux qu'on en pourroit faire. Tous les iours nous entendons dire aux personnes qui passent leur vie dans le luxe, qu'ils font vne despence honneste de leurs biens, pour se conseruer de l'estime parmy les personnes éminentes, sans déchoir du rang où la naissance & les dignitez les ont mis ; que s'ils reçoiuent de là quelque honneur, les vtilitez en restent au public, parce que l'argent qu'ils employent retourne au commerce, & que c'est vne espece d'aumosne pour les pauures de trouuer là sujet de gaigner leur vie.

Ie les supplie de considerer, que l'aumosne telle que la demande la loy Chrestienne, est vne liberalité faite aux pauures en vcuë de

DE MISERICORDE. 107

Dieu : Elle est vn effet de la penitence propre pour obtenir la remission des pechez, dautant qu'on en chastie le plaisir passé, par vne secrette douleur qui accompagne cette alienation, & qu'à l'aduenir on sera moins en estat de les commettre par la crainte de cette peine, & le retranchement des moyens qui les nourrissent. Or ces Messieurs nous auoüeront franchement, qu'ils ne font pas ces grandes despences en veuë de Dieu, ny pour soulager les pauures, mais seulement pour estre considerez dans le monde, & ne paroistre pas moins que leurs semblables ; elles ne doiuent donc pas passer pour vne aumosne qui satisfasse au precepte, l'intention n'y estant pas ; hé comment pourroient-ils agréer à Dieu par des profusions qui l'offensent, soit qu'elles se fassent en des choses d'elles-mesmes ou indifferentes ou mauuaises.

Ie mets entre les indifferentes, les bastiments, les jardinages, les festins, les habits, les musiques, d'autres semblables plaisirs qui estant pris auec moderation, selon la qualité des personnes, sont innocents ; mais qui deuiennent de grands vices quand ils passent jusques à des excez de vanité, & à consommer des biens que la prouidence destinoit à d'autres vsages ; elle les donne, comme nous

O ij

auons veu, à quelques particuliers pour en assister les autres, pour en estre les distributeurs de sa part, pour secourir vne partie languissante d'vn corps dont il est membre luy-mesme, s'il veut auoir Iesus-Christ pour Chef, & viure de son esprit. Or le riche ne s'acquitte nullement de ce deuoir, quand il employe tous ses moyens en la satisfaction des sens, & en ces magnificences qui gaignent l'admiration des peuples. Si les pauures en reçoiuent quelque profit, c'est sans son dessein, ainsi sans merite. Peut-estre que si l'on voyoit le cœur de ce superbe, l'on y remarqueroit des auiditez insatiables d'auoir beaucoup plus. On y verroit d'étranges concussions d'effet ou de volonté pour entretenir ces excessiues dépences; il voudroit dépoüiller les pauures mesmes, qui neantmoins trouuent chez-luy l'occasion de gaigner leur vie, comme les arts pour acheuer leurs ouurages, se seruent vtilement du feu qui estant mis dans ses plaines libertez, seroit tout prest de les consommer.

I'aduoüe, cét ouurier fait son profit de vos dépences, & de ce que vous l'employez pour l'accomplissement de vos desseins; mais ce n'est point la charité qui fait ce choix; car elle chercheroit les plus pauures pour les soulager

DE MISERICORDE.

en cela, & vous choisissez les plus expers, qu'ils soiét riches, qu'ils soient pauures, il vous est indifferent, pourueu qu'ils contentent vostre curiosité, car vous n'agissez que pour vostre propre interest. N'alleguez donc point icy vostre charité, car si vous en auiez le moindre sentiment, vous ne feriez pas cette profusion de biens en des choses superfluës, cependant que le pauure est languissant dans les prisons & sur la paille, qu'il meurt de faim & de froid, que Iesus-Christ souffre toutes ces rigueurs en ses membres sans vostre secours.

C'est flatter les riches de croire qu'ils n'employent leurs biens qu'en des choses d'elles-mesmes indifferentes, & qui ne sont mauuaises que par l'excez ; excepté ces infames auaricieux qui ont leur cœur dans leurs thresors, qui se les refusent & n'en viuent pas, tous les autres s'en dõnent à eux-mesmes vne plaine jouyssance pour contenter leurs plaisirs & leurs vanitez. Si le seul desir des richesses fait tomber l'homme dans les rets du diable, comme dit l'Apostre, que sera-ce quand elles le possederont absolument, & qu'elles auront appriuoisé l'ame auec toutes les impietez ? Les choses permises, parce qu'elles sont communes leur semblent trop

Laur. Iusti. de spirit. animi resurrect.

O iij

ravalées pour le rang qu'ils tiennent, les deffences de la loy diuine n'ont point d'autre effet sur eux que d'irriter leurs defirs, & leur fournir vn fujet de vaine gloire, d'auoir feuls, ce qui eſt pour tous les autres dans l'interdit; les beautez leur femblent fades, fi elles ne font illegitimes, s'ils ne furprennent les yeux de la jaloufie, s'ils ne corrompent l'integrité la mieux gardée, & ne s'en donnent l'accez par vne pluye d'or. Les peintures les mieux animées font mortes pour eux fi elles ne font lafciues, s'ils ne commettent par elles autant d'offenfes, qu'elles auront caufé de mauuais defirs au cœur de ceux qui les regardent. Satisfaire aux neceſſitez de la bouche par des viandes mefme delicates, c'eſt vn plaifir que les moins accommodez peuuent prendre quelquesfois; pour eux, il faut des profuſions de gibier, mille raretez, mille ragouts, des vins exquis de tous les quartiers du monde, & que leur table foit vn grand feſtin continuel.

Ne nous dites point qu'en tout cela vous faites gaigner les pauures, car peut-eſtre vous perdéz leurs ames quand vous les rendez complices de vos diſſolutions, quand vos recompenfes les attachent à des meſtiers, que les Republiques bien policées banniſſent, &

DE MISERICORDE.

tâchent d'abolir, comme les vices qu'ils entretiennent. Peut-estre que cét infame qui n'a de l'adresse qu'à corrompre la chasteté pour vne autre, auroit peine à viure sans l'employ que vous luy donnez; mais sa mort seroit plus à souhaiter qu'vne vie si criminelle condamnée par toutes les loix. Voilà de grandes charitez d'entretenir ceux qui sont les ministres de vos offenses; la necessité les reduiroit à gaigner leur vie par des moyens legitimes, si vos gages ne les sollicitoient au mal, & ne donnoient en mesme temps cours à des infames pratiques, qui sont la ruine des ames & des estats. *Nouell. de tenonib.*

Enfin, ferez-vous passer pour vn bon office, pour vn bien-fait, pour vne œuure de charité, ce dont vous estes conuenu auec ce mercenaire, & ce qui est quelquesfois autant le prix de son ame que de son trauail. Quand vous le pairez, ce n'est point vn present qui le gratifie, mais l'acquit de ce qui luy est deub, & d'vne obligation naturelle, à qui si les loix refusent l'action en certains cas, c'est que la turpitude de celuy qui donne, & de l'autre qui reçoit est égale, & que personne ne doit tirer profit de son crime. *l.5.Cod. de cond. ob turp. cauf.*

CHAPITRE XV.

Chacun doit assister les pauures à proportion de ses moyens.

QVoy que le monde soit idolatre des ri-chesses, qu'il les regarde comme vn remede general à toutes les necessitez de la vie, quoy qu'elles arment les passions, & qu'elles seruent à l'accomplissement des mauuais desirs; le Chrestien ne laisse pas de les receuoir de la main de Dieu comme de grandes benedictions, quand il se trouue engagé dans le commerce de la vie commune. Elles le tirent de la necessité qui traisne souuent apres soy beaucoup de desordres; les seruitudes du corps, les inquietudes de l'esprit, les mépris & les injures des hommes, dont le Prophete demande à Dieu d'estre déliuré, comme d'vn notable empéchement à garder sa loy.

Ce qu'elles ont de plus auantageux, c'est qu'elles rendent les bonnes volontez efficaces, & que la charité qui n'auoit pour le prochain que de vains desirs durant les incommoditez d'vne famille, deuient feconde en toutes les œuures de misericorde, quand il plaist

Psal. III.

DE MISERICORDE.

plaist à Dieu la mettre en possession des biens temporels. Comme les chaleurs du Soleil & les pluyes du Ciel pressent doucement la terre, d'éclorre les semences qu'elle tenoit ensevelies, ainsi ces nouuelles commoditez portent le Chrestien à produire des fruits dignes de penitence, & à soulager les pauures à proportion de ses moyens. Les Estoiles versent sur nous des influences qui répondent à leur grandeur, vn gros flambeau nous donne plus de lumiere qu'vne petite chandelle, les actiuitez de toutes choses se mesurent à l'étenduë de leur puissance, sans que la loy de la nature leur permette de s'épargner en cela. Les largesses de la charité sont libres, mais non pas moindres que ces effusions necessaires. L'Apostre nous en parle, comme d'vn épanchement qui vient auec surabondance du Ciel dans les cœurs, & qui de là prend son cours auec des étenduës presque sans bornes sur le prochain. *Charitas diffusa est in cordibus nostris per Spiritū sanctum. Rom. 5.*

Le riche a receu ses biens de la main de Dieu, sous condition, d'assister les pauures comme nous auons dit, & autant que ses moyens le luy permettent; car en l'Euangile le maistre demande compte à ses serviteurs, selon les deux, trois, quatre, cinq talens qu'ils auoient receus pour en tirer le profit. La prouidence fait ordinairement couler ces grands biens de plusieurs familles dans vne seule, qui demeure par ce moyen chargée comme d'vne seruitude réelle, & de l'obligation que chacune auoit de faire distinctement l'aumosne selon sa portée ; il se fait vne reünion de debtes comme de droits, de charges, comme de profits, l'vn est inseparable de l'autre, & puisque vous auez la possession de plusieurs acquets, vous estes tenu d'en payer les redeuances. Iesus-Christ qui veut estre reconneu pour le Roy des Roys, demande à tous les siens ce tribut, auec tout ce qui se peut de droit, mais sans contrainte, afin que ce payement leur soit vn grand sujet de merite.

En effet, le bien qui en reüssit est sensible pour les pauures, mais incomparablement plus auantageux aux riches qui les secourent. Car ces grands du monde sont sujets à commettre de grandes fautes, & à soustenir d'étranges tempestes ; comme donc il faut bien plus d'équipage pour vn vaisseau qui fait voile sur l'Ocean que sur vn fleuue, il faut plus d'aumosnes pour expier, les pechez des personnes embarquées dans le grand monde, & pour diuertir les disgraces qui les menacent. Vne petite aumosne d'vn sol, d'vn

DE MISERICORDE.

escu, n'est rien à ce gros richart, c'est oster vne feüille d'vne forest, vn grain de sable de la mer; hé quel rapport auroit vne legere satisfaction auec ces grands biens, auec ces gros pechez? Quelle douleur en donnant si peu de chose, qu'elle ne leur est pas sensible? Tous les iours ils demandent à Dieu qu'il leur pardonne selon sa grande misericorde, quoy qu'ils n'en ayent qu'vne fort petite pour les pauures. L'oracle diuin leur dit, qu'ils receuront la mesure qu'ils auront faite aux autres, & que qui jette sur la terre peu de grain, n'en peut faire qu'vne petite recolte. Quand il s'agit de retirer vn pauure debteur des prisons, vn esclaue de la tyrannie du Turc, de pouruoir par vn legitime mariage vne fille sollicitée de se perdre, & que la necessité va prostituer, à qui pourra-t'on auoir recours qu'aux riches, qui peuuent sans s'incommoder rétablir des familles desolées, conseruer la foy que les tourmens arrachent du cœur, sauuer vne infinité d'ames par vne seule qui leur seroit vne occasion de pecher?

D. Chrys. hom. 21. in 1. ad Cor.

Vous ne donnez qu'vne petite portion de vos biens en vn sujet, pour qui Iesus-Christ a donné les trente-trois ans de sa vie, & jusques à la derniere goutte de son sang; les liarts, les sols, les petites aumosnes d'vne po-

D. Th. 1. 2. q. 30. a. 10.

pulace n'acheueront iamais vn grand effet, la charité le demande de voftre bourfe, les grands fleuues coulent des hautes montagnes, les grandes liberalitez fe doiuent faire par les plus puiffants, & autresfois il n'appartenoit qu'à l'Empereur de jetter de l'or au peuple, comme aujourd'huy c'eft vn des droits de regale de mettre les prifonniers en liberté. Si la fomme qu'on vous demande eft groffe, donnez-la comme par aduance de vos aumofnes ordinaires ; car il vaut mieux dit Toftat, faire cét effort, que d'offrir à reprifes quelques parties qui fe confommeroient fans l'effet qu'on s'en eft promis.

Toftat.
Mach. to. 5.
fol. 45.

Que voftre humilité cache fes charitez tant qu'il luy plaira, elles feront publiées de tous ceux qui les ont receuës ; vne voix publique fera vos éloges, & vous verrez en cela quelques prefages des plus grandes benedictions de Dieu. Ne le loüez donc pas feulement de ce qu'il vous aduantage des biens temporels propres à paffer cette vie mortelle auec moins d'incommodité ; mais de ce qu'ils vous font vn moyen de gaigner le Ciel par les œuures de mifericorde, & qu'il vous eft permis de les mettre dans les threfors de l'eternité par les mains des pauures. Vous voyez vne infinité de perfonnes confacrées à Dieu, qui pour fe

DE MISERICORDE.

conseruer dans vne parfaite integrité passent vne vie priuée de tous les plaisirs des sens, dans des austeritez qui font de leurs corps vne hostie viuãte, pour l'expiation de leurs pechez & de ceux du monde : La délicatesse de vostre complexion, la coustume d'vne vie commode passée comme en nature, le rang & les charges que vous tenez dans le monde ne vous permettent pas d'exercer sur vous ces rigueurs d'Anachorete, & vous ne pourriez pas vous y resoudre sans interesser notablement vostre santé : Dieu est vn creancier plain de misericorde qui compatit à vos infirmitez, & pour exempter de peine vn corps coupable de tant d'offenses, il reçoit vn petit present de vos biens ; il ne vous reste que cét vnique moyen pour satisfaire à sa justice, n'en perdez pas les occasions, & selon le conseil du Sage, Soyez reconnoissant enuers Dieu, à proportion des biens que vous en auez receu.

<small>Petrus Damiani opus. 9.</small>

<small>Ecclef. 35.</small>

Si vos reuenus sont grands, soyez fidelle à leuer sur eux la disme des pauures, & comme dit Theodoret, presentez à Dieu vn sacrifice annuel comme ces arbres de grand rapport, qui donnent leurs fruits en leur saison ; presentez-en vn journalier, comme le profit des trouppeaux, qui tous les matins rendent à

<small>Theod. Leuit. q. 1.</small>

leurs maistres la surabondance de leur laict. L'Apostre en parle en ce sens aux Corinthiens, que vostre surabondance, dit-il, soulage la necessité des autres. Si Dieu vous donne vn surcroist de biens & d'honneurs, vous luy en deuez les actions de grace par des aumosnes proportionnées à la grandeur du bien-fait. N'entrez pas dans le sentiment de cét auare, qui dans vne recolte heureuse au delà de ce qu'il s'estoit promis, prit resolution de bastir de nouuelles granges pour mettre ses grains en reserue, & disoit en soy-mesme ; Mon ame, sois maintenant en repos, chose aucune ne te peut manquer, reposetoy sur cette grande prouision ; pauure fol, la corruption s'y peut mettre, vne incendie la peut consommer, si elle échape ces accidens, vous la pouuez perdre auec la vie par vne mort impreueuë. Voulez vous, dit saint Chrysostome, que cét accroissement de bien ne vous soit pas seulement conserué, mais qu'il vous profite, donnez aux pauures, vous aurez Dieu pour garend & pour debteur.

Estes-vous tombé dans quelque disgrace, & dans des pertes insignes de biens, sauuez ce que vous pourrez de ce naufrage pour donner aux pauures : c'est le moyen de satisfaire

DE MISERICORDE.

à la justice de Dieu, de meriter ses misericordes par celles que vous exercez sur les membres de Iesus-Christ; Ne retranchez pas pour cela vos aumosnes, comme si vous n'estiez plus en estat de les continuer, car peut estre que vos incommoditez ne procedent que d'vne trop grande plenitude, dont la Prouidence vous décharge par ces accidens; vous la guerirez, vous en preuiendrez les mauuaises suittes par des seignées, par des liberalitez volontaires & charitables. Quelque cours que ces negoces du monde puissent prendre, le merite de ce que vous donnez aux paures vous est conserué, cela seul vous reste dans la déroute de tous vos biens, & dans l'incertitude de vostre vie. Helas, vne heure incertaine vous peut appeller deuant le throsne de Dieu, pour luy rendre compte de l'administration qu'il vous a commise. O que vous serez heureux d'auoir dequoy iustifier vos mises & vos emplois par autant d'intercesseurs, peut-estre par autant de Saints que vous auez assisté de paures, auec vne franche & non timide liberalité.

CHAPITRE XVI.

L'aumosne ne se doit pas seulement faire de ce que l'on tient pour superflu.

L'Amour naturel qu'on a pour soy mesme est si legitime, qu'on le fait passer pour Saint, comme s'il estoit l'vn des plus illustres rapports que nous auons auec Dieu, qui est eternellement en luy-mesme son amour, independant, & le principe de toutes choses. Ie ne suis par vn estre singulier & indiuiduel que moy, & mon amour qui est vne des puissances de mon ame, se reflêchit en ligne droite sur son principe, deuant que se répandre au long & au large sur les autres choses qui l'enuironnent, lors mesme qu'il se porte sur tant d'objets, c'est pour se les approprier, & se remplir de ce qu'il y remarque de bien. Ie suis donc premier en moy que tout autre, ie m'ayme aussi par preference, & veritablement tout seul sans aucun partage, puisque cét amour rapporte tout à mes interests.

Sur ce fondement l'on appuye la commune decision, qu'vne personne doit premierement

DE MISERICORDE.

rement employer ses biens en ses propres necessitez, & puis de ce qui reste en soulager le prochain, comme les loix ne permettent pas d'enleuer les bleds d'vne Prouince, sans luy en laisser ses prouisions; comme le priuilege qu'on donne de prendre quelques lignes d'eau d'vne fonteine publique, ne s'entend que du superflu le public mesme ne tire pas toutes les eaux d'vne source sans en laisser vne portion conuenable au maistre, du fonds où elle se trouue.

Il ne faut pas beaucoup de raisons ny d'authoritez pour confirmer vn sentiment, qui mesme n'est que trop vif dans le cœur de tous les hommes, & dont la nature ne fait diuersion que par les surprises de la misericorde, qui nous fait voir le mal du prochain, comme s'il nous estoit propre. Ie me tiendrois à cette commune resolution, que chacun est obligé de faire l'aumosne du superflu de ses biens, si les personnes du monde ne tiroient les termes de cette proposition en vn sens, qui les exempte de donner chose aucune aux pauures, quand il leur est permis de pouruoir par preference à leurs necessitez; car ils entendent cela, non pas des necessitez extremes, mais de celles qu'on appelle de bienseance, c'est à dire, d'vn honneste entretien selon que la coustume le donne à la condition des personnes : C'est desia sousmettre vn commandement diuin aux caprices de l'opinion, dont les sallies, les bigearreries & les excez sont sans bornes : Et puis la preuoyance ne s'arreste pas à vne seule teste, ny au temps present, ses veuës portent bien plus loing dans l'aduenir, pour asseurer la subsistence d'vne famille, pouruoir les enfans d'office & en mariage, tousiours plus éleué que celuy dont ils sont nés, sans affoiblir le train ny l'éclat du pere, apres ces grosses parties tirées de son fonds. Hé comment pourroit-il trouuer là du bien superflu pour donner aux pauures, puisque les plus grands thresors ne suffiroient à ces immenses desseins d'ambition ? La charité Chrestienne a d'autres considerations que celles de l'amour propre, & comme c'est vne effusion de la grace, elle a de beaucoup plus vastes étenduës, & neantmoins des vnions plus étroites que la nature. De tous les fidelles elle ne fait qu'vn corps animé d'vn mesme esprit, de sorte que vous ne deuez plus considerer vostre prochain, comme vne personne separée de vous, mais comme vne partie de vous-mesme, à qui selon les termes de la loy vous deuez le mesme amour, auec des effets aussi fauorables

DE MISERICORDE. 123

que la nature vous inspireroit pour vostre particulier. A ce compte vous deuez aux pauures la moitié de vos reuenus selon la pratique des Iuifs, que Zachée voulut suiure quand il se sousmit de donner la moitié de ses biens aux pauures, & de rendre quatre fois autant qu'il auoit mal pris par sa mauuaise foy dans le negoce. Voila ce qu'en porte le commandement d'aymer le prochain comme soy-mesme, de le receuoir en partage égal de ses biens, donner autant aux pauures qu'on retient pour soy, & dans cette comparaison de personnes, l'inégalité ne doit-elle pas paroistre bien grande, que vous seul possediez autant que plusieurs.

Aussi quand la necessité du prochain est pressante, ou que son merite se trouue éminent, l'amour ne souffre plus ces partages, il fait que la personne qui est en possession s'oublie d'elle-mesme, & s'emporte sans compte, sans mesure à gratifier les autres, par tout ce qu'il le peut de liberalitez, comme les yeux, les bras, les mains se mettent en deuoir, & s'exposer au peril par vne prompte impulsion pour secourir la partie du corps la plus noble & la plus dolente. Les Iuifs se dépoüillerent du manteau qu'ils auoient sur les espaules, pour le jetter deuant le Fils de Dieu, & hono-

Q ij

rer son entrée qu'il fit en Hierusalem. Il y a donc des cas, dit le Patriarche de Venise, où il faut considerer le prochain plus que nous mesmes, & se dépoüiller pour le reuestir.

La charité rend ses bons offices en veuë de Dieu, qui est vne cause vniuerselle ; en veuë de Iesus-Christ qui tient les pauures comme ses membres ; en veuë de l'Eglise qui est son Espouse, & dont tous les fidelles sont les enfans. Ces respects d'vn Dieu, d'vn Iesus-Christ, d'vn Eglise, sont incomparablement preferables à l'interest temporel d'vne petite famille, aux preuoyances craintiues & trompeuses d'vn esprit malade. Si c'est l'effet d'vne éminente vertu d'exposer genereusement ses biens & sa vie pour l'interest de la Republique, & si ces occasions passent pour des necessitez ineuitables, où la loy contraint mesme la resistance d'vn particulier, pourquoy ne metterez-vous pas l'aumosne entre les deuoirs publics, puis qu'elle importe à l'honneur de Dieu, à l'entretien de l'Eglise, à la communion des Saints ; puis qu'elle est vn moyen prescrit par la loy diuine pour la remission de vos pechez, & le salut de vostre ame ? Pourquoy ne preferez-vous pas ces grands & saints profits, aux besoins imaginai-

DE MISERICORDE.

res de voſtre famille ? Pourquoy faire ces grandes prouiſions de biens, pour des neceſſitez, pour des enfans qui peut-eſtre ne ſeront pas? Quitter le certain pour l'incertain, & laiſſer miſerablement perir les pauures, faute de ſecours pour de vaines conſiderations?

C'eſt, dit ſaint Baſile, vne inſupportable ingratitude, de n'offrir que ſes reſtes à Ieſus-Chriſt, qui s'eſt donné pour nous ſans reſerue ; qui a voulu que les Saints ſes fauoris ayent ſouffert la proſcription de leurs biens, les geſnes, mille morts pour nous confirmer dans vne veritable foy, qui eſt le chemin de noſtre ſalut. Puiſque la paix de l'Egliſe eſpargne maintenant vos perſonnes, au moins donnez-luy quelque portion de vos biens pour ſa ſubſiſtance, & ne la traittez pas auec ces indignitez de ne luy preſenter que vos reſtes, que ce qui vous eſt ſuperflu, & à voſtre compte rien.

D. Baſil. homo in diteſcetes.

Les Iuifs, comme nous en auons fait la ſupputation, donnoient en aumoſnes tous les ans la moitié de leur reuenu, & cependant le Fils de Dieu dit aux fidelles qui le ſuiuoient, ſi vos bonnes œuures, ſi vos charitez ne ſont plus abondantes que celles des Phariſiens, ſi vous faites vne ſi petite part aux pauures, vous n'aurez point de part au Ciel : Ce n'eſt pas là ne demander que le superflu. Il estime hautement la deuotion de cette veufue, qui estant pauure, mit neantmoins dans le tronc tout ce qu'elle auoit d'argent en deux petites pieces de monnoye. Quoy que les autres y jettassent dauantage, ils donnoient moins parce que ce n'estoit qu'vn superflu, dont ils ne receuoient point d'incommodité. Vne autre veufue dans vne extreme famine, n'auoit pour elle & pour ses enfans qu'vn peu de farine & d'huile, elle s'en priue neantmoins & en fait vne petite tourte au Prophete Elie, resoluë de mourir pluſtost, que luy refuſer la nourriture. On sçait la recompenſe meſme temporelle qu'elle en receut de Dieu, & la multiplication miraculeuſe qui ſe fit pour luy donner moyen de viure, à cauſe qu'elle auoit donné ſon aumoſne ſans reſerue, & dans toute l'étenduë de ſa puiſſance. Abraham ne fut pas reduit à cette extremité, mais comme il auoit de grands biens, il faiſoit de grandes aumoſnes, quoy que les occaſions en fuſſent frequentes, elles eſtoient touſiours moindres que ſon zele, il donnoit en deſir plus que tous ſes biens, ſon cœur auoit des amplitudes infinies de charité, c'eſtoit la demeure & le paradis des pauures durant ſa vie, comme apres ſa mort, puiſque le Lazare y fut receu, &

3.Reg.17.

Chryſol. ſerm.121.

DE MISERICORDE. 127

trouua tout ce que ce temps là luy permettoit de beatitude.

On ne presentoit anciennement à Dieu pour victimes que des animaux mondes, c'est à dire, propres à la nourriture de l'homme, & sans aucune imperfection, apres les auoir immolez & en auoir versé le sang, on en separoit les graisses comme les parties les plus délicates, que l'on faisoit consommer au feu dessus l'Autel, le reste se partageoit entre les Prestres & ceux qui faisoient le sacrifice ; les offrandes dont le Temple fut enrichy, estoient de l'or, des pierres precieuses, des ouurages où l'art passoit la nature ; enfin des richesses, & des beautez qui sont les objets de nostre admiration & de nostre amour; ils faisoient ces rares presens pour rendre plus de respect à Dieu, en luy presentant, non pas comme Caïn, le rebut de ce qu'ils auoient, mais toutes choses choisies, de grand prix, dont la priuation leur fut sensible, & où le cœur estant attaché se pût donner auec le present ; il faut de mesme faire son aumosne non pas de choses si petites, & si peu considerables qu'elles ne causent ny du soulagement à celuy qui les reçoit, ny peine aucune à ceux qui les donnent. Croyez-vous faire vne aumosne, quand vn passant se desaltere à vn ruisseau qui coule de voſtre ſource; s'il ſe ſert du flambeau qui vous eſclaire, & s'il trouue ſes ſeuretez en voſtre train. Ce n'eſt pas proprement donner, d'eſtre cauſe par accident qu'vn autre jouyſſe d'vn bien qui de ſa nature eſt commun, qui le permet n'oblige point, & l'empécher ſeroit vne injure. A vray dire, ce n'eſt pas faire vne aumoſne de jetter aux pauures ce qu'on a de trop, de leur abandonner des reſtes inutils, qu'on laiſſe ſans s'incommoder. Comme on ne dira pas qu'vn homme donne ſon ſang pour ſon amy, s'il le fait tirer pour preuenir les maladies, dont vne trop grande plenitude le menace, quoy que la curioſité puiſſe tirer quelques vſages de ce ſang.

Mais enfin, ſi vous eſtes dans cette ferme reſolution, de ne donner que le ſuperflu de vos biens aux pauures, l'Egliſe receura ces conditions ſi vous eſtes fidelle à les garder. N'eſt-il pas vray que ces extremes deſpences, en habits, en baſtimens, en feſtins, en ſuitte, en mauuais plaiſirs que l'honneſteté cache, ſont des ſuperfluitez, ie dis meſme au jugement des ſages du monde; vous auez mis en cela le ſuperflu de vos biens que vous adoüez deuoir aux pauures, rendez leur donc ce que vous auez pris ſur eux; la loy, la voix

des

des Predicateurs, de voſtre Confeſſeur, les ſecretes inſpirations de Dieu vous en ont reïteré la demande, vous leur en deuez donc depuis ce temps les intereſts, auec la reparation des dommages qu'ils ont receus eſtant abandonnés de voſtre ſecours : Ioignés à cela ce que vous deués à Dieu pour l'expiation de cét énorme défaut de charité, vous trouuerés que ce ſuperflu où les plus indulgentes reſolutions des Docteurs vous obligent, montera bien haut. Conſiderés que vous eſtes ſous la puiſſante main de Dieu, dont vous ne ſçauriés échapper, ſi vous ne preuenés ſa juſtice par le fidel acquit de cette debte. Si vous ne le faites de gré, ne doutés pas que vous n'y ſoyés contraint: peut-eſtre par vne inſigne diſgrace de voſtre perſonne ou de vos enfans; enfin, par les derniers comptes qu'il vous faudra rendre bien toſt au jugement particulier des diſſolutions de voſtre vie, & des duretés de voſtre cœur.

R

Chapitre XVII.

Les bonnes œuvres de pieté doiuent estre accompagnées de l'aumosne.

Nous tenons la vie de Dieu, il est le Createur de nos ames, & l'Architecte de nos corps, mais en la conformation de cét admirable composé, il se sert de plusieurs causes secondes, il y employe les qualités de nos parens, du climat, toutes les vertus des Cieux, auec de tres-justes proportions, d'où Platon prit sujet de dire, que nostre subsistance qui resulte de ce grand concert, n'est qu'vne harmonie. Le comble de la merueille est, que chacune des parties porte l'image de son tout, comme chaque Estoille du globe de son Ciel ; toutes ne sont que par le concours de plusieurs causes, toutes aussi s'entretiennent par vn grand commerce, où elles communiquent leurs qualités, & reçoiuent celles qui leur manquent, toutes donnent le libre passage au cours des esprits, toutes agissent pour le bien commun, sans que pas vne soit solitaire, ny retranchée pour ne faire que ce qui regarde sa propre conseruation.

Figurez-vous quelque chose de semblable en l'œconomie de nostre salut, la grace de Iesus-Christ en est la premiere cause, le premier mobile, qui en peu de temps fit faire aux Apostres le tour du monde, pour y répandre les lumieres de la foy, qui anima le courage des Martyrs pour en soustenir les veritez au prix de leur sang, qui éclaira les Docteurs pour dissiper les nuages des heresies; enfin, qui embraza les cœurs d'vn feu pris du Ciel, d'vne charité diuine, qui n'y laissa pour tous interests que ceux de Dieu. Ses misericordes eternelles, nous ont tiré des choses possibles pour nous donner par preciput l'estre raisonnable, elles ont disposé le monde materiel pour nostre seruice, le spirituel, ses graces & l'Eglise pour nostre sanctification; Iesus-Christ & tous les Saints durant tant de siecles ont trauaillé pour cela, nous sommes donc les enfans, & nous deuons estre les imitateurs de la misericorde; nous la deuons reconnoître pour le principe, nous la proposer pour regle & pour fin de nostre vie, si nous voulons que les parties ayent du rapport à leur tout, & les effets à leur cause. Voila pourquoy toutes les loix sont comprises dans celle de la charité, & comme Dieu nous donne ses graces ordinairement auec des moyens auantageux d'en tirer profit par l'entremise de nostre prochain, le commandement porte que nous deuons aymer Dieu sur toutes choses, & le prochain comme nous-mesmes.

Cette charité doit estre effectiue, comme nous auons dit, passer du cœur & de la bouche jusques aux mains, puis qu'en effet nous auons la vie du corps & de l'ame par l'assistance de nostre prochain, nous luy deuons la pareille selon nostre portée, pour n'estre pas des membres paralytiques, des parties mortes & corrompuës au corps de l'Eglise.

Vous trouuerez des hommes d'vne humeur tranquille, qui passeront leur vie dans l'innocence, dans la priere, dans le jeusne, dans les autres mortifications des sens fauorables à l'integrité de l'ame; Elle est lors, dit saint Chrysostome, comme vne terre bien défrichée, mais qui n'ayant point receu de semence, n'apportera point de fruict. La semence c'est l'aumône, qui selon qu'elle est abondamment répanduë sur les pauures, reçoit du Ciel de plus grandes benedictions, & met les personnes en estat de faire de plus riches recoltes de graces; si vous jeusnez auec vn dessein d'épargne, vous faites vn sacrifice, non pas à Dieu, mais au demon des richesses; si vous ne faites que prier sans secourir le pau-

D Chrys. serm. 41. & 43.

DE MISERICORDE.

ure, vous suiuez peut-estre vostre inclination, & vous n'obeyssez pas à la loy qui dit, le jeusne & l'oraison, sont des œuures bonnes auec l'aumône. L'oraison demande, le jeusne dispose, l'aumône obtient & reçoit. Ne separez point cette Trinité morale, qui cependant n'est que l'essence d'vne charité parfaite, en ce qu'elle doit à Dieu & au prochain, mais le tout pour Dieu. C'est vn thimiame, vne mysterieuse composition de parfums tres-agreables à sa diuine Majesté, & qui merite les suauitez de ses graces, pour suiure icy Iesus au chemin du Ciel, ne nous estant pas permis de le voir.

Tob. 12.

Origen. in Leuit. ho. 9.

L'Escriture sainte ne nous represente aucun grand Personnage de l'ancien ou du nouueau Testament, qu'entre les autres vertus elle ne le rende sur tout recommendable par ses aumônes : Elles meriterent à Abraham cette heureuse posterité, d'où proceda le salut du monde; à Tobie le secours des Anges, & la défaite des demons, pour accomplir les heureuses nopces de son fils; à Iob vne constance inuincible, vne sainteté tousiours égale dans les disgraces, comme dans les prosperitez; au Centurion d'estre visité de l'Ange, & de receuoir les lumieres de l'Euangile par la bouche de saint Pierre.

Act. 10.

R iij

Quand Iesus-Christ dit à ce jeune homme remply d'vne sainte confiance, d'auoir gardé toute sa vie les commandemens de la loy, que s'il vouloit estre parfait, il vendit ses biens, & en distribua le prix aux pauures ; il semble que toutes ses bonnes œuures precedentes, n'estoient que des dispositions à la charité, qui est la vie & qui fait le salut de l'ame. Aussi quand l'Euangile rapporte les faits sur qui les hommes seront interrogez deuant le throne de Dieu au dernier iour du iugement ; on ne leur demande point s'ils ont prié, s'ils ont jeusné, s'ils se sont fidellement acquitté des emplois & des commissions que la Prouidence leur auoit donné. Iesus-Christ le Sauueur, & lors le Iuge du monde ne fait que ces reproches aux méchants, qu'ils n'ont pas couuert sa nudité, rassasié sa faim & sa soif, qu'ils ne l'ont pas visité dans ses maladies & ses prisons, qu'ils ne l'ont pas consolé dans ses souffrances, & pour cela l'Arrest espouuentable d'vne eternelle condamnation est fulminé contre eux. Car comme la charité suppose toutes les vertus, son défaut donne cours à tous les vices. Qui n'a point d'amour pour son prochain, a de l'enuie pour abbatre sa grandeur, de l'ambition & de la superbe pour s'éleuer sur ses ruines, de l'auarice pour profiter de ses dépoüilles ; il déploira dans l'occasion toutes les violences de la cholere, tous les noirs & furieux desseins de la haine toutes les adresses & les surprises d'vne mauuaise foy, qui rend la prudence aueugle, & l'integrité comme criminelle, de sorte qu'auec grand sujet l'Arrest du souuerain Iuge ne condamne que le défaut de charité, parce qu'il contient en soy tous les autres.

Mais au contraire les recompenses d'vne eternelle beatitude sont données tres-justement à la charité de celuy qui dans les diuerses rencontres de la vie, a tousiours aymé le prochain comme soy-mesme; & plus, parce qu'il a consideré Iesus Christ en la personne des pauures. L'amour tient l'empire des passions, & quand il est sanctifié par les operations miraculeuses de la grace, il n'y a point de mouuemens sensitifs qu'il n'employe tres-vtilement pour la vertu, de vertus qu'il n'anime, & qu'il n'éleue au poinct d'vne sublime perfection ; ainsi les vertus sont couronnées de la main de Dieu, auec la misericorde qui est le principal effet de la charité.

Chapitre XVIII.

L'aumosne faite auec charité est vn sacrifice d'expiation.

Depuis le commencement du monde, es hommes de tous les climats ont eu auec la connoissance naturelle de Dieu cette commune inclination, & ce mesme sentiment Religieux de l'adorer par des sacrifices. Ils se faisoient, ou de fruits, ou d'animaux; c'est à dire, de ce qui a la vie vegetable ou sensitiue, pour faire vne publique protestation, que cette premiere cause qu'ils adoroient, estoit vne vie par essence, qui n'a ny commencement ny fin, & dont toutes choses reçoiuent la vie, pour la quitter au temps que sa sagesse eternelle leur a prescrit. La consomption des choses offertes qui se faisoit par le feu le plus actif des élemens, monstroit que rien ne peut resister à la puissance diuine; que les hommes pour leurs pechez meriteroient d'estre reduits en cendre, mais qu'en la dissolution de leurs corps, ils demandoient que leurs ames fussent reuestuës de qualitez diuines, comme ces matieres l'estoient de celles du feu. Les

DE MISERICORDE. 137

Les plus sages neantmoins n'approuuerent pas le sacrifice des animaux, comme s'il eust esté fort peu conuenable d'honorer la souueraine bonté par l'effusion du sang, par le massacre & la défaite de ses creatures. En effet, quoy qu'au temple de Salomon, ces victimes fussent offertes sur l'autel exterieur, pour contenter l'inclination des peuples, qui autrement eussent cherché cette ancienne ceremonie chez les idolatres; neantmoins dans le lieu plus saint & secret où Dieu rendoit ses oracles, le souuerain Prestre n'offroit pour sacrifice qu'vne precieuse composition de parfums.

Tout cela ne fut que l'ombre du veritable sacrifice, que Iesus Christ fit sur la Croix, pour l'expiation de nos pechez, & de celuy non sanglant que l'Eglise continue depuis en la celebration de la Messe : C'est le grand priuilege des Prestres de faire & de presenter ce sacrifice ; les autres Chrestiens dans la condition d'vne vie commune, mais dans la foy de l'Eglise ne laissent pas d'estre consíderez 1.Pet.2. par l'Apostre, comme vn peuple saint, éleué dans vn Sacerdoce royal, dont l'office est de presenter à Dieu vn sacrifice de iustice. Or le Sage dit, qui fait misericorde à son prochain, Ecclef.35. presente vn sacrifice à Dieu, & selon son com-

S

mandement il ne paroiſt point deuant luy les mains vuides; il aduouë par là que tous ſes biens viennent de ſa Majeſté, qu'il les tient de ſes pures liberalitez, que pour ſes offenſes il meriteroit d'en eſtre priué; que c'eſt vn effet de ſes grandes miſericordes, de ne demander que ces petites redeuances pour tant de commoditez.

L'aumoſne eſt vn ſacrifice de juſtice, dautant qu'on la doit par toutes ſortes de droits, comme nous auons veu; il ne ſe termine pas en cendre & en fumée, comme ceux de l'ancienne loy; mais il a de grands rapports auec celuy de Ieſus-Chriſt ſur la Croix, parce qu'il glorifie Dieu; qu'il donne du ſoulagement aux hommes, que procedant de charité, il ſert à la remiſſion des pechez; enfin il eſt royal, s'il ſe fait d'vn grand cœur, & d'vne liberalité fort étenduë. Saint Paul en parle, & en écrit en ce ſens aux Hebreux; Mes freres, n'oubliez pas de continuer vos bien-faits, & les charitables contributions de vos biens, car vous ne ſçauriez mieux gaigner les faueurs de Dieu, & en obtenir des graces que par ce ſacrifice. Le monde a long-temps eſté ſans les victimes determinées par la loy; mais il n'a iamais eſté ſans celles de la miſericorde, qui eſt vne loy grauée de la main de Dieu dans les

Hebr.

DE MISERICORDE.

cœurs, & ce sacrifice se doit offrir sur autant d'Autels qu'il se trouue de personnes miserables.

C'est vne oblation de grand merite, de contribuer à la fabrique & à l'ornement des Temples, de faire en terre des cieux, où l'on ne void que des objets, où l'on n'entend que des Cantiques qui publient la gloire de Dieu: C'est vn sacrifice de propitiation de bastir ces lieux sacrez, où se renouuelle tous les iours le sacrifice qui nous a merité le Ciel ; mais la nature humaine est vn temple à qui l'on doit plus de respects depuis que le Verbe diuin l'a sanctifiée par son vnion hypostatique, pour y accomplir le mystere de nostre redemption, & tous les iours il en renouuelle les graces dans les ames, pour les rendre plus dignes de sa demeure. Ces pierres d'vn temple materiel sont insensibles à la forme, & aux ornements que vous leur donnez ; mais les paures reçoiuent le bien qu'on leur fait auec toutes les reconnoissances possibles, & le soulagement qu'ils trouuent en leur misere, leur donne sujet de rendre à Dieu mille actions de graces qui luy sont autant de sacrifices. Iesus-Christ ne les considere pas seulement comme son temple, mais comme son corps que vous luy offrez par vn Sacerdoce

D. Hier. ad Paulin.
D.Chrys. hom.51.in Math.

S ij

permis à vostre condition seculiere, toutes les fois que vos aumônes luy donnent la vie.

Les anciens furent dans ce sentiment que l'aumosne est vn sacrifice, lors qu'en Grece les riches auoient coustume tous les mois de preparer des festins, qu'ils offroient au Ciel, & puis les exposoient aux pauures. En la capitalle d'Ethyopie, les Magistrats prenoient le soin de faire bien preparer quantité de viandes, & la nuit apres en auoir fait l'offrande à Dieu, les mettoient secretement dans vn pré, qu'ils appelloient la table du Soleil, parce que les pauures venoient le matin y prendre leur refection, comme si elle leur eut esté donnée par la bonté de cét Astre. Ils marquoient en cela deux grandes conditions de l'aumône, de la faire dans vn secret qui ne tienne rien de vanité, & auec vne deuotion qui en rapporte toutes les actions de graces à Dieu. Il fait luire son Soleil sur les bons & sur les meschants, il distille les rosées & les pluyes sur leurs terres; c'est donc l'honnorer par vne sainte imitation, c'est seconder ses misericordes, & luy rendre hommage de ce que sa bonté nous a fait de biens, d'en ayder les pauures.

Celuy qui en vse de la sorte, presente à

Suidas in verbo ἔρανος.

Rodig. l. 29. c. 4.

DE MISERICORDE.

Iesus-Christ comme les Mages de l'or, de l'encens, & de la myrrhe, l'or vient soulager l'indigence, l'encens est l'ardente deuotion qui éleue & qui presente à Dieu cét œuure de charité : La myrrhe est vne douleur de penitence, vne meditation de la mort qui presse de mettre à couuert pour soy, & dans les thresors du Ciel, des biens, qu'autrement il faudroit bien-tost perdre auec la vie. O qu'il est à souhaitter de paroistre deuant le throsne de Dieu, auec vne conscience nette des pechez, dont nous ayons receu l'abolition dés cette vie : Or l'aumosne éteint le peché, comme l'eau, le feu, dit le Sage; elle est vne satisfaction Eccl.3.33. qui auec les saints mouuemens de la penitence, obtient de Dieu la grace des pechez commis, & de nouuelles forces pour se conseruer dans vne constante integrité.

L'Apostre dit, selon la maxime de l'ancienne loy, que le peché n'est point remis sans Hebr. 9. l'effusion du sang. Cela n'affoiblit point, & ne fait que releuer nos esperances, puisque toutes nos bonnes œuures n'ont du merite, que parce qu'elles sont détrempées dans le precieux sang du Fils de Dieu, qui par son infinie misericorde s'est chargé de nos offenses, & a satisfait à la justice de son Pere. Mais s'il faut agir pour meriter auec luy, les biens

S iij

qu'on possede, ne sont-ils pas le sang de la vie ciuile, l'aliment commun dont elle tire sa subsistance & ses forces dans tous ses emplois; quand donc ils se distribuent au soulagement des pauures, & qu'en leur faisant misericorde, nous la demandons à Dieu, on peut dire que c'est répandre le sang par vn sacrifice d'expiation. En effet, comme la vie naturelle est dans le sang, la ciuile dans les biens, ceux qui les ont tout à fait quittez pour suiure l'exemple & les conseils de Iesus-Christ sont tenus pour morts.

Il est donc vray que l'aumosne éteint le peché, mais le Concile donne cét important aduis aux personnes engagées dans le commerce du monde, de ne se pas abandonner aux pechez de sang froid, sous cette vaine confiance de les rachepter par des aumosnes. Car ils se rendent indignes de la misericorde de Dieu de la considerer comme venale, de s'en promettre le pardon de ses offenses sans en auoir de regret, mais auec vn ferme propos d'y continuer. Cette volonté determinée de la sorte aux pechez, en commet milles autres contre le Saint Esprit, parce qu'elle connoist nettement le mal où elle se porte, & que contre toute apparence elle s'en promet la grace, dans vn endurcissement qui me-

Conc. Cabilonense II. c. 36.

rite vne plus seuere punition. Vous ne trouueriez pas vn faquin qui se voulut exposer à des indignitez publiques, aux coups & aux violences, pour peu de choses qu'on donneroit à quelqu'vn de ses amis, & vous pensez obliger Dieu à souffrir impunément que ses loix soient violées, que vostre vie soit vne suitte de crimes & de blasphémes, sous pretexte de quelques petites aumosnes, que vous faites aux pauures à sa recommendation. Il demande pluftost vos cœurs que vos biens, puis qu'il pardonne à la seule contrition sans les biens, & que sans elle tous les thresors de la terre ne peuuent pas obtenir la remission d'vn peché.

CHAPITRE XIX.

De l'aumosne faite aux Religieux mendiants.

SI l'aumosne est vn sacrifice, elle l'est principalement lors qu'elle est faite en la seule veuë de Dieu, aux personnes consacrées à son seruice, qui font estat de n'auoir de la vie & de l'action que pour sa gloire en l'édification de son Eglise. C'est ainsi qu'il faut considerer la vie Religieuse, qui est par effet vn abandon general de ce que la nature recherche le plus, des plaisirs, des biens, de la liberté, par la chasteté, la pauureté, l'obeyssance, & dont les pratiques sont estrangeres en ce siecle. Demandez-vous pourquoy cét homme de bon esprit, d'honneste, peut-estre d'illustre naissance, renonce volontairement à tous les auantages qui luy estoient acquis dans le monde, pour se reduire aux extremitez d'vne vie si pauure; il vous dira qu'il n'a pas pris la resolution de la suiure, sans auoir long-temps consideré ce qu'elle quitte & ce qu'elle embrasse. Il a fait vne diligente reueuë de toutes les conditions de la vie ciuile, & a remarqué que tous ses emplois qui ont tant d'éclat, & qui font tant de bruit parmy les peuples, ne trauaillent que pour le corps, comme les forces & les agitations des bestes: Ce qu'il y a de spirituel vient d'vne raison débauchée qui rend les passions plus adroittes & plus violentes, qui affine les plaisirs, les vanitez, les ambitions, les vengeances, qui desole les Prouinces, qui prophane les choses sacrées, & qui met l'abomination dans le sanctuaire. La vie ne nous est icy donnée que pour assuiettir les sens à l'esprit, & par ces victoires gaigner les couronnes, que le Prince & le Iuge de nos combats nous reserue au Ciel;

neant-

DE MISERICORDE.

moins les pretentions & les emploits ordinaires ne tendent qu'à donner l'auantage aux sens dessus la raison, aux opinions & aux mauuaises coustumes sur les veritez diuines, jusques à ce que le courant de l'âge mene ces miserables à la mort, qui leur fait en mesme temps perdre le monde & le Ciel, la vie du corps & celle de l'ame criminelle de mille desordres deuant Dieu.

Vn homme éclairé par les lumieres de la grace, void d'vne veuë le cours de toute la vie, les vanitez qui la trompent, l'amas des pechez qui l'aueuglent & qui l'accablent, l'impenitence finale qui va fondre dans vne eternelle damnation. Quoy, dit-il, faut-il achepter son mal-heur par tant de seruitudes & de miseres ? Ce mal est-il tellement vniuersel, qu'il soit sans remede ? N'y a-t'il point quelque asyle contre cette persecution ? Vn arche pour nous sauuer de ce deluge ? En ces ardentes recherches de son salut, il entend comme saint Antoine & saint François, la voix de Iesus-Christ dans l'Euangile ; si tu veux estre parfait, vend tout ce que tu as, donne-le aux pauures, & me suis : Apres cét oracle, apres les mouuemens sacrez de la grace, il est dans vne sainte impatience de trencher d'vn coup tous les liens qui l'attachent au monde, de quitter tout auec les richesses qui en sont le prix, & par les trois vœux s'immoler soy-mesme à Dieu comme vne holocauste.

N'ayant plus de droit en la proprieté ny en l'vsage d'aucune chose, le voila reduit beaucoup plus que les Prestres de l'ancienne loy, à n'auoir que Dieu ; c'est à dire, que ce qui luy est offert, pour partage. Ils receuoient les premices, les dismes, les offrandes, exceptez les holocaustes & les graisses qui se consommoient dessus l'Autel, quasi toutes les chers des victimes estoient pour eux, & seruoient à la nourriture de leurs familles composées de femmes, enfans, esclaues & seruiteurs. Le Religieux mendiant est beaucoup moins à charge, il n'a, sans suitte, que sa personne, qu'il immole aux austeritez de sa regle, aux veilles, aux jeusnes, aux estudes, aux fatigues pour le seruice de l'Eglise & l'édification du prochain, & comme il n'a droit aucun aux dismes ny aux offrandes, il est contraint à viure d'aumosnes.

D. Th. 22. q. 87. a. 4. & 5.

Elles luy sont permises pour vne infinité de raisons, dit saint Thomas ; car Iesus-Christ qui luy fait cette necessité par son conseil, par son exemple & celuy de ses Apostres, luy assigne le mesme moyen qu'il leur donna de demander la subsistance de la vie à ceux entre lefque's ils fe trouuoient. C'eſt vne choſe permiſe aux perſonnes meſmes qui poſſedent, ſi elle ſe fait par vn motif d'humilité, non pas d'auarice ny de pareſſe : Car ce n'eſt pas ſans honte ny ſans merite qu'on mortifie de la ſorte la ſuperbe, & perſonne ne ſe peut plaindre ſi l'on luy demande, parce qu'il eſt dans la liberté du refus. La difficulté naturelle qui ſe rencontre en cette humiliation, eſt vne penitence que l'Egliſe impoſe quelquesfois, & de faire des pelerinages demandant l'aumoſne; or la vie du Religieux eſt vn exercice continuel de penitence & d'humilité ; les vœux qu'il en a fait à la face de l'Egliſe, auec le concours & le ſuffrage des fidelles, le rendent vne victime qui doit eſtre conſommée durant toute ſa vie pour vne expiation publique; n'eſt-il donc pas juſte que le peuple pour qui ce ſacrifice s'offre principalement en porte les fraits.

Les Religieux leuent iour & nuict les mains au Ciel, pour en attirer les benedictions ſur les Villes & ſur les Royaumes ; ils ſont dans le Sacerdoce, ils ſeruent à l'Autel, ils prêchent, ils ſont la bouche des Prelats pour annoncer de leur part les veritez de l'Euangile, ils les portent dans les terres eſtrangeres, ils aſſujettiſſent les nouueaux mondes à l'empi-

T ij

re de Iesus-Christ, ils exercent toutes les œuures de la charité spirituelle dans les lieux de
leur residence ; vous estimez faire beaucoup,
dit l'Apostre, si receuant le spirituel de ces
hommes dédiés à vostre seruice, vous leur
donnez quelque chose du temporel ; si vous
soustenez des mains, qui soustiennent vos
prosperitez, & si seruant à l'Autel ils en reçoiuent la subsistance. L'histoire de toutes
les nations fait foy, que les personnes consacrées à Dieu ont tousiours receu leur entretien par vne contribution publique, afin que
n'estant point obligées de s'engager dans les
negoces du monde, elles ne fussent point en
estat d'y salir leur integrité, & de partager
leurs esprits qui se doiuent tous entiers à la
contemplation des choses diuines.

1. Cor. 9.

La pieté des siecles passez a fait monter les
reuenus de l'Eglise au point éminent où
nous les voyons, afin qu'ils pûssent suffir à
l'entretien de ceux qui luy seruent, & à la
nourriture des pauures ; mais l'vsage de ces
grands biens ne répond pas ordinairement
aux saintes intentions des Fondateurs, & l'experience de plusieurs siecles a fait voir, que
comme les mouches à miel trauaillent moins,
quand elles ont plus de prouisions, ainsi
plusieurs familles Religieuses se sont refroi-

DE MISERICORDE. 149
dies pour les sciences, & pour la predication de l'Euangile, à mesure que leurs biens se sont augmentés. Saint François qui s'en apperceut forma sa regle precisément sur le conseil de l'Euangile, & voulut que ses enfans ne possedassent aucune chose, afin que ce leur fut vne espece de necessité d'estre saints, d'estre zelez pour l'honneur de Dieu & l'édification du prochain, dans vne vie pauure qui ne reçoiue sa subsistance, qu'à proportion de ce qu'elle rend de seruice. Les Papes & les Concils ont confirmé cette regle auec beaucoup d'éloges; les Princes & les peuples ont receu par tout ses Professeurs auec beaucoup de veneration, l'Eglise en a mis beaucoup au nombre des Saints, & comme cét Institut, qui est celuy des Apostres, fait tous les iours de grands progrez, pour la reforme des mœurs & le soustien des veritez Chrestiennes, il s'est incomparablement plus multiplié que tous les autres. C'est donc sous la foy publique de l'Eglise & de l'estat qu'on s'enrolle dans cette milice spirituelle : hé peut-on trouuer mauuais que cette pauure vie toute consacrée à l'honneur de Dieu & au soulagement du prochain, subsiste par des aumosnes journalieres qui ne sont rien, si vous les comparez à celles dont ce sont faits

T iij

les immenses reuenus des benefices, & qui donnent tant de nourriture à ces grands arbres souuent de peu de rapport.

Ces petites aumosnes journalieres qu'on donne aux Religieux pour l'entretien de leur vie, ne doiuent pas passer pour vne juste recompense de leur trauail, ce n'est qu'vne gracieuseté qui n'affoiblit point le merite d'vn bon office spirituel dégagé de tout interest, & qui ne pretend que d'obliger en veuë de Dieu, dont il accomplit les volontez ; Vous cultiuez vn champ, vous nourrissez vn cheual qui vous appartient, où qui vous est presté ; les esclaues émancipez rendoient en certains temps des seruices à leurs anciens maistres, comme les vassaux font des couruées pour leurs Seigneurs, sans que ce qu'ils en reçoiuent de nourriture passe pour vne recompense, ny qu'ils soient en cela considerez comme mercenaires. Les Religieux sont des personnes voüées au seruice spirituel du prochain, qui tirant profit de leur trauail doit au moins leur donner la nourriture.

l. 6. ff. mād.
l. 10. ff. cō-
mod. feud.
l. 2. tit. 107.

A ce que l'on dit qu'il seroit meilleur de pouruoir à quantité d'autres pauures, dont les necessitez sont plus pressantes, saint Thomas répond, que l'aumosne qui se fait en veuë de Dieu, est deuë par preciput à celuy qui en

D. Th. 2. 2.
q. 32. a. 3. ad
1.

DE MISERICORDE.

est plus proche, & qui luy est plus semblable par l'integrité de la vie ; Que ce qui regarde l'ame, est preferable aux commoditez du corps, que ce ne sont point de pures liberalitez, quand elles acquitent des obligations ; & qu'il faut premierement rendre ce que l'on doit, que donner ce qu'on possede.

Si vous faites vne supputation de ce que les Religieux laissent à la masse du public, auec ce qu'ils en retirent de nourriture, vous trouuerez qu'ils donnent incomparablement plus qu'ils n'en reçoiuent : Mais ils ne veulent pas que ce qui leur est offert, passe pour l'acquit d'vne obligation, ils se tiennent extrémement redeuables du bien qu'on leur fait, & tâchent de le reconnoistre, par les prieres, par les sacrifices qu'ils presentent à Dieu pour ces personnes charitables; ils leur en rendent de tres-humbles actions de grace, & tout ce qu'ils peuuent de seruices particuliers. Quand l'effet ne répond pas aux sentimens de leur reconnoissance, ils implorent le secours de Iesus-Christ leur Maistre, afin qu'il se ressente des bons offices qu'on a rendus à ses seruiteurs, & qu'il accomplisse ce qu'il a promis, que qui reçoit le Prophete, comme Prophete, receura la recompense du Prophete, que celuy de mesme qui fait du bien aux

Religieux, en ayt le merite ; car cependant qu'il est dans les emplois ordinaires de la vie commune, il veille, il jeusne, il prie, il console, il préche par les personnes que ses liberalitez entretiennent dans ces saincts emplois, comme ceux-là prennent beaucoup de part à la victoire, qui sans combattre fournissent aux frais de la guerre, dit saint Chrysostome. Ie ne fais qu'effleurer ce grand sujet pour ne le pas tout à fait obmettre, dans le sujet des misericordes, dont il fait vne notable partie, ie l'ay traitté plus amplement dans le liure des heureux succez de la pieté, que ie vous supplie, mon Lecteur, de voir, si vous desirez plus d'éclaircissement des reproches, que la malice du siecle a produit contre la pauureté Euangelique.

Hom. 1. in epist. ad Philipp.

Chapitre XX.

Exercer les œuures charitables en personne, & par ses propres mains.

LA Genese nous represente Dieu sous vne forme humaine, qui d'vne terre détrempée dans sa main, forma le premier homme semblable à luy, selon quelques Autheurs Catho-

Catholiques, il prit veritablement vn corps, qui fut l'originel sur lequel le second Adam Iesus-Christ fut aussi formé par l'operation du Saint Esprit au sein de la Vierge. Dieu veut accomplir ces deux grands mysteres de la creation & de la redemption de l'homme par luy-mesme, le Verbe s'incarne & non pas vn Ange ; Iesus-Christ souffre durant neuf mois la prison du ventre virginal ; il souffre estant né, les injures de la saison, les incommoditez de l'enfance, les longues humiliations de sa vie cachée, il donne commencement à la predication de l'Euangile par sa bouche, il va chercher les pecheurs pour les conuertir, il guerit les malades, il laue les pieds de ses Apostres de ses propres mains, il souffre la violence de ses ennemis, la flagellation, les playes ; enfin la mort en son propre corps, pour nous redonner la vie de l'ame.

Ces considerations sont assez fortes, pour obliger les Chrestiens à s'acquitter par euxmesmes de ce qu'ils doiuent d'assistance aux pauures, & d'imiter Iesus-Christ qui n'a point employé de substitut en l'œuure de nostre rachapt. Nous ne voudrions pas mettre vne autre en nostre place, qui jouyt au Ciel de la vision du Verbe & de son Humanité sacrée; hé pourquoy ne la pas suiure en ce qu'elle a

Bolduc. de Eccles. ante legem. l. 1. c. 4.

V

fait elle-mefme, afin que nous fiffions le femblable ? Il nous ordonne de tenir les pauures comme fes membres & comme luy-mefme; or ce que nous luy deuons, comme à noftre Prince eft d'vne obligation, dont il fe faut acquiter perfonnellement ; car les feruices qu'on rend au Roy font des honneurs, & l'officier les perd, il agit contre fes propres interefts & le refpect de fa Majefté, de ne pas faire luy-mefme fa charge. Auffi le vaffal fourd & muet, qui ne peut ny entendre de fes oreilles, ny executer luy-mefme les volontez de fon Seigneur, ne peut pas tenir le fief, fous pretexte de s'acquitter de fes deuoirs par vn autre.

lib. 1. feud. c. 6.

Mais voyez ces œuures de mifericorde fous vne autre confideration, & comme elles font veritablement des actes de penitence & d'humilité, qui tâchent de fatisfaire à la juftice de Dieu, vous jugerez qu'il faut neceffairement s'en acquitter en perfonne, comme il faut fe mettre en eftat de fuppliant, en faire tous les deuoirs, de bouche, d'action, de pofture, pour meriter l'enterinement d'vne grace. Si l'aumofne eft vn effet de la charité, cette diuine vertu eft trop genereufe, trop ardente, trop intereffée, les foins qu'elle a de s'acquitter en perfection de fes deuoirs, font trop

DE MISERICORDE. 155
pressants pour les commettre à la diligence de qui que ce soit. La pieté d'vn enfant de bon naturel n'est pas satisfaite des soins que plusieurs personnes prennent de son pere dans sa maladie; il vient luy-mesme au chevet du lict, apprend de sa bouche les particularitez de son mal, pour y apporter ce qu'il peut de soulagement, il s'informe de ses appetits, & luy presente de sa main ce qu'il croyt les contenter, il charme ainsi ses douleurs par ses assistances & ses bons offices. Doutez-vous que Iesus-Christ qui souffre en la personne du pauure, n'ayt pas plus agreables ce que vous luy presentez de vous-mesme, que par vn valet?

Abraham si magnifique au nombre de ses officiers, qu'il en fit vn corps d'armée victorieuse, n'en employoit pas vn, quand il estoit question de receuoir les pelerins; il ne se fie qu'à ses yeux pour les découurir de loing, qu'à ses bras pour les accueillir, qu'à ses mains pour leur preparer la refection, il se tient debout, cependant qu'ils sont à table, les sert auec toutes les diligences, & tous les respects possibles comme les maistres de la maison. Saint Hierôme loüe hautement la ferueur de Fabiole, Dame Romaine, de n'auoir pas esté dans la délicatesse de ceux qui ne sont cha-

D. Chrys. serm. 121.

D. Hier. ad Pammach. & ad Ocean.

V ij

ritables qu'en argent, non pas en seruice. Car elle traittoit les pauures de ses propres mains, dans l'hospital qu'elle leur auoit fait bastir, mais auec tant de soing, que les pauures dans la santé enuyoient la condition des malades. Plusieurs autres Saints & Saintes ont heureusement finy leur vie dans les mesmes pratiques de misericorde, & n'eussent pas crû rendre ce qu'ils luy deuoient, s'ils n'eussent seruy de leurs personnes.

Le merite de ces bons offices deuient plus grand, en ce qu'estant faits de la sorte, ils donnent aux pauures vn surcroist de consolation, ces grands témoignages de bonté releuent leurs esperances naturellement abbattuës dans vne extreme misere, & les asseurent qu'ils ne seront jamais delaissez de ceux qui leur rendent des assistances si charitables. Il n'est pas possible qu'on ne soit touché de compassion au recit qu'ils vous feront de leur disgrace, de voir le dernier point de misere où ils sont reduits, de voir les larmes de leur douleur, changées en celles de joye, & en actions de grace dans vn secours inesperé; il n'est pas possible que ces objets lamentables estant presens, n'amollissent beaucoup plus les cœurs, que les rapports qu'on en pourroit faire, & n'excitent à de plus grandes liberalitez.

DE MISERICORDE. 157
Comme on void les pauures de ses propres yeux, on doit les assister de ses propres mains, & ne fier pas ayséement la distribution des aumosnes, aux personnes que l'occasion du profit & les propres necessitez vous peuuent rendre suspectes. Si vous doutez, dit saint Hieroſme, que l'argent ne s'attache aux mains comme la poix, qu'il ne corrompe souuent la fidelité, qu'il ne donne assez d'audace pour commettre toute sortes de perfidies & de sacrileges, considerez la mal-heureuse conduite de Iudas, en la trahison de Iesus son Maître. D. Hier. ad Paulin. um.

Ie ne voids rien au monde de plus illustre que les saints Prelats, qui prennent eux-mesmes le soin de leurs peuples, qui empêchent la corruption des mœurs & des veritez Chrétiennes par vne sainte doctrine, & qui pouruoient aux pressantes necessitez des pauures par de notables aumosnes. Les Empereurs commeçoient leur gouuernement par des liberalitez publiques, & les saints Euéques par la distribution de leurs biens aux pauures, comme nous auons dit; en suite toute leur vie se passoit dans les œuures de misericorde, jusques à donner leur liberté & leur sang pour leur trouppeau, comme saint Paulin. Quand saint Charles Boromée assista personnelle-

V iij

lement les malades frappez de peste, il ne fit que suiure la sainte coustume des anciens, de s'exposer charitablement à ces perils, d'où les affections purement humaines prennent la fuitte. L'anneau de Saphir qu'ils portent au doigt en est vne marque, parce que cette pierre a cette merueilleuse proprieté, estant conduite de la main auec vn peu de pesanteur autour du charbon pestilentiel, d'en borner l'inflammation & le venin, de sorte qu'il ne s'étend pas plus loing, & que ce qui est dans cette circonference, tombe en escarre, comme donc les Prelats se trouuoient ordinairement en ces perils, ils portoient en leur main le remede de la maladie par cette pierre, & de la pauureté par l'aumosne. Ils offroient ainsi tous les iours à Dieu deux sacrifices pour le salut de leurs peuples, celuy du precieux corps & sang de Iesus-Christ sur l'Autel, en memoire de sa mort sur la Croix, & puis celuy de iustice par les œuures de misericorde, pour representer sa vie qui fut vn exercice continuel de charité.

Van Helmont de magnetica vulner. curatione.

Nous auons dit que les Chrestiens sont vn peuple saint, vn sacerdoce royal, parce que chacun des fidelles peut presenter ce sacrifice par ses propres mains, & rendant cette gloire à Dieu de soulager ceux qu'il a recomman-

D. Chrys. hom. 46. in Math. sub finem.

DE MISERICORDE.

dez, esperer ce qu'il promet de benedictions à cette bonne œuure. La France est rauie de voir dans Paris les personnes d'illustres naissances, qui quittent leurs cabinets de raretez & de parfums pour se jetter dans les hospitaux, & là sans auoir horreur de tant d'objets de misere, des immondices, des infections de l'air, employer auec vne sainte émulation leurs mains délicates, à seruir les pauures, comme si c'estoit Iesus-Christ mesme. Voilà la science & l'employ des Saints de monter à Dieu par la contemplation, & descendre pour soulager les infirmitez du prochain. Tant que l'eau viue des sources est dans son sable boüillonnant, & qu'elle est, comme l'on dit animée de l'esprit du monde, elle monte & descend indifferemment, selon la diuersité des lieux, sans que sa pesanteur naturelle l'en empéche, comme le sang plain d'esprits, coule également par les veines, aux parties basses & superieures. L'Apostre fait le mesme jugement des âmes, que Iesus Christ anime de la charité : Il en represente la hauteur & la profondeur, qui n'est en effet qu'vne mesme chose qu'on explique par deux manieres de dimensions ; l'vne commence de haut en bas, l'autre de bas en haut, pour signifier, dit Origene, que comme Iesus-Christ est

Orig. hom. 2. in Gen.

descendu du Ciel en terre, pour reporter les hommes au Ciel, que son esprit abaisse les plus grands genies, & les plus hautes conditions aux deuoirs charitables du prochain, pour de-là les reporter à Dieu, qui ayant esté le motif de leur humiliation, sera le terme de gloire qui couronnera leurs merites.

Chapitre XXI.

Les respects humains ne doiuent pas empécher les bons offices de charité.

LEs inclinations de la nature nous engagent insensiblement aux bonnes œuures de misericorde; la raison nous les persuade, la loy diuine nous les commande, mille personnes illustres les pratiquent auec vne édification qui deuroit gagner tous les esprits, ie dis mesme par vn sentiment d'honneur. Neantmoins, on en void plusieurs qui croyent auoir vn iuste sujet de s'en dispenser; parce que, comme elles disent, elles se trouuent engagées dans vne disposition d'esprit, & dans vn estat de vie qui ne leur permet pas d'abandonner les habitudes du monde, la liberté des visites, des entretiens, choses semblables

DE MISERICORDE.

blables qui leur font vne necessité de bienséance ; elles sont dans cette opinion qu'il ne leur est pas possible, ny de quitter ces diuertissemens, ny d'y joindre ces notables exercices de pieté, comme d'aller aux hospitaux, seruir les malades, sans estre considerées comme fausses spirituelles, si elles estoient tout en mesme temps mondaines. Elles s'aoüent desia bien coupables, de dire qu'elles ont de si fortes attaches au monde, qu'elles ne les peuuent quitter ; elles deuroient dire qu'elles ne le veulent pas, parce que les secours de la grace ne leur manqueront jamais, si elles ne ferment point les yeux à ses lumieres, ny le cœur à ses mouuemens.

Quand vous mettez en comparaison les vanitez du monde, auec les deuoirs de la charité Chrestienne, vostre estime n'est-elle pas extrémement fausse & sacrilege, de donner la preference aux loix du monde sur celles de Dieu ; de quitter les œuures de misericorde d'où dépend la paix & le salut de vostre ame, pour vous abandonner à des folies, à des abus qui seront le sujet de vostre condamnation ; quoy ferez-vous passer vos desordres pour des excuses ? Comment vous lauer par les impuretez mesme qui vous salissent ? Au reste, il n'est pas icy question d'abandonner

X

toutes les libertez & tous les contentemens du monde, de s'enfermer dans vn hospital, & n'y auoir toute sa vie pour employ qu'à seruir les pauures, comme le pratiquerent plusieurs Saints & Saintes : Nous parlons icy d'vne vie moins parfaite, mais temperée de sorte, qu'en donnant au monde ce qui est de la bien-seance sans offenser l'integrité, on reserue tout l'interieur à Dieu, auec beaucoup de temps par interualle pour son seruice : On ne vous demande donc pas que vous vous priuiez de vos richesses, de vos dignitez, de la magnificence de vos palais, de vos habits, de vostre table, de vostre train, gardez toutes ces choses sans excez, & auec ce grand esclat venez comme les Roys rendre vos hommages & vos presens à la pauureté de Iesus ; vous continuërez ses victoires sur le monde & sur l'enfer, en cette occasion la charité menera la superbe & les vanitez comme en triomphe, & les retiendra comme esclaues à son seruice. C'est la consolation des pauures de receuoir tant de bons offices par des mains si recommendables ; c'est la gloire de l'Eglise, c'est la joye du Ciel, & l'édification de tous les fidelles : Qui empéche donc que vous n'entriez dans les hospitaux, pour y rendre vos seruices à Iesus-Christ, comme vous allez aux Egli-

DE MISERICORDE.

ses pour y faire vos deuotions auec de beaux habits, & que vous ne conuertissiez ces dépoüilles de la vanité en vne sainte ceremonie.

Le serpent d'airain éleué dans le desert, n'estoit pas vn vray serpent, il n'en auoit que la figure ; mais vne vertu celeste & diuine y estoit cachée, d'où ceux qui estoient mordus des vrays serpens, reçoiuent miraculeusement la santé, arrestant les yeux sur cette representation. Si ces personnes que l'amour diuin employe dans les hospitaux portent de riches habits, conformes au rang qu'elles tiennent au monde, ce n'est plus vne vanité, ce n'en est rien que l'image qui estant veuë des pecheurs, enuenimez par les passions humaines, contribuëra beaucoup à leur conuersion. Ils connoistront par là que le salut de l'ame n'est pas incompatible auec les emplois & les apparences du monde ; qu'on se peut sauuer non seulement dans la pauureté, mais dans les richesses, par des pratiques differentes de vertu, mais tousiours par vn mesme esprit, & vne mesme ardeur de l'amour diuin. S'il ne vous porte pas à quitter la jouyssance de tous vos plaisirs, au moins il fera que vous y apporterez de la moderation, que vous serez dans des reserues d'effet & de volonté, pour en sauuer ce que vous deuez aux pauures.

Qu'on vous blasme, qu'on vous loue, cela vous doit estre indifferent sans autre effet sur vostre esprit, que de l'animer dauantage au bien, pour répondre à ce qu'on luy donne d'estime, ou à fermer la bouche à la médisance par vne ferme & solide deuotion. Vn grand Ministre d'Estat pousse ses desseins au poinct du bien public qu'il s'est proposé, sans en interrompre le cours pour tous les bruits d'vne populace ignorante, qui des mysteres du gouuernement en fait des crimes. Vous agissez en ces œuures de misericorde pour accomplir les volontez de Iesus-Christ vostre Prince, pour le soulagement de vostre prochain, pour l'édification de l'Eglise, & tout ce qui reüssit de ce bien public ou particulier, tourne au salut de vostre ame. Le trauail que vous prenez, les dépences que vous faites, les reproches & les pointilleries du monde qu'il vous faut souffrir en ces exercices, sont les perles & les diamants qui composeront au Ciel vostre couronne.

Vne sainte Agathe, vne sainte Catherine, & mille autres Dames illustres ne quitterent pas la foy Chrestienne pour les reproches qu'on leur faisoit, que c'estoit la Religion des

DE MISERICORDE.

misérables qu'elles ne pouuoient suiure, sans ternir la gloire de leur naissance. Vous auez receu les impressions de la grace par les Sacremens de l'Eglise, pour ne point rougir dans les humilitez de Iesus-Christ : La croix qui fut autresfois vn instrument de mort & vne marque d'infamie, l'est maintenant de la gloire & du salut. Vous la portez d'or & de diamants, & comme ces precieuses matieres n'empéchent pas qu'elles ne soient tousiours vn souuenir des souffrances de nôtre Sauueur, & comme elles vous parent, qu'elles vous instruisent à ne pas quitter la pieté dans l'éclat de vostre condition.

Ne vous rebuttez donc pas pour les extrauagantes paroles, où les libertins s'emportent contre vous en ce sujet, puis qu'elles feront partie de vostre gloire, & qu'elles adjousteront le merite de la patience & de la force à celuy de la charité. Vous auez l'exemple & la conuersation de vos semblables, qui sont dans les mesmes feruentes pratiques ; vous auez les aduis de vostre Directeur, l'exemple des Saints, sur tout les témoignages de vostre conscience, & les agrécmens que le Ciel luy donne pour la seureté de vostre conduite. C'est vn grand prejugé que Iesus-Christ vous met au nombre des siens, quand vous souf-

X iij

frez des persecutions pour des bien-faits, & que les seruices que vous rendez à ses pauures luy sont agreables, puis qu'ils déplaisent aux yeux du monde, son ennemy.

CHAPITRE XXII.

Donner sans reproches & sans inuectiues.

CEluy seul qui a fait les tristes experiences d'vne extreme pauureté, peut dire ce qu'elle apporte d'incommoditez, de langueurs, de défaillances au corps, de soins, d'inquietudes, de pensées noires & desesperées en l'ame. Ce pauure homme, qu'on vante comme le Maistre du monde, se void cependant reduit à vne condition pire que celle des bestes; qui trouuent aysément leur vie dans la campagne ou dans les villes : Il ne void aucun effet en luy de ce qu'on luy préche de la Prouidence, le Ciel semble estre pour luy de bronze; son pays où sont les causes de sa misere, luy est odieux, la honte d'y paroistre, & d'y receuoir tant de rebuts l'en écarte, & le jette dans des terres estrangeres qui le traittent auec tous les mépris & tous les soupçons d'vn inconneu. Le voilà con-

DE MISERICORDE. 167

traint à viure de peu, mais ce peu mesme ne se treuue pas; on ne se fait point d'habitude de la faim, plus on supporte ce mal, plus il croist, & abbat tellement le corps qu'il luy est presque impossible de gaigner, ny mesme de demander sa vie. Neantmoins la nature qui se deffend de la mort, ramasse tout ce qui luy reste de forces pour traisner ce miserable par les ruës, & en faire vn spectacle de compassion; là, le visage pasle, les yeux enfoncez, ce squelette couuert de peau, dit d'vne voix mourante aux passans; Messieurs, ie n'en puis plus, donnez-moy l'aumône pour l'amour de Dieu; Vous verrez vn riche insolent, qui peut-estre pour vn double qu'il luy jette, luy fait mille demandes importunes de son pays, de sa condition, de sa vie, cela se termine à l'accabler d'inuectiues, comme s'il estoit vn vagabond, vn faineant, peut-estre vn scelerat fugitif qui meriteroit la chaisne: Quelle inhumanité, quelle fureur? Hé reprenez plustost vostre double, que de lasser ainsi la patience de ce pauure homme, de luy faire vn crime de sa misere, de l'accroistre par vos injures, & non seulement luy refuser la misericorde, mais l'en publier indigne, & refroidir les charitez de tout le peuple, qui s'amasse au bruit de vostre voix. Cette petite aumône

Georg. Agric. de his quæ fluunt ex terra.

dont il reçoit vn si grand dommage, ressemble à ces pluyes ameres & salées, qui tuënt les moissons qu'elles arrousent. Il vous fait honneur de vous demander l'aumosne; car il suppose qu'estant raisonnable vous auez de la compassion, qu'estant Chrestien vous auez de la charité, qu'estant riche vous le pouuez secourir sans vous incommoder, & ce jugement auantageux qu'il porte de vous, luy fait croire que la Prouidence vous conduit là pour donner secours à son extreme necessité; hé pourquoy n'auez-vous des sentimens & des paroles, que pour accroistre son affliction, que pour diuertir ce qu'il pouuoit esperer des autres; s'il demandoit aux pierres, elles luy seroient plus indulgentes; car si elles ne luy faisoient point de bien, elles ne luy feroient point d'iniures.

Vous auez tous les torts du monde, & vôtre injustice est extreme de conceuoir de si mauuaises opinions de cét inconneu, qui est, quoy que vous puissiez dire, vostre prochain, vostre frere, dont vous deuez juger en meilleure part. Sa pauureté vous doit estre plûtost vn argument de son innocence que de son crime; car s'il eust esté méchant, les occasions ne luy eussent pas manqué de se jetter dans des trouppes de voleurs, & de viure sur

le

DE MISERICORDE.

le public auec délices, sans se resoudre à cette honteuse & languissante mendicité. Si chacun estoit de vostre humeur, & que les paures n'en pussent tirer aucune assistance, il faudroit craindre que le desespoir ne les precipitât dans des resolutions extremes, dont ie ne sçay si les crimes ne rejalliroient point sur ceux qui ne les ont point empéchez par leurs aumosnes, y estant tenus. Au moins les imprecations qu'vne patience trop offensée peut tirer du cœur & de la bouche du pauure, les voix du sang que vostre inhumanité verse par ses mains, crieront vengeance contre vous deuant le throsne de Dieu.

Si ce pauure reçoit de vous quelque chose, vous la luy vendez trop cher, tant de questions & tant de reproches vous font perdre le fruict de vostre liberalité. La misericorde ne s'arreste pas à s'enquester des merites, mais à secourir les necessitez, dit saint Ambroise: Abraham n'eut pas eu les Anges pour hostes, s'il fut entré dans tous les ombrages & tous les soupçons qu'on peut auoir des estrangers. Si vous faites estat de ne donner qu'aux personnes de pieté, vous serez sujet à donner aux imposteurs & aux hypocrites qui la contrefont, plustost qu'aux Saints qui la cachent, & qui la font moins paroistre aux yeux du

D. Ambr. l. de Nabuthi. c. 8.
D. Chrys. hom. 1. in ep ad Phil.
Id. hom. 11. in epist. ad Heb.

Y

monde. Quand on vous demande l'aumône, c'eſt vn temps de miſericorde, & non pas d'inquiſition. Tous les iours vous priez Dieu qu'il vous traitte ſelon ſes grandes miſericordes, non pas ſelon l'énormité de vos offenſes, ny la rigueur de ſes jugemens ; Rendez à voſtre prochain ce que vous voulez receuoir de la Majeſté diuine. Ne voyez-vous pas qu'elle répand les lumieres du Soleil, & la fecondité des pluyes ſur les méchans comme ſur les bons ; qu'elle ſauue les hommes & les beſtes, ſelon le Prophete; c'eſt à dire, les bons par juſtice, ceux qui ſuiuent vne vie brutale, par miſericorde, ſans ces curieuſes recherches qui ne s'accordent pas auec la charité, touſjours fauorable en ſes jugemens; le nom ſacré de Ieſus-Chriſt, ſignifie ce qu'il pratiqua de ſauuer auec douceur, ſoyez donc Chreſtien, d'effet, comme de nom.

Chryſol. ſer.5.

Si toſt que ce bon Pere, dont il eſt parlé dans l'Euangile, void de loing ſon fils, touché de compaſſion, il court au deuant de luy, l'embraſſe & couure ainſi ſa nudité de ſes bras, comme ſon amour excuſoit toutes ſes fautes ſans luy en faire aucun reproche. Allez à la rencontre de celuy qui ſouffre la ſoif, & luy preſentez à boire, dit le Prophete ; & le Sage, ſanctifiez vos offrandes par les joyes de

Iſay. 21. Eccl. 35.

DE MISERICORDE.

vostre visage & de vostre cœur ; car si elles sont tirées par force,& données auec tristesse, elles ne seront pas agreables à la Bonté qui ne les reçoit, que pour vous les rendre auec d'insignes profits. C'est donner proprement en veuë de Dieu, de donner à celuy qui ne vous touche, ny de sang, ny par aucunes raisons humaines; mais par cette seule qualité de pauure, que Iesus-Christ veut estre consideré comme vne partie de son corps ; ce motif n'est-il pas assez puissant pour faire l'aumône auec allegresse, mesme auec quelques tressaillemens de joye qui témoignent le zele de vôtre charité, & les esperances que vous auez en la misericorde de Dieu, comme si vous receuiez desia les effets de ses promesses.

Chapitre XXIII.

Ne se rebuter point de faire l'aumosne pour quelques desordres qu'on void entre les pauures.

Nous tenons la vie de la volupté, elle anime, elle assaisonne, elle recompense toutes les actions ordinaires, elle porte les sens à leurs objets, qui ne leur seroient pas assez propres, s'ils ne leur estoient agreables; aussi la nature témoigne tant d'auersion de la douleur, qu'elle ne la peut supporter long-temps sans s'en faire quitte par les remedes, ou par la mort. Son mouuement doit estre fort court en l'Orateur, dit Quintilien, parce que les Auditeurs s'en lassent bien-tost; & les loix de tous les peuples ont prescrit vn certain temps au deüil qu'on fait en la mort des personnes les plus cheres, dautant qu'on ne le peut pas continuer tousiours sans le contrefaire. Nous auons veu les assistans d'vn malade dans l'agonie de deux ou trois iours, apres auoir versé beaucoup de larmes, le cœur pasmé, l'esprit confus de douleur, en vn moment, pour vn sujet nullement considerable, éclatter ensemble en vn ris inuolontaire, par vn transport de la nature qui vengeoit ses droits, & se rétablissoit en conjurant cette humeur melancholique, sans attendre les ordres de la raison.

I'aduance ces considerations pour inferer, que les pauures mendiants reduits à passer continuellement leur vie dans beaucoup d'inquietudes & de souffrances, meritent bien qu'on leur pardonne, s'ils prennent quelques relâches, & si par interualles ils se donnent la jouyssance de quelque plaisir; vous les verrez gaillards, en joyes, comme celuy qui donna de la jalousie à saint Augustin, lors embarassé d'vne harangue qu'il deuoit prononcer deuant l'Empereur ; vous les verrez faire de petits festins, en suitte chanter, dancer, & que les estropiats trouuent l'adresse d'aller en cadence, d'où Paris prit sujet de nommer le lieu de ses libertez, la cour de miracles. Si vos aumosnes n'ont que le seul motif de la misericorde, elles cesseront en ces rencontres, qui ne vous monstrent point de misere pour y compatir, mais des joyes & des satisfactions plus grandes que celles des riches, parce qu'elles sont necessaires, sans déguisement & sans affectation. Mais si vous agissez plus par raison que par vn mouuement sensitif, les petits relâches de ces miserables ne refroidiront pas vostre charité; c'est vostre gloire, & ce doit estre vostre contentement, qu'elle pouruoye de sorte à leurs necessitez, que comme la Prouidence diuine, elle aille jusques au plaisir. Les bestes que nous tenons à l'attache, les chiens, les singes, les foüines font des tours de gayeté dans la petite étenduë de leurs chaisnes ; Ne soyez donc pas si ennemy des inclinations de la nature, que vous teniez les pauures pour des hypocrites, si dans vne longue misere, ils sont quelquesfois ioyeux.

Ils sont sujets à d'autres plus grands desordres, comme quand en la distribution des aumosnes, ils se les arrachent des mains, ils viennent aux injures & aux violences : c'est vne inclination semblable à celle des animaux, qui estant de mesme espece, & d'accord en autres rencontres, se battent ordinairement pour la nourriture, parce qu'estant partagée entre plusieurs, elle deuient insuffisante à chacun. Les Roys font la guerre, versent le sang d'vn million d'hommes, rauagent les Villes & les Prouinces pour se remettre en possession d'vne place, qu'ils disent estre vsurpée sur leur domaine ; les Gentilshommes se disputent vn petit interest temporel au prix de leur sang ; tous entrent en procez, vsent de mille chicanes, mille ruses, mille corruptions pour ce sujet : Apres cela vous estonnez-vous, qu'vn pauure s'efforce d'auoir vne aumosne qui fait tout son bien, & que n'ayant point pour cela de Iuge, il tâche de se faire droit à luy-mesme par vn plaisant rapport des extremitez, du Prince & du gueux.

Saint Chrysostome répond aux plaintes qu'on fait, de ce que les pauures sont ordinairement des imposteurs, qu'ils paroissent trauaillez de maladies, que par effet ils n'ont

D. Chrys. hom. 1). & 21. in 1. ad Cor. & ho. 11. ad Heb.

DE MISERICORDE. 175

pas, ou qu'ils se causent à discretion pour en estre libres quand il leur plaira. Cela peut estre, dit ce Saint ; mais rejettez-en toute la faute sur vostre peu de charité, qui n'agit que par les sens, & qui ne feroit aucun bien, si ces infirmitez fausses ou veritables ne luy donnoient de la compassion. La dureté de vostre cœur qui ne soulage point l'indigence, si elle n'est accompagnée des calamitez du corps, souuent de ces miserables elle en a fait des parricides ; pour receuoir vos aumosnes, vous les auez contraint à creuer les yeux de leurs enfans, à disloquer, à rompre leurs membres ; enfin, à leur donner le dernier coup de la mort, pour en éuiter plusieurs qu'ils eussent souffert dans vne vie languissante sous vos inhumanitez. Les défauts donc de vos misericordes, sont les veritables causes de ces excés, & dans vne extreme necessité les mains que vous laissez vuides, deuiennent cruelles.

Vous remarquerez dans les pauures beaucoup d'autres desordres, qui ne doiuent pas refroidir vos charitez : Faites-les simplement en veuë de Dieu, c'est vn objet tousiours saint, tousiours égal, qui ne souffrira point d'alterations ny de laschetés dans vostre conduite. Vous auez tout le merite de vostre au-

mosne, quand les pauures en feroient de
mauuais vsages ; vostre deuoir est seulement
de soulager leur necessité, imitez la Bonté
diuine qui répand vniuersellement les lumieres du Soleil, & les pluyes du Ciel sur toutes
les terres, quoy que toutes ne soient pas en
disposition d'en faire profit. Les sterilités de
quelques-vnes ne diminuent pas la gloire de
la premiere cause qui les sollicite au bien, &
n'en arrestent pas aussi les profusions. Continués de mesme vos aumosnes, afin qu'elles
donnent remede aux extremes necessités des
pauures, qu'elles essuyent leurs larmes, qu'elles amollissent leurs cœurs, qu'elles adoucissent leurs esprits, & qu'elles tâchent de les conuertir à Dieu par les effets si sensibles de sa
Prouidence.

Ainsi, quoy que les Bulles de Gregoire XIII. & de Sixte V. fulminent contre ceux qui donnent la retraite & du secours
aux Bandis, qu'ils appellent en Italie, & aux
voleurs de grands chemins; Neantmoins Nauarre tient, que cela ne se doit pas entendre
de ceux qui dans vne extreme necessité leur
donnent la nourriture, non pas pour les entretenir dans le desordre de leur vie, mais
pour en ménager la conuersion. Saint François le pratiqua de la sorte, quand ayant sceu

Nauar. cons. 17. 19. 68. de sent. excomm.

qu'vn Gardien auoit fait de rudes reprimendes à des voleurs, qui estoient venus demander l'aumosne au Conuent, & qu'il leur auoit refusée, l'enuoya chercher ces miserables sur la montagne où ils se retiroient, leur demander humblement pardon des rudes discours qu'il leur auoit tenus, & du refus qu'il leur auoit fait. En suitte il leur presenta ce qu'il auoit pû porter de prouisions, & obtint d'eux, premierement de ne point tuer, puis de ne point battre, enfin les conuertit à nôtre Seigneur, & en fit de si parfaits Religieux qu'ils moururent en estime de sainteté. Si quelques pauures vsent autrement de l'aumosne, s'ils sont ingrats, insolens, dans vn inuincible déreglement de mœurs, il vous arriuera ce que Iesus-Christ dit à ses Apôtres; Que si dans quelques villes, il ne se trouuoit personne digne de la paix qu'ils leur vouloient donner, qu'elle reuiendroit dessus eux: Si ces pauures ne profitent pas des graces que Dieu leur fait par vos mains elles se restaichiront sur vostre ame, qui en restera comblée de benedictions.

Z

Chapitre XXIV.

Des trop grandes apprehensions d'affoiblir ses biens par les aumosnes.

Vous trouuerés peu de personnes dans le monde, qui ne juge tres-raisonnable d'assister les pauures, & qui ne soient touchées de compassion à la veuë ou au recit de leur misere : Vne seule consideration, mais qui en enferme vne infinité d'autres les retient, & rend ces bons mouuemens interieurs sans effet, c'est la crainte que leurs pieuses liberalités ne prennent vn cours qui consomme petit à petit leurs reuenus, qui empéche les nouuelles acquisitions, qui retranche beaucoup des biens necessaires pour éleuer leurs enfans au point de grandeur qu'on leur souhaitte, & que les qualitez de la famille demandent.

Il n'y a rien de plus juste que d'asseurer l'entretien de ceux à qui l'on a donné la vie, tous les animaux sont fidelles à garder cette loy de la nature, & les soins si fort empressez qu'ils ont pour éleuer leurs petits, durent jusques à ce que le temps leur donne les forces de se

DE MISERICORDE. 179
pouruoir & de se deffendre d'eux-mesme. Il est vray que l'amour des hommes, comme il est conduit par l'instinct & par la raison, a plus de durée, & s'étend mesme plus loin que la vie, pour establir la felicité des enfans; mais pretendre amasser autant de richesses que la pieté paternelle leur peut souhaitter, pour affermir vne éclattante condition contre tous les accidens du monde, & pour jetter les fondemens d'vne grandeur qui se conserue dans vne longue posterité, ce sont des entreprises trop vastes, à qui les thresors du plus riche Prince de la terre, & toutes les addresses de l'esprit humain ne suffisent pas.

Si vous permettez à vos pensées de se répandre si loing dans l'auenir, obligez-les de faire quelque reflexion sur le passé, pour y voir dans vostre siecle grand nombre d'exemples, qui vous instruisent que la longue felicité des familles, ne dépéd pas de la sagesse ny de la puissance de leur chef, mais de la justice diuine qui en arreste ou qui en benit les progrez, selon les merites de leur origine. Comptez les riches que vous auez veu puissants en dignitez, en faueur des Princes, en maniment des grandes affaires, dont toute l'ambition n'alloit qu'à laisser dans leurs familles les se-

Z ij

mences d'vne grandeur qui les peut representer, & s'accroiftre par les impreffions secrettes de leur vertu : ces grands biens ainfi laiffez ont donné fujet aux fucceffeurs d'en faire d'énormes profufions, de fe perdre dans les defordres d'vne vie licentieufe, d'achepter tous les plaifirs des fens, au prix de leurs biens, de leur honneur, de leur ame, de rompre le deffein des alliances illuftres, & minuter leur ruines par des mariages infortunés. Cét homme d'eftat, ce financier n'auoit peut-eftre bafty fa maifon que du débris de plufieurs autres, que de la dépoüille des Prouinces, que du fang du peuple, luy mort, chacun tâche de force ou d'adreffe, de reprendre ce qui eft fien, les autres trauaillent à détourner quelque piece d'vn édifice qui n'a plus de liaifon; ainfi le Ciel & la Terre, la folle conduite d'vn heritier, l'effort de plufieurs intereffez, mais fur tout l'ordre fecret de la Prouidence, abat ces grandeurs qui s'eftoient promis vne eternité.

Ces exemples affez ordinaires au monde, font vne demonftration fenfible de la vanité déreglée des hommes qui fe damnent, pour laiffer à leurs enfans quelques commoditez temporelles, mais auec vn ver d'iniquité qui les ronge, & qui fait auorter tous ces grands

DE MISERICORDE.

desseins. Vne cause si vitieuse produit des effets qui luy sont semblables, des dissolutions, des crimes ; enfin, des disgraces inesperées, que le monde regarde auec plaisir comme les justes vengeances du Ciel.

Si les hommes ne se rendent pas à ces exemples, s'ils ne deuiennent pas plus sages aux dépens des autres, & s'ils continuent dans la passion de ne point faire d'aumosne, afin de laisser plus de biens à leurs heritiers, Dieu confond ces entreprises ambitieuses en touchant leurs propres familles. Il permet que ce cher enfant qui en estoit l'vnique support, soit enleué du monde par vne mort auancée, il sauue par ce moyen & l'ame du pere, luy ostant le sujet de sa damnation, & celle du fils quand il la retire à luy, pour empécher qu'elle ne se corrompe par la malice du siecle. C'est la raison que saint Gregoire de Nisse rend, de ce que les enfans meurent dés le premier âge; d'autant, dit-il, que Dieu arreste par ce moyen les poursuites trop passionnées, que faisoit le pere pour leur auancement ; il le guerit de l'auarice, des concussions de tant de crimes, qui pour ce seul sujet tuoient son ame, & qui rendoient son fils quoy qu'innocent, vn parricide. Voulez-vous donc conseruer la vie de vos enfans, ne

D. Greg. Niss.lib.de his qui mature abripiunt.

l'oftez pas en leur confideration à tant de pauures, qui languiffent & qui meurent faute de voftre fecours. Leur voulez-vous conferuer beaucoup de biens, dit faint Chryfoftome, ne les fiez pas au monde qui eft vn trompeur, ny à fes conduites qui font inconftantes ; Mettez-les entre les mains de Dieu, car comme il dit, remettez-moy la vengeance de vos injures & vous ferez fatisfait, il vous dit de mefme, laiffez-moy le foin principal de vos enfans, ie feray le Protecteur de leurs interefts, & ie les porteray au poinct d'vn bonheur où la prudence humaine ne peut arriuer. Il ne manquera pas de faire ces graces à voftre famille, & vous l'y aurez pour obligé, fi vous donnez aux pauures à proportion de vos moyens; il prend fur luy cette debte, dont l'acquit ne fera pas difficile à fa puiffance, & ne peut eftre que tres-agreable à fa bonté, qui fe plaift de vous eftre redeuable, pour auoir fujet de vous donner de plus magnifiques recompenfes. L'amour naturel pour la felicité de vos enfans, & le diuin pour l'affiftance des pauures vous eft infpiré d'vn mefme efprit; l'vn & l'autre vous eft ordonné de Dieu, ils ne font donc pas contraires, & vous leur pouuez donner vn fi jufte temperament, qu'ils fe fouftiennent par vn fecours recipro-

D.Chryf. hom.7.in fine. in c.3. ad Rom.

que, que vos legitimes acquisitions entretiennent vos aumosnes, & que vos aumosnes proportionnées à vos moyens, meritent du Ciel des graces qui les multiplient, qui changent vos premieres craintes en joyes & en esperances.

Chapitre XXV.

Les recompenses de l'aumosne.

Les hommes du monde qui n'ont des pensées & des affections que pour leur interest temporel, trouuent estrange que Dieu les oblige à donner l'aumosne, qu'il redemande par ce moyen ce qu'il leur auoit donné pour en soulager les pauures, quoy que sans aller aux emprunts, il peut de luy-mesme au moindre signe de ses volontés, les mettre dans toutes les commodités de la vie. Nous auons dit que la Prouidence fait dans le monde ciuil comme dans le naturel des sujets, les vns puissans pour donner, les autres auec vn vuide où la surabondance des premiers se décharge pour les remplir. La nourrice n'a pas moins d'inclination à soulager la tumeur de ses mammelles, que l'enfant à les teter pour en receuoir de la nourriture, le plaisir est presque égal en l'vn & en l'autre, par la cessation de la douleur, chacun des deux agissant pour soy, profite à l'autre, & le considerant comme la cause de son bien, ne peut qu'il ne l'ayme.

Si l'auarice ne corrompoit point les inclinations naturelles, le riche qui donne, dit Aristote, auroit plus de contentement par cette action de vertu, que le pauure qui en reçoit le remede de sa necessité ; chacun a ce qu'il desire le plus, l'vn l'honneur, l'autre la subsistance. Voilà donc pourquoy Dieu veut que les plus puissants du monde ne tiennent pas leurs richesses mortes & enseuelies dans leurs thresors, ny perduës en la seule satisfaction particuliere des sens, mais viuantes & profitables par le commerce de la charité, qui les employe à donner la vie auec les commoditez necessaires aux pauures, pour en receuoir les reconnoissances de cœur, de bouche, de seruices, allier ainsi les ames également precieuses deuant Dieu, & les vnir par les deuoirs d'vne mutuelle bien veillance.

Arist. 1. Rhet. c. 11.

Saint Bernard répond plus nettement aux plaintes des riches; Dieu, dit-il, ne vous redemande pas ce qu'il vous a donné pour vous en priuer ; mais il veut que vous le mettiez en lieu

D. Ber. ser. 1. in capite ieiunij.

DE MISERICORDE.

lieu où vous ne courriez point risque de le perdre, où vous en receuiez de plus grands profits pour cette vie, & pour celle qui la suit. Comme à mesure que vous tirez plus d'eau des puits & des sources, elles en deuiennent plus nettes & plus abondantes, libres des corruptions qu'elles engendreroient, si l'on laissoit sans les frequenter. Ainsi les richesses se multiplient par vne particuliere benediction du Ciel, quand elles sont charitablement dispensées aux pauures ; car lors elles ont Dieu pour debteur, dit le Sage, il prend sur soy l'obligation de ce prest, dont il veut payer de grosses vsures. Prou. 19.

Donnez vne portion de vos reuenus aux Prou. 3. pauures, & rendez à Dieu cét hommage, vous serez rauy de voir l'abondance de vos moissons, vos granges qui en seront plus que remplies, & vos caues trop petites, pour ce que vous aurez de vin. C'est la recompense au centuple qui vous est promise dés ce monde, & que l'infaillible parole de Dieu vous accorde : ce sont des benedictions que les pauures ont attiré sur vous par leurs prieres ; car n'ayant point d'autre reconnoissance, ils s'adressent à Dieu par ces paroles, Seigneur, nous auons receu ce soulagement sous le credit de vostre saint Nom, parce que vous auez dit,

Aa

que vous tiendriez pour receu ce qui nous seroit donné. Pere de misericorde, acquittez donc nostre debte, auec toutes les profusions de vostre bonté que nous souhaittons à ces gens de bien.

Les consolations sont inconceuables d'vne personne qui connoist sensiblement que Dieu tient les yeux ouuerts sur les moindres de ses actions, qu'il agrée ses bonnes œuures, jusques à les recompenser beaucoup plus qu'elles ne meritent, & les entretenir contre les vaines apprehensions de l'esprit humain pour ces gages d'vne eternelle misericorde. Donnez donc, dit l'Apostre, non pas par contrainte, comme si quelque force exterieure, ou les menaces vous arrachoient l'aumosne des mains, mais auec vne allegresse qui témoigne que desia vous receuez plus que vous ne donnez. I'estimerois moins ces grandes largesses du Ciel, & ces tranquillitez de conscience si elles se terminoient auec la vie, & si elles n'estoient données que pour estre enfin les dépoüilles de la mort. Mais ce qui doit animer les fidelles aux bons offices de la charité, c'est qu'elle seule d'entre les vertus Theologales accompagne l'ame jusques dans la beatitude, & qu'elle y reçoit des recompenses plus magnifiques à proportion de

DE MISERICORDE. 187

ce que l'eternité surpasse le temps.

Ces biens que vous possedez d'acquest ou de succession, vous peuuent estre rauis par vne infinité d'accidens ; le voleur, l'ennemy, l'incendie, le naufrage, tous les injustes, tous les violens prennent vn droit dessus ; or Dieu vous les veut rendre inalienables, il veut vous en asseurer à jamais la proprieté, leur faisant changer de nature ; c'estoit vne terre, vn argent, vne maison, conuertissez ces choses en aumosnes, elles ne peuuent plus perir, c'est vne action de pieté faite, qui ne peut pas n'estre faite, la matiere n'est plus entre vos mains, mais le merite est mis pour vous en reserue dans les thresors du Ciel. Cét homme de Dieu fait l'office de sa prouidence donnant du secours aux pauures ; il entre donc dans vn traitté fort auantageux, il donne ce qu'il ne se peut conseruer, & reçoit ce qu'il ne peut perdre; il donne peu, reçoit le centuple, il donne vn bien passager, il en reçoit vn eternel. Il estoit seul pour demander tous les iours à Dieu son pain, les necessitez de l'ame & du corps, la remission de ses pechez, la défaite de ses ennemis, & voila l'aumosne qui fait vne acclamation publique en sa faueur, deuant le throsne de Dieu, qui demande pour luy misericorde par la voix des pauures, & qui

Laur. Iust. tract. de charit. c. 11.

luy vaut autant que l'exercice d'vne oraison continuelle. Ainsi dans la vie des Peres, l'Abbé Lucius estant en discours auec vn Moine, qui disoit s'exempter du trauail des mains, afin de tousiours prier, hors la necessité du repas & du sommeil ; j'ay, luy dit-il, le mesme dessein que vous de m'entretenir continuellement auec Dieu, & i'ay trouué l'adresse d'y reüssir sans l'interruption du repos ny du sommeil ; ie mesle la psalmodie parmy mon trauail, du prix, i'en prends le tiers pour mes necessitez, le reste ie le donne aux pauures qui prient pour moy, cependant mesme que ie dors. Ce saint Pere troaua ce secret de multiplier ainsi sa personne, son temps, ses graces & ses merites par ce grand nombre d'interessez qu'il tiroit à son party par l'aumosne, & en formoit vne ligue assez puissante pour gagner le Ciel. Ce pauure faiseur de paniers gagnoit peu, & n'en donnoit aux pauures que les deux tiers, mais il donnoit tout ce qui luy estoit possible : Ce n'est donc pas la quantité de l'aumosne, mais la sincerité de l'affection qui fait son prix & son merite deuant Dieu. Vn verre d'eau que la charité donne à celuy qui en a besoin merite le Ciel ; hé que ne feront les aumosnes proportionnées aux moyens, qui tirent les pauures

DE MISERICORDE.

de la langueur, peut estre du desespoir, qui en soulageant le corps sauuent l'ame, & luy font adorer la prouidence. Vostre œuure sera donc sainte pour auoir sauué les autres: vos aumosnes corporelles, dont l'effet est deuenu spirituel, vous donneront des recompenses diuines: vous aurez part à la gloire, comme vous aurez agy par l'esprit & auec la charité de Iesus, pour le bien des hommes.

Chapitre XXVI.

Se faire vn droit & vne habitude de l'aumosne.

OVtre les infirmitez de la nature, les chicannes de la justice, les surcharges des tailles, les desolations de la guerre ont fait vne si grande quantité de pauures, que quand tous les biens d'vn homme tres-riche leur seroient donnez, ils n'auroient pas plus d'effet pour soulager cette commune indigence, qu'vn sceau d'eau pour guerir les sterilitez d'vne region. Vn particulier à qui ce qu'il possede paroist peu pour ses grands desseins, & qui se croit mesme dans l'incommodité, se rebutte par ce grand nombre de pauures, & s'il leur faisoit l'aumosne, il craint de s'apauurir sans les pouuoir efficacement soulager. Voilà comment l'auarice & le défaut de charité se flattent par des raisons apparentes, qui neantmoins n'ont rien de solide ; car supposez qu'vn particulier mesme auec de grandes richesses, ne soit pas capable de fournir aux necessitez de tous les pauures, il en peut ayder vn seul ou plusieurs, ceux qui sont de mesmes moyens en assisteront d'autres, ainsi toute la multitude se trouuera soulagée en ses diuerses parties, comme quand la nuée se resout par tout en gouttes d'eau, elles distillent en bas, & par vne suitte continuë font vne pluye capable d'arrouser la terre.

Nous auons fait voir que ces ambitieux & vastes desirs des mondains, ne doiuent pas passer pour de veritables necessitez, qui les obligent à retenir pour soy tous leurs biens sans en assister le prochain. Dieu vous commande de l'aymer, par consequent de le secourir en ses besoins, comme vous-mesme; partagez donc auec luy vos sentimens & vos biens, sans pretendre ces vaines excuses qui ne font qu'accroistre vos fautes. Les Iuifs souffroient d'extremes necessitez sous la violence continuelle de leurs ennemis, & neantmoins ils donnoient la moitié de leurs reuenus en aumosnes. Les premiers Chrestiens de

DE MISERICORDE.

la Iudée enduroient d'horribles persecutions en leurs biens & en leurs personnes ; quoy que le remede humain fut de les redimer à prix d'argent, d'éuiter la cruauté des bestes feroces, leur jettant la proye, neantmoins ils exposoient leurs libertez & leurs vies, plûtost que manquer aux deuoirs de la charité. Entre les exactions de la tyrannie, dans le peril tousiours present de la mort, chacun ne laissoit pas de s'oster le pain de la bouche, & de mettre toutes les semaines en reserue, ce dont on faisoit la cueillette pour la distribuer aux pauures, selon l'ordre que l'Apostre leur en donnoit.

Il faut bien que nous soyons aux derniers temps, où l'on nous predit que la charité sera refroidie, puisque dans la paix de l'Eglise & de l'Estat, dans l'abondance des biens, dans toutes les commoditez de la vie, les Chrétiens trouuent aujourd'huy des difficultez à donner l'aumosne, & mille pretexte pour s'en dispenser. Le commandement de la faire est general ; rendez le vous particulier, comme s'il s'adressoit à vostre personne ; determinez ce que la loy vous laisse indecis, & de ce qui semble estre mis à vostre choix, faites-vous-en vne sainte necessité. Ayez la ferueur, suiuez la pratique des premiers Chrestiens, de sorte que si l'on vous fait vn payement, si vous receuez des presens, des reuenus, dans les moissons, les vendanges, toutes les recoltes de fruits que les pauures y ayent leur part. Imposez des penitences pecuniaires aux actions déreglées où vous porte vostre inclinatio, & dont vous auez plus besoin de vous corriger, & soyés le receueur fidelle de ces amendes pour les pauures. Ce que vous mettez en reserue, peut auec le temps monter à vne somme assez considerable, pour tirer vn miserable debteur des prisons, pour sauuer la pudicité d'vne pauure fille, pour soulager vne famille honteuse & desolée.

Ce petit fonds de pieté qui s'amasse à tant de reprises surprend la nature, & preuient les difficultez qu'elle trouueroit à le prendre tout d'vn coup sur des sommes destinées à d'autres emploits ; comme il n'est pas onereux, aussi ne doit-il pas empescher les distributions de quelques aumosnes que vous ferez aux pauures à la rencontre, pour vous conseruer dans vne sainte habitude de charité. Tout cela se fait en veuë de Dieu, & vous ne sçauriez croire sans vne bien-heureuse experience, ce que vous tirerez de consolations de voir combien vous estes redeuable à sa diuine Bonté ; de ne vous auoir pas reduit à la

misere

misere de ceux que vous soulagez, de vous donner ce moyen facile de meriter par la charitable distribution de vos biens, ce que les pauures doiuent gagner auec beaucoup plus de peine par la patience de leurs disgraces. Ces languissants seront peut-estre des Saints dans le Ciel ; s'ils vous y deuancent, ils seront vos intercesseurs deuant Dieu, ils seront les mediateurs de vostre salut, comme vous l'auez esté du leur, en soulageant les afflictions qui n'abattoient pas moins l'esprit que le corps. Goustez & voyez les douceurs de Dieu, la vie ne vous sera plus chere, que pour l'employer à ces deuotes pratiques.

Chapitre XXVII.

Le plus seur est de faire les bonnes œuures de charité pendant sa vie.

IE regarde les negoces de la vie commune, comme des jeux d'enfans, des farces & des songes, quand ie les compare aux importantes considerations de l'eternité. Les années se passent insensiblement, & courent plus viste à la mort que les torrens à la mer ; les inquietudes des affaires, les infirmités du corps, milles accidens precipitent la durée commune de la nature, & sans qu'on ayt l'âge on se trouue dans l'extremité de la vieillesse. Mais que la mort vienne tost ou tard, elle surprend tousjours les hommes du monde dans de grands desseins imparfaits, dans l'attente d'vn aduenir qui ne sera pour eux, dans vn estat où ils n'ont pas encore commencé ce qu'ils estoient obligé de faire. La loy diuine leur commande les œuures de misericorde, comme le moyen le plus seur pour meriter la beatitude, neantmoins vn esprit possedé de l'ambition ne se presse nullement en ces pratiques, il les remet au temps qu'il aura de plus grands moyens ; Il veut, dit-il, acquerir deuant que donner, mais cette concupiscence qui croist comme le feu dans vne plus ample matiere, en demande tousjours dauantage, de sorte que toute la vie se passe en desirs, & en la poursuite de la grandeur, auec quelques projets de pieté qui n'ont jamais leur effet. Ils se proposent de fonder des Hospitaux, des Escolles, des Monasteres, mais sous condition d'vne puissance, & d'vn repos qu'ils n'auront jamais. C'est proceder auec le Fils de Dieu d'vne maniere bien étrange, s'ils n'accomplissent le commandement qu'il leur fait de donner l'aumosne, qu'à la charge de

DE MISERICORDE.

receuoir de luy beaucoup par aduance, pour enfin luy rendre peu; qu'il remplira des vases percées, qu'il satisfera les passions insatiables de l'auarice & de l'ambition, quoy qu'il conseille & qu'il commande de les vaincre par les exercices de la pieté Chrestienne.

Si le merite des aumosnes ne consistoit qu'en la quantité des choses données, ils auroient sujet d'attendre de grandes richesses pour s'acquitter de ce deuoir. Mais l'Euangile les instruit, que cette pauure veufue qui ne mit au tronc du Temple que deux liarts, donna plus que les riches, dont les offrandes estoient de pieces d'or, parce qu'elle presentoit ce peu auec plus de deuotion, & quoy qu'il luy fut necessaire, elle s'en priuoit pour honnorer Dieu. Les saintes affections peuuent donc rendre les moindres aumosnes proportionnées au pouuoir, tres-agreables à Dieu, sans qu'il soit besoin de les remettre en des temps, où de plus grandes richesses en diminuëroient les difficultez & le merite.

Le commandement de donner l'aumosne l.14.ff.de estant fait en termes simples sans marquer de reg.iur. temps, s'entend du present où vous deuez l'assistance aux pauures selon vos moyens, & manquer sous quelque pretexte que ce soit à ces bons offices, ce n'est pas seulement vn pe-

Bb ij

ché d'omission, dit saint Thomas; mais vne effectiue preuarication contre la loy de Dieu & la charité du prochain. Vn pauure malade languit sans remede & sans assistance sur la paille; vn miserable debteur dans la prison, vn pauure vieillard consommé d'âge & de trauail n'a pas du pain à manger, vous le sçauez, & cependant vous les laissez mourir de misere, sous couleur de faire quelque iour de grandes aumosnes; vous reseruez le remede apres la mort; ce que vous proposez de faire à l'aduenir est dans l'incertain, peut-estre que vous n'en aurez pas lors, ny les volontez, ny les moyens, ny la vie, & cependant vous tuez le pauure, luy refusant, ce que vous luy deuez de secours; car on ne fait pas moins mourir son trouppeau, son esclaue, son enfant de luy refuser la nourriture, que si l'on en verseroit le sang. Vous voilà, dit saint Chrysostome, coupable d'vn double homicide; & du pauure que vous tuez faute de secours, & de vostre ame qui meurt par le peché. Hé comment tenir compte d'autant d'homicides, que de personnes meurent par effet, ou peuuent mourir par cette mauuaise volonté, resolué à ne les point secourir quelque pressante occasion qui se presente.

Peut-estre auez-vous dessein de faire quel-

DE MISERICORDE.

ques legs notables aux pauures par vostre testament. Mais la vanité ne fait-elle point ce projet, ne veut-elle point ramasser en gros tout ce que vous donnez, afin qu'il paroisse plus, & qu'il rende vostre memoire plus recommendable apres vostre mort. Ainsi vous prophanez vne œuure sainte, vous en perdez le merite, quand vous ne la faites plus en veuë de Dieu ; ses commandemens, tous les deuoirs de la charité vous sont moins considerables que vostre reputation, à qui vous immolez la vie des pauures abandonnés si long-temps de vostre secours. Enfin, si ces legs se font par vne obligation de conscience, comment hazardez-vous de la sorte le bien de vostre ame, & le commettez-vous à des heritiers qui ne regardent qu'vn interest temporel, qui disputeront pour les frais de vos funerailles, qui s'en dispenseroient, s'il leur estoit possible, parce qu'ils ne craignent plus ny les reproches de vostre bouche, ny le changement de vos volontez. O testament inofficieux & sacrilege, écrit non pas auec de l'encre, mais auec le sang, s'il exhere de Iesus-Christ en ses pauures, pour laisser toute la succession à des heritiers peut-estre ses ennemis, qui ne s'en seruiront que pour nourrir leurs crimes, & accroistre ceux du defunct.

Id. hom. 13. in 1. ad Cor.

Ie suppose qu'ils soient fidelles en ce point, pensez-vous satisfaire à Dieu pour tant de faueurs qu'il vous a faites, pour tant d'ingratitudes que vous auez commises, singulierement pour tant de miseres dont vous estes cause par vn long défaut de charité? Pensez-vous expier tant de pechez, ne luy donnant que ce que la mort ne vous permet pas de retenir? Il veut vne victime viuante & non pas morte. Vous seriez honteux de ne presenter à vn amy que les restes de vostre table, & vous n'offrez à Iesus-Christ que quelques petits restes de vostre vie, vous ne le preferez pas à vous, qui lors estes mort à toutes choses, mais à vos heritiers pour qui vous n'auez peut-estre pas trop d'amour, & vous mettez vostre souuerain Iuge, au rang d'vn valet vostre legataire?

Ces legs ne resusciteront pas les pauures morts de misere sans vostre assistance; si ceux qui vous suruiuent, apres auoir bien long-temps languy sous vos inhumanitez, reçoiuent ce que vostre testament leur donne, ils n'en seront guère redeuables qu'à la mort, comme ces esclaues qui receuoient la liberté à l'instant que leur maistre quittoit la vie, qu'on appelloit pour cela funestes, parce qu'anciennement ils ne reconoissoient point

Orcini. Cuiac. obseruat. l. 3. c. 25.

DE MISERICORDE. 199

d'autre patron, que les funerailles. N'apprehendez-vous point que les tentations du demon, qui redoublent au poinct que vous deuez estre jugé de Dieu ; que les infirmités de l'esprit qui compatit à celles du corps, n'affoiblissent vos charités, & ne vous induisent à reuoquer vos legs pieux par quelque amour naturel de vos proches. La mort, peut-estre vous enleuera du monde, quand le prochain peril de le perdre vous y attachera par de plus étroittes affections, & que ne le pouuant plus posseder en personne, vous aymiés mieux quitter vos droits à ceux qui vous representent, qu'à Iesus Christ qui vous peut sauuer. La pierre precieuse qu'on tire de la taste des dragons, jette incomparablement plus de feu quand elle est prise de l'animal viuant, de mesme en l'vsage de la medecine, les remedes ont moins de vertu, s'ils sont pris d'vn corps où la mort auoit éteint les esprits, sans doute le merite est moindre d'vne aumosne que la necessité de la mort, que la crainte des jugemens exige d'vn homme. Prenez donc cette resolution de ne pas accroistre vos debtes par des delais de mauuaise foy, de n'en pas hazarder l'acquit, par des mains qui peuuent n'estre pas fidelles, de ne pas remettre vos aumosnes en vn temps, où milles rencontres de la vie peuuent rendre l'execution de vos bons desseins impossible ; en vn temps où voltre esprit abattu par les maladies du corps, & par de pernicieuses suggestions, n'aura peut-estre plus la force de tenir ferme dans ses pieuses volontez.

Chapitre XXVIII.

Des legs pieux.

IL y a des ames comme des terres tardiues à porter leurs fruicts, & quoy qu'elles ayent receu depuis long-temps les semences de la grace, les productions n'en paroissent qu'a-près vn long terme qui en a presque fait mourir les esperances. Vn homme d'vne humeur melancholique naturellement moins liberal, nourry dans le trafic de la marchandise ou de l'argent, entre des personnes qui ne font estat que des richesses, les regarde comme le souuerain bien de la vie, qu'il se propose d'acquerir par quelques moyens que ce soit. Dans la chaleur de cette poursuite & dans l'ambition de ses desseins, ce qu'il possede luy semble si peu, qu'il n'a que des pensées de l'accroistre, non pas de le partager

par

DE MISERICORDE.

par quelques pieuses liberalitez. Si ces yeux sont quelquefois contraints de voir les pauures, & les oreilles obligées d'entendre les voix lamentables qui luy demandent misericorde, il n'en conçoit que de l'horreur comme d'vn objet funeste, dont il tasche de perdre au plustost l'aspect & la pensée. Il ne sçait que c'est des prisons, que parce qu'elles luy sont fauorables à renfermer ses pauures debteurs pour les contraindre au payement. Les necessitez des hospitaux, des personnes que la honte n'afflige pas moins que la misere, luy sont inconnuës; il ne pense qu'aux nouuelles acquisitions qu'il doit faire pour egaler la fortune des plus éleués. La vie se passe dans les inquietudes que luy donnent également les pertes & les profits, la faueur ou la disgrace des puissances, l'employ d'vn amy, ou les trauerses d'vn concourant; iusques à ce que la vieillesse ou la maladie l'aduertisse d'vne mort prochaine.

En cette extremité les bons aduis d'vn Confesseur l'instruisent de son deuoir, & d'employer ce qui luy reste de vie pour le salut de son ame. Le temps est court, & neantmoins vne veritable penitence peut l'affranchir d'vne mort, & meriter vne beatitude eternelle. Helas, quelle confusion de la con-

Cc

science, quand cét homme void tant d'années perduës aux vanitez du monde, criminelles de n'auoir fait aucune chose pour l'honneur de Dieu, ny le soulagement du prochain ; d'en auoir vsurpé les droits & les biens, trahy la reputation par des conduites de mauuaise foy, d'auoir fait vne infinité de pauures par ces grands negoces d'auarice & d'ambition, de les auoir abandonnez à la misere & à la mort, ne leur donnant point ce qu'il leur deuoit de secours. La iustice humaine punit les coupables, si-tost qu'elle les surprend dans le crime, Dieu ne garde pas ces rigueurs aux hommes, mais il les traitte selon l'étenduë de ses infinies misericordes ; car quoy que les fautes de leur vie passée soient énormes & continuelles, il en remet le iugement iusques au dernier iour qui les enleue du monde. Il leur accorde par ce moyen autant de respits, qu'il y a d'heures en tout ce temps, afin qu'ils ayent sujet d'empécher leur condamnation en demandant grace, afin qu'ils se puissent faire de necessité vertu, & quoy qu'ils ayent passé de longues années dans le crime, mourir dans l'integrité par les remedes de la penitence.

La satisfaction en est vne partie necessaire, payer ce que l'on doit, rendre ce que l'on a du bien d'autruy, reparer ce que l'on a fait de tort ; & parce qu'il n'est pas souuent possible de remettre ces acquis dans les propres mains des personnes offensées, l'Eglise substituë les pauures en leur place, puisque Iesus-Christ nostre souuerain, tient pour receu ce qu'on leur donne. Voulez-vous tirer profit de ces incomparables misericordes diuines, faites de bonne heure vn testament en bonne forme, qui par vne raisonnable quantité de legs pieux, merite l'expiation de vos pechez: Ces biens sont vostres, ils sont les fruicts de vostre trauail qui se doiuent par preference employer pour vous ; on ne les plaindroit pas pour rachepter vostre corps des mains du Turc, épargnez-les beaucoup moins pour déliurer vostre ame des demons & de l'enfer. La mort vous va dépoüiller par force & sans fruict, si la penitence ne la preuient par vn sacrifice d'expiation libre & meritoire; mourez dépoüillé des affections humaines, & tout nud comme le bon Larron, faites de vos restitutions & de vos douleurs, vne croix, & vn martyre; Remettez ainsi vostre ame entre les mains de Iesus-Christ, & luy demandez qu'il vous donne part en sa gloire.

Ce moyen si necessaire de salut fait que j'ay peine à iustifier la coustume de quelques

Republiques qui reçoiuent des sommes notables & quelquesfois tout le bien d'vn homme reduit en argent, & luy en paye durant sa vie l'interest au double des rentes ordinaires, mais à condition que luy mort, le fonds demeure acquis à la Republique. Cela me semble contraire à la disposition commune du droit, qui tient les stipulations, les societez, les donations, & toutes sortes de promesses pour inualides, si elles ostent à quelqu'vn la liberté de tester, & de disposer de ses biens par ses dernieres volontez. Cét homme n'auoit que cinq cent escus de rente, qui ne suffisoient pas à ses passions, il met tout ce qu'il peut à la banque de cette Republique, & en tire mille escus de reuenu, il passe ainsi sa vie dans de plus grandes & plus solides commoditez, puis qu'elles ont la foy publique d'vn estat pour garend contre les accidens de la fortune. Mais ie supplie de considerer que ce pact qui flatte d'abord l'humeur timide & licentieuse de cette personne, est neantmoins fort preiudiciable au bien & public & particulier. Car il entretient la negligence & l'oysiueté si contraire aux bonnes mœurs, il éteint le feu des courages pour le commerce ciuil, il établit les esperances d'vn grand profit sur la mort d'vn autre, & l'aduance mesme four-

DE MISERICORDE.

nissant de matiere aux dissolutions qui le tuënt, tout cela contre l'équité des loix.

Apres les titres auantageux qu'on peut donner à ces traittez, ie trouue qu'ils vont directement contre la pieté naturelle, parce que sans aucun sujet ils priuent les proches heritiers d'vne succession qui leur estoit deuë. Mais ils pechent incomparablement plus contre la pieté Chrestienne, parce qu'ils ostent la liberté de faire des legs considerables aux pauures, & que donnant sujet à tant de pechez dans vne vie faineante, hors l'autel & le mariage, ils ne laissent pas le moyen de les rachepter en mourant par les aumosnes. Cela seroit plus tolerable aux personnes nées dans les Republiques qui fournissent ces pensions, & qui en recueillent les profits, parce qu'attirant à soy le bien des particuliers, & en estant deuenuës plus riches, elles ont moins sujet de fouler les pauures. Mais qu'vn François puisse reduire le fonds d'vne succession en argent, & le transporter en vn estat estranger qui peut estre ennemy du sien; que sous couleur d'vne commodité presente, il engage, il hazarde vn bien hereditaire, que le trauail de ses ayeuls destine à vne longue posterité; qu'il priue ses legitimes heri-

Cc iij

tiers d'vn droit, que la nature, que la loy leur donne, que la justice demande, parce qu'étant en estat de leur succeder, il doit les laisser dans les mesmes esperances qu'il reçoit d'eux, qu'il perde la liberté de tester contre ce qu'en ordonne le droit commun, qu'il exherede indignement Iesus-Christ en ses pauures; c'est vn abus important, où il me semble que les deux puissances Ecclesiastique & Seculiere ont grand interest de s'opposer.

Les legs pieux portent ce nom, pour signifier qu'ils doiuent estre pratiquez non seulement par les personnes, qui tâchent par là d'expier les crimes de leur vie passée, mais par celles qui sont d'vne éminente pieté, pour conclure heureusement leur vie par les œuures de misericorde. C'est le sacrifice du vespre, c'est la solemnité qui se fait en la derniere saison de l'année, apres la recolte de tous les fruits, pour en rendre les actions de graces à Dieu. Le Chrestien luy a fait l'offrande des premices & des decimes de son trauail par les aumosnes journalieres, dont il a receu mille benedictions, qui meritent bien vne derniere & plus magnifique reconnoissance. Ainsi la loy de Moïse commandoit qu'on prit du sang de la victime, pour en teindre les quatre coings de l'Autel, mais que tout le reste se

Orig. hom. 1. in Leuit.

DE MISERICORDE. 207

versast à gros boüillons à son pied, pour signifier que si les quatre âges de la vie sont expiez par vne suite d'aumosnes, elles doiuent estre incomparablement plus liberales deuant la mort, qui est la conclusion d'où dépend l'arrest de l'eternité.

Saint Paul releue les courages endormis des fidelles, & les anime aux œuures de charité par cette consideration, que le iour du Seigneur est plus proche d'eux qu'ils ne pensent. Ce iour est le dernier de nostre vie le iour de la mort, qui est à nostre égard vn bouluersement vniuersel, vne priuation necessaire de toutes les choses sensibles que nous deuons preuenir par vn libre détachement; nous iuger, nous condamner nousmesmes à des œuures de satisfaction, pour n'estre point condamnez au iugement particulier que Dieu fera lors de nous. Déliurez donc Iesus-Christ retenu dans les prisons, soulagez ses incommoditez dans les langueurs d'vne longue maladie, couurez sa nudité, rassasiez sa faim en la personne du pauure, & par ces bons offices gagnez les bonnes graces de celuy qui peut vous remettre toutes vos obligations, & pardonner vos offenses. Allez deuant Dieu richement paré de vos bonnes œuures, & que la charité ayant fait passer vos acquisitions dans vne nature spirituelle, les rende dignes d'estre mises aux thresors de l'eternité. Cela seul vous demeurera propre, le reste est perdu pour vous.

<small>Baron. an. 395.</small>

Sur ces considerations, l'Empereur Theodose se sentant proche de la mort, déchargea le peuple de tailles, pardonna toutes les injures qu'il auoit receuës de ses ennemis, & leur en donna l'abolition generale pour la meriter de Dieu. Charles-magne trois ans deuant que mourir, distribuë de grandes sommes d'argent aux pauures, destine en legs pieux la plus notable partie de ses biens, partage le reste entre ses heritiers, dont il reçoit le serment qu'ils accompliroient ses dernieres dispositions, auec toute la fidelité possible. Ces Saints consideroient leur vie mourante, comme le Nouitiat du Ciel. Ils auoient aussi coustume de se reuestir lors d'vn habit Religieux, & selon le conseil de l'Euang le, ils se disposoient à cette eternelle profession de sainteté, par la distribution de leurs biens aux pauures. Ce n'estoit pas vne simple ceremonie, mais vn vœu solemnel qui se gardoit exactement par celuy qui l'auoit fait à Dieu, s'il releuoit de sa maladie; sur ce sujet saint Bernard écrit à Aton Euéque de Troyes,

<small>Conc. Galliæ an. 811.</small>

<small>Bar. an. 620.</small>

<small>D Bern. ep. 23.</small>

& se

& se réjouyt auec luy de ce qu'apres auoir donné tous ses biens aux pauures, dans le peril éminent de la mort, Dieu le retira du tombeau pour passer vne vie plus sainte que la premiere, dans vne étroite pauureté. C'est donc le deuoir d'vn Chrestien, touché des veritables sentimens de la foy, de donner ces ordres à ses affaires pour la seureté de sa conscience, deuant que paroistre deuant Dieu, d'exercer la misericorde enuers les pauures, pour la receuoir de sa Majesté diuine, & s'il n'a pas la consolation de voir l'effet de ses largesses charitables, les deuancer au moins par ses dernieres volontez qui les ordonnent, & qui puissent estre couronnées de Dieu.

Chapitre XXIX.

Des saintes congregations pour l'exercice de la charité.

LE nombre des pauures est comme nous auons dit, si grand, la diuersité des disgraces qui les trauaillent si prodigieuse, qu'vn seul homme auec tout ce qu'il peut auoir de courage, de moyens & d'industrie n'y suffit non plus qu'à soustenir vn gros d'ennemis. Il est donc absolument necessaire, que plusieurs personnes animées d'vne mesme charité s'assemblent & joignent leurs forces, pour faire vne sainte & genereuse multitude, qui releue les infirmitez de l'autre, & que les vertus du remede ayent du rapport auec les accez du mal. L'Eglise qui est dans le monde comme vne puissante armée formidable aux ennemis de nostre felicité, donne ces ordres pour l'execution de ses grands desseins, & veut que ces saintes compagnies soient dans les villes, comme des garnisons qui asseurent la fidelité des peuples, & qui les obligent de rendre à Iesus-Christ les deuoirs qu'il leur demande en la personne des pauures. Les Papes Clement VIII. Leon X. Sixte V. tous les autres ont successiuement employé leurs soins à l'établissement de ces saintes Congregations, pour l'éducation des enfans, pour la nourriture des vieillards, pour l'assistance des malades, de sorte que chacune de ces compagnies charitables a son propre employ, afin de s'en acquitter auec plus de perfection. La police en est soulagée aussi, quoy que les loix ayent souuent deffendu les Confrairies, comme de beaux pretextes qui peuuent couurir des monopoles, des ligues, des intelligences seditieuses, elles ont neant-

l. 1. cod. de colleg. & corporib.

moins permis celles qui ont pour fin, de faire des contributions & des queftes pour foulager les affligez.

Le propre & le principal effet de l'amour diuin, c'eft d'vnir, dit faint Denys, des forces & des vertus de la multitude n'en faire qu'vn corps & qu'vn efprit plus puiffant, où chaque particulier eft vn & plufieurs ; il eft plufieurs en ce qu'il n'agit que par le concert de la multitude, il eft vn par le mefme efprit de charité qui l'anime. Cette vertu pour eftre parfaite doit eftre accompagnée de toutes les autres, qu'il eft difficile de rencontrer en vne feule perfonne, dont les inclinations, & les graces font bornées par certaines differences ; mais vne fainte compagnie fe peut dire vn racourcy de l'Eglife où le Saint Efprit prefide, & n'eftant qu'vn, répand diuerfes illuftrations, diuerfes flammes, qui toutes enfemble ne font qu'vn grand iour, & qu'vne fainte ardeur pour executer heureufement tous les ordres de la charité. L'vn a des generofitez inuincibles pour entreprendre & pour fouftenir les plus grandes difficultez d'vne affaire ; l'autre fera doüé d'vne prudence finguliere pour le difcernement des objets & des efprits, fans eftre fujet aux illufions fi familieres dans le monde ; l'autre gagne tous les cœurs par le temperament de sa conduite, si adroite & si moderée que rien ne luy eschappe sans profit ; l'autre dispense les secours auec vne justice, auec vn empressement amoureux qui oblige beaucoup plus qu'il ne donne, & qui fait mourir les plaintes & les émulations ordinaires dans la concurrence.

Rien n'échappe à des esprits si fort esclairez ; leur diligence découure tous les desordres des mœurs, tous les perils de la vertu, toutes les necessitez des pauures, pour y apporter ce qui se peut de remede. Les secrettes resolutions en sont prises par le conseil de l'assemblée, la commission s'en donne au plus capable, selon la qualité de l'affaire, & le rapport qui se fait en suitte d'vn heureux succez, receu auec beaucoup d'applaudissement de la compagnie, est vn petit triomphe de la charité ; la gloire en est particuliere & la joye commune, tous s'animent à n'épargner, ny leur temps, ny leurs peines, ny leurs bourses dans les emplois qui leur sont donnez ; car en cela la moindre negligence seroit selon leur estime, vne grande & honteuse faute. Hé le moyen de n'estre pas piqué d'vne sainte émulation, par ces bons exemples, de ne se pas enflammer au seruice du pro-

DE MISERICORDE.

chain par vne ardeur seraphique, quand les satisfactions que l'assemblée témoigne d'vn bon effet, reuiennent auec vne surabondance de joyes celestes dans l'ame de celuy qui auoit cette commission. Ce luy est vne petite recompense temporelle pour gage de ce qu'il doit esperer au Ciel ; c'est accorder ces deux oracles de Iesus-Christ en apparence contraires, qu'il faut & faire & ne pas faire ses bonnes œuures deuant les hommes : on les fait auec inclination de les tenir les plus secrettes que l'on peut ; mais la lumiere ne peut pas estre sans éclat, ny aux yeux du monde qui en void les fauorables effets, ny à ceux de l'assemblée à qui l'on doit en rendre raison.

Considerez tant de personnes du monde qui acheptent cherement des charges & leur seruitude, auec les incommoditez mesme de leurs familles, seulement pour n'estre pas inutils, & pour se donner de l'estime dans vn bel employ ; les premieres intentions qu'eurent les Princes de rapporter ces offices au bien public, n'empêchent pas que les particuliers n'en fassent le sujet de leur vanité, souuent de leurs concussions, de leurs crimes, qui les rendent infames deuant le monde, & mille fois plus coupables deuant Dieu. Voulez-vous des occupations plus illustres que celles de la charité, qui des hommes de quelque condition qu'ils soient, en fait les Ministres fauoris de Iesus-Christ, les Thresoriers de son épargne, les Lieutenans de sa prouidence, ses Agens & ses Collegues à secourir les infirmitez humaines.

Certes, l'Eglise a des sujets bien puissans de joye, quand elle void des personnes d'vne éminente condition agir auec vne sainte feruelur pour les pauures, & en soustenir les interests auec plus de zele, que ceux de leur fortune particuliere. Messieurs & mes Dames, vous ne faites rien qui ne s'accorde parfaitement auec la gloire de vostre naissance, & de vos titres d'honneur, de soulager ceux que la disgrace reduit au plus bas étage de la vie commune; comme il n'appartient qu'au Soleil d'animer les mouches par sa chaleur, de rendre les moindres petits objets & les atomes visibles par son rayon, il n'appartenoit qu'au Verbe diuin, & non pas aux intelligences, de donner remede aux infirmitez de nostre nature. Il fallut des Roys & des sages pour adorer l'humilité de Iesus-Christ dans la crèche; il ne faut pas aussi moins que vos dignitez pour luy rendre ce qu'elle veut d'amour & de respect en la personne des pauures, pour gue-

DE MISERICORDE.

rir les refroidiffemens de charité qui deshonorent le nom Chreftien, pour ne laiffer pas dans le defefpoir des ames qu'il a racheptées de fon fang, & qui peuuent eftre vn iour des Anges deuant le throfne de fa Majefté; ils vous en renderont là des actions de graces immortelles, cependant que le monde eft rauy de voir cette grande édification de vos perfonnes; de voir les grandeurs, les dignitez, les richeffes qui fe tirent de la vanité pour fe confacrer à Dieu. O que ces emplois charitables recompenfent de foibleffes, lauent de pechez, reçoiuent de graces? Courage, vous animez tous les fidelles par vos bons exemples, & quand vous leur feruez de guide au chemin du Ciel, vous auez beaucoup de part en leurs merites.

Chapitre XXX.

Quelques poincts à remarquer dans les Congregations charitables.

IE ne doute point que ces faintes Congregations où Dieu prefide, ne gardent exactement toutes les loix d'vne charité bien ordonnée, & que des efprits fort éclairez en ces matieres, ne soient dans les pratiques autant qu'il se peut auantageuses au soulagement des pauures. Ie les croy telles, & ce que j'en dis, est plustost pour en publier le merite, pour animer la deuotion des fidelles par le recit d'vne conduite si judicieuse, que pour en donner les aduis. I'apprends en premier lieu, que les personnes illustres dont ces saintes compagnies sont quasi toutes remplies, ne refusent pas d'y receuoir des hommes d'vne moyenne & quelquesfois basse condition, s'ils y remarquent beaucoup de zele, vn bon jugement, vne feruente vocation de Dieu: L'vnion de l'ame auec le corps, du Verbe diuin auec la nature humaine, du vin auec de l'eau au plus saint de nos mysteres, authorisent les deuotes assemblées de personnes, dont les fortunes sont fort inégales, pour imiter la grace & la nature qui se plaisent à joindre les extremitez. La sincerité se trouue souuent plus entiere, la conception plus nette dans des esprits qui ne sont point alterez par la diuersité des opinions, la seule raison naturelle leur donne quelquesfois des ouuertures, que les contestations des plus subtils ne trouuent point dans les affaires embarassées. Ils sont plus propres à negocier celles que la charité veut poursuiure parmy le me-

nu

DE MISERICORDE. 217

nu peuple, la ressemblance fait qu'ils s'insinuent plus facilement, pour découurir des secrets, pour gagner des affections & des ames, que l'éclat d'vn Agent plus noble pourroit éblouïr, que la crainte, la honte ou le respect pourroient rendre plus reseruée. Tous les arts ont des instrumens grossiers qui ébauchent ce qui s'acheue par d'autres plus délicats;on fait par l'entremise de ces personnes moins considerables des tentations qui donnent beaucoup de iour aux conseils, des facilitez aux expediens, & si l'yssuë n'est pas tousiours si fauorable qu'on se l'est promis, l'exclusion en est plus couuerte & moins honteuse.

Cependant que la charité répand ses veuës sur ce qui se passe dans les negoces du monde, pour y empécher le mal & y faire tout le bien possible, c'est vne conduite tres-judicieuse de ne point entrer dans les intrigues de l'estat. De tout temps les politiques ont trouué l'adresse de faire seruir la Religion à leurs desseins, & sous des pretextes esclattans de sainteté, exposent les plus zelez comme des esclaues pour la seureté de leurs interests & de leurs personnes. Ils les employent à répandre des nouuelles ordinairement fausses, à donner de la reputation à de pernicieuses entreprises, à débaucher les courages, à jetter les fondemens d'vne reuolte, en tout cela comme la Religion agit pour ce qu'elle ignore, & qu'elle s'engage dans vn peril qu'elle ne void pas, elle souffre la premiere par le combat des ambitieux. Si-tost que le Prince s'apperçoit que vous entrez dans vn party, que vous concertez auec ceux qui jettent le trouble dans les affaires, il vous tient auec raison comme suspects, & vous oste la liberté de vos exercices. Si les principaux de la compagnie à qui l'on s'adresse, découurent leurs sentimens à leurs confreres, c'est les publier, & les perdre : tous ne seront pas d'vn mesme aduis, les diuisions & les resistences en ce poinct pourront causer des refroidissemens, au reste des meilleures entreprises : S'ils tiennent ces negoces sous le secret, le déguisement qui cache tout, ne se peut tellement cacher, qu'il ne donne des jalousies à ceux qui pensent auoir vn droit égal en la conduite des affaires, qui se faschent d'y estre trompez & d'en estre exclus, quand elles se traittent autrement que par des suffrages communs; Enfin, ce mélange du diuin auec le prophane risque beaucoup, aduance peu dans les premiers innocens desseins de la compagnie, parce qu'il en diuise les forces, qu'il en rompt

DE MISERICORDE. 219

les bonnes intelligences, qu'il fait vne notable diuersion des pensées qu'on deuoit toutes entieres aux pratiques de la charité.

Le plus important aduis est d'empécher que des heretiques couuerts ne se glissent dans ces saintes Congregations, & qu'auec les auantages qu'ils ont d'acquest ou de nature, auec des soins en apparence fort empressez pour le bien des pauures, ils ne se donnent beaucoup d'estime dans tous les esprits. Qu'en suitte comme ils sont rares en doctrine, en éloquence, en faueur, comme ils sont vtils, on ne les tienne bien chers, & que les seruices qu'on en tire les rendent si considerables, que chacun trouue son interest en leur deffense. Cependant sous pretexte d'vn entretien curieux, de chercher l'éclaircissement de quelque doute, ils distillent petit à petit dans les esprits, des opinions contraires à la foy, & les sentimens qui leur estoient particuliers, deuiennent contagieux. On y est surpris, car on a peine à se figurer du mal en celuy qu'on void plein de zele pour les pauures; & comme quelques Empereurs se mettoient entre les images de leurs diuinitez, pour prendre part à l'encens, & aux adorations que le peuple leur presentoit, ces mauuais Chrétiens se joignent aux bons dans les charitables assemblées, pour

Sueton. in calig. c. 22;

E e ij

profiter de ce qu'elles se sont acquis de veneration, & afin qu'ils ne passent plus pour des heretiques, quand on les estime des Saints. Les plus éclairez doiuent veiller auec beaucoup de soin pour preuenir ce malheur, qui peut insensiblement corrompre la foy d'vne compagnie, qui peut étouffer le merite de ses bonnes œuures, comme nous auons dit plus haut; enfin, qui la feroit passer pour ennemie de l'Eglise, si l'on iugeoit de la piece par l'échantillon.

Comme la nature fait beaucoup d'épreuues de l'aliment, deuant que le receuoir dans l'estomach, comme elle en examine les qualitez, par les yeux, par l'odorat, par la bouche, qui le pile, qui le délaye, crainte que quelqu'vne de ses parties ne se cache au goust; enfin, par les oreilles tousiours ouuertes aux rapports que l'on en peut faire ; ainsi le Sage est vn exacte censeur d'vne personne, deuant que la receuoir en son amitié. Les compagnies doiuent estre beaucoup plus diligentes à s'informer des mœurs & de toutes les conditions de celuy qu'elles admettent en leurs corps, parce qu'il y va d'vn interest public ; & que la mauuaise foy d'vn Collegue peut apporter de notables empéchemens à leurs bons desseins; si donc par les recherches que vous ferez d'vn

DE MISERICORDE.

postulant, vous sçauez, & que la voix publique vous apprenne qu'il a trempé dans l'heresie, ou dans ces nouuelles sectes qui troublent l'Eglise, l'estat & les consciences, quelques bonnes conditions qu'il ayt d'ailleurs, quelques protestations qu'il vous fasse, le plus seur est de ne le point receuoir, de ne vous pas fier à des vaisseaux ennemis, quoy qu'ils portent vos pauillons, & qu'ils parlent vostre langue. L'Eglise n'a-t'elle pas souuent veu les heretiques apres leur condamnation, souscrire aux veritez de la foy, la professer de bouche & non pas de cœur, pour obtenir leur restablissement, pour se rallier, & faire en suitte de plus fortes guerres aux fidelles ? Quand ces personnes seroient par effet comme en apparence bien intentionnées, elles doiuent estre suspectes depuis qu'elles ont vne fois quitté l'ancienne creance de l'Eglise pour des nouueautez, qu'elles quittent maintenant par interest, & qu'elles reprédront quand l'humeur & l'occasion les y portera. Les Epilectiques sont estimez malades au temps mesme qu'ils sont hors de leurs accez, parce qu'ils en portent les causes & la source dans leur interieur, & l'on ne doit pas tenir ces esprits volages pour bien gueris, apres auoir fort long-temps conceu de mauuaises impressions contre les veritez Catholiques ; apres auoir eu l'audace d'en faire vne publique profeſſion, ne doit-on pas craindre qu'elles ne ſoient pas entierement effacées? & qu'elles ne paroiſſent plus viues, quand elles en trouueront la liberté? ſoit donc que ces hommes notez d'erreurs les diſſimulent, pour les reprendre, ſoit qu'ils ayent lors vn meilleur deſſein, leurs intentions vous ſont cachées, elles ſont douteuſes, incertaines, & donnent vn juſte ſujet de n'y pas fier l'intereſt auec la reputation d'vne ſainte compagnie.

Fin de la premiere Partie.

SECONDE PARTIE
DES DIFFERENTS emplois de la charité.

AVANT-PROPOS.

'APOSTRE nous represente la charité comme vn écoulement des bontez diuines dans le cœur humain, comme vne effusion de ses immenses largesses, qui l'emplissent, qui le dilatent, qui luy donnent des étenduës sans aucunes bornes. Iesus-Christ en parle comme d'vn feu pris du Ciel, qui veut tenir encore toute la terre dans son enceinte, & la mettre dans les dispositions qu'elle n'auroit pas pour le receuoir. Cette vertu considerée de la sorte, & comme vniuerselle ne souffre se semble point les distin-

ctions, dont on se sert pour expliquer la nature, les proprietez, & les effets de toutes les autres elle pretend à l'vnité qui est indiuisible, elle demande toutes les puissances & toutes les forces de l'ame, elle n'agit qu'en veuë de Dieu, qu'elle se represente par tout, qu'elle adore & qu'elle sert également dans les diuerses rencontres de la vie ; enfin la charité se peut dire l'ame de nostre ame, parce qu'elle luy donne vne vie surnaturelle & diuine, dont il n'est pas possible de determiner les emplois qui tiennent de l'infiny.

Il semble donc que ce seroit assez d'auoir representé dans la premiere Partie, les motifs qui peuuent obliger vne ame aux pratiques de cette sureminente vertu, & de s'abandonner à ces sacrez mouuemens de l'Esprit de Dieu, parce qu'en estant possedée, elle se trouue en estat d'accomplir genereusement tous les deuoirs de la pieté Chrestienne. Neantmoins comme Dieu crea le premier iour le Ciel & la Terre ; c'est à dire, la matiere dont les choses basses & superieures se deuoient former, & puis il employa les cinq autres iours à leur donner les essences, les proprietez, les regions qui les determinent ; Ainsi supposez que la charité mette en l'ame des inclinations vniuerselles, pour accomplir

DE MISERICORDE. 225

complir tout ce qui regarde la gloire de Dieu, elles n'auront pas indifferemment leur effet, sans certaines qualitez, du corps, de l'esprit, de la fortune, qui ne se rencontrent pas en toutes sortes de personnes. Tellement qu'il est necessaire de distinguer ses emplois, afin que chacun s'y porte selon ses capacitez, qu'il connoisse ce que Dieu demande de luy, qu'il agisse à proportion de ses lumieres & de ses forces, & que son zele conduit par la science n'ayt rien de lasche ny de precipité. Apres donc auoir déduit en la premiere Partie de ce petit œuure, les motifs plus importans de la charité qu'on doit au prochain, il nous reste en cette seconde, de representer les diuerses occasions où elle s'exerce auec beaucoup de merite.

L'homme est vn composé de l'ame & du corps, de deux parties d'vne condition fort differente, mais qui toutes deux l'accablent d'infirmitez, s'il n'est soustenu par les bons offices de son prochain. Ainsi l'on distingue les œuures de misericorde, en spirituelles qui donnent secours aux necessitez de l'esprit, & en corporelles, qui donnent remede à celles du corps. Ie parle premierement de celles-cy, que le Fils de Dieu nous rend plus considerables, en ce qu'au dernier iour du iugement, D. Th. 2ᵃ. q. 32. a. 2.

F f

il ne fait mention que d'elles : Il ne prend sujet de prononcer l'arrest d'vne eternelle condamnation contre les méchants, que parce qu'ils n'ont pas couuert la nudité, rassasié la faim & la soif du pauure, qu'ils ne luy ont pas donné le couuert estant pelerin, qu'ils ne l'ont pas visité dans ses maladies & sa prison : Les bons au contraire sont appellez à la jouyssance d'vne eternelle felicité, parce qu'ils se sont monstrez fidelles à pratiquer ces œuures de misericorde corporelle. Elles nous sont plus recommandées, dit Tostat, parce que les necessitez du corps sont plus pressantes, & que le refus, ou que le delay d'assistance est au pauure miserable vn coup de mort. On donne conseil, ou vn bon aduis auec quelque sorte de satisfaction interieure, sans que ce bon office soit onereux; mais quand il faut distribuer vne partie de ses biens aux pauures, & par vne suitte d'aumosnes, s'oster le moyen de faire de plus grands acquests, c'est où la nature trouue d'extremes difficultez, comme si c'estoit déferer assez à la loy, de s'interdire la conuoitise du bien d'autruy, sans donner le sien. Dans le secret que chacun garde de ses affaires, l'occasion se presente peu, & d'ordinaire l'on n'oze pas prendre la liberté d'assister les au-

Tostat. Math. 1.7 fol. 125.

tres de son conseil ; mais l'extreme necessité du corps étouffe le sentiment de la honte, on se confesse lors auoir besoin de secours, on le demande par de tres-humbles prieres, & par la monstre d'vne calamité qui donne de la compassion. Enfin, les infirmitez corporelles nous sont plus recommandées, parce qu'elles traisnent quasi tousiours auec soy celles de l'esprit, & que dans vne extreme pauureté, il est rare qu'vn homme ne souffre pas de grandes inquietudes.

Nous déduirons en particulier les plus notables disgraces, qui affligent le corps & l'esprit, afin qu'elles deuiennent plus sensibles, & qu'elles puissent donner plus de compassion à ceux que Dieu par ses misericordes éleue dans vne region moins orageuse. Comme il a mis nostre ame immortelle dans vn corps sujet à tant d'infirmitez, pour l'obliger à mieux reconnoistre par comparaison les aduantages de sa nature spirituelle, & à se maintenir dans ses droits cependant qu'elle donne la vie, le sens, & le mouuement, tout ce qu'elle peut de secours à ce languissant associé; il veut de mesme que le riche, que le puissant du monde conuerse auec les pauures, qu'il en remarque les incommoditez, auec de tres-humbles actions de grace d'en estre af-

Ff ij

franchy, qu'il les soulage, qu'il pratique les œuures de charité, & qu'il passe ainsi sa vie dans vne double éminence de biens & de merites.

Si l'éclat des dignitez mondaines éblouït tellement les yeux, qu'ils ne discernent plus les autres objets, si la poursuite des grands desseins, si les applaudissemens que leur donne la flatterie, jettent vn homme dans la méconnoissance de luy-mesme, & luy font prendre la terre pour le Ciel, le temps pour l'eternité, le pauure est vn miroir où ce superbe void les veritables conditions de la nature qu'il a commune auec luy ; il void en ceux qui sont tombez dans vne extreme necessité de biens, par l'animosité d'vn plus puissant, par les chicanes & les injustices d'vn procés, que mille disgraces peuuent causer la déroute des affaires en apparence les mieux établies; que toutes les choses exterieures sont icy sujettes à l'inconstance, que le monde est vn climat où les orages surprennent les serenitez par des suittes irregulieres, qu'vn moment renuerse le trauail de plusieurs années, qu'il n'est plus possible de rétablir : Il void dans les affligez de diuerses maladies, que son corps formé de mesme paste, est sujet aux mesmes accidens, qui croissent plustost

DE MISERICORDE.

qu'ils ne diminuent par les délices de la vie; qu'en estant atteint, il perd auec la santé la jouyssance de tous ses biens, comme vn Tantale trauaillé de soif au milieu des eaux : Il void dans la vieillesse que le temps flétrit la beauté du corps, qu'il en ruine bien-tost les forces, & qu'il se venge sur nous de la durée que nous voulons donner à nos ouurages : Il void que tous passent, tous meurent également, les riches & les pauures, les Princes & les valets, comme les Estoilles de la premiere grandeur & les nebuleuses aduancent d'vn pas égal à leur Occident ; que le monde n'est qu'vne courte, mais assez heureuse nauigation si l'on suit les routes de l'innocence ; que l'on y aduance ordinairement plus sous vn vent contraire, parce qu'il détourne des écueils où la pluspart font naufrage ; le port est vne eternité de gloire, qu'il est impossible de toucher sans les bonnes œuures de la charité ; il en faut donc cherir toutes les occasions, en ménager tous les momens qui doiuent estre bien precieux, à celuy qui a quelque sentiment de son salut. La loy n'oblige point à l'impossible, & ne demande rien qui ne passe pour tres-raisonnable à des iugemens dégagez de ces noires passions d'auarice & de cruauté. Si les disgraces du prochain sont legeres, les moindres personnes y peuuent donner du soulagement ; si elles sont plus grandes, les pieuses congregations joignent leurs forces & leurs industries pour y apporter les remedes ; quand elles passent à de plus grandes extremitez, les villes & les estats s'opposent à la violence du mal par des ordres fauorables, & des contributions publiques : enfin le monde ciuil, aussi bien que le naturel, n'a point de poisons sans antidote, de maladies sans remedes ; les assistances des personnes charitables combattent de toutes leurs forces, les accidens qui trauaillent vn pauure affligé; que si le mal est plus fort que le remede, la charité reste tousiours victorieuse, elle a ses merites & ses couronnes deuant Dieu, si elle a fait toutes ses diligences, selon les ordres qu'elle doit garder.

Chapitre I.

La charité garde des ordres en la distribution de ses secours.

Nous auons representé les éminences de la charité Chrestienne, quand elle donne secours au prochain, en ce qu'elle

DE MISERICORDE.

échauffe, qu'elle purifie, qu'elle éleue le cœur d'vn homme par des ardeurs sacrées, qui le mettent dans l'imitation de Dieu ; car il est la premiere cause qui ne refuse point son secours aux necessités d'aucunes de ses creatures, & qui en oblige particulierement celles qu'il ayme dés l'eternité, qu'il entretient par le seruice de toutes les autres, & qu'il honore de sa ressemblance. Quand donc l'homme donne des assistances charitables à l'homme, il accomplit en cela les desseins de Dieu, il ayme ce que sa Majesté diuine ayme, & ce qu'elle luy ordonne d'aymer ; il fait estat qu'il a receu d'elle les biens temporels, non pas comme en propre, mais pour les départir & en soulager les autres selon les ordres de sa sagesse ; or elle a produit toutes choses, en poids, nombre & mesure, elle a fait en la creation du monde des effusions veritablement grandes, non pas toutesfois égales ny confuses, comme si elles procedoient d'vne cause necessaire ; car elles sont diuerses, tres-justes & tres-accordantes aux sujets qui les reçoiuent ; il leur a donné ces capacitez de receuoir, & a remply ces capacitez de perfections differentes, selon le rang qu'elles doiuent tenir au monde.

Le Prophete est dans l'admiration de cetre misericorde, qui a produit de rien tant de substances corporelles & spirituelles, & de la justice qui leur distribue toutes les rares qualitez propres à l'accomplissement de leur nature & de leurs emplois. Il donne plus aux Anges des Hierarchies superieures, qu'à ceux des moyennes & des basses, plus aux Cieux qu'aux Elements, plus à l'homme qu'au reste des animaux, plus à l'Eglise qu'à la Synagogue, plus aux Apostres qui furent des Vases d'élection, qu'à leurs Successeurs; Aussi cette chere Espouse gratifiée de ces insignes faueurs, dit dans le Cantique des actions de grace qu'elle luy en rend, qu'il ordonne en elle ses charités, par vne communication de diuerses graces procedantes d'vn mesme esprit, & par les loix qu'il luy donne de garder les mesmes pratiques en ses largesses; Quand donc l'Apostre parle des abondantes effusions de la charité diuine, ce n'est pas qu'elles se fassent sans choix & sans ordre, mais il signifie que les lumieres & les chaleurs de la grace se presentent à tous, follicite tous les esprits & tous les cœurs de les receuoir; neantmoins par diuers degrés, à proportion des grands effets qu'il en veut tirer, & des vertus qui en meritent l'accroissement: Il fait couler des torrens de douceur & de benedictions,

mais

mais dans les ames parfaitement humbles, qui dans vne extreme soûmission attendent tout leur secours des montagnes eternelles.

Si cette premiere cause qui ne peut souffrir aucun déchet par ses immenses largesses, les distribuë neantmoins selon le merite & la disposition des sujets, parce qu'elle n'a pas moins de justice que de bonté, la mesme justice dont nous portons le caractere, ne nous permet pas de donner indifferemment nos biens, sans faire le choix des personnes, & par vne aueugle profusion, qui les jette pluftost qu'elle ne les donne. Nous les tenons de la main de Dieu pour en faire les vsages & les distributions, selon qu'il les pratique luy-mesme, auec vn ordre, auec vne justice qui rende à chacun ce qui luy est deub. Le lieu, le temps, les personnes, mille circonstances determinent nos forces & nos actions, de sorte qu'estant attachez à vn sujet, elles ne se peuuent pas répandre sur les autres ; les largesses inconsiderées épuisent bien-tost le fond des plus riches ; les Empereurs de Rome se fussent reduit eux-mesmes à l'indigence, s'ils eussent continué de jetter de l'or au peuple, comme ils faisoient à l'entrée du gouuernement ; en ces largesses publiques, les plus allegres, les plus forts profi-

G g

tent le plus, les malades & les infirmes n'y ont point de part, quoy que leurs pressantes necessitez leur y donnent plus de droit.

Ce n'est donc pas vne liberalité qui se fait sans iugement & sans élection, mais vne perte, mais vne injustice d'vne tres-dangereuse consequence ; Car si vous donnez sans reconnoistre, vous pourrez donner au riche au lieu du pauure, vous nourrirez la concupiscence de l'vn, & ne soulagerez pas la necessité de l'autre. Vous jettez de l'eau sur vne terre assez humide, & vous noyez sa fecondité par cette effusion que vous deuiez à d'autres carreaux steriles & fendus de seicheresse. Voilà le commun abus des puissants du monde, de donner à des bouffons, à des flatteurs, aux complices & aux instruments de leurs plus sales, plus sanglantes, plus abominables passions, de donner aux crimes, ce qu'ils deuoient aux recompenses de la vertu & au soulagement de la pauureté ; ils se sallissent, ils augmentent leurs pechez par les richesses qui leur estoient données pour les lauer, & par vn desordre lamentable, d'vn puissant remede, ils s'en font vn poison mortel. Les eaux du Nil qui couurent les terres d'Egypte, y laissent les feconditez, & apres ces fauorables inondations, elles se conseruent tousiours assez grosses pour couler auec vne égale plenitude dans leur lict ; mais ces prodigues mondains ne font par leurs liberalitez, qu'entretenir dans l'état des vies que les loix condamnent, & rien ne peut estre consideré de juste en leurs desordres, qu'en ce qu'ils se mettent eux-mesmes dans l'impuissance de les continuer. S'ils font de magnifiques dépenses à bien traitter leurs amis, c'est veritablement auec choix, mais selon le plaisir des sens, non pas selon les regles de la pieté ; que si l'excez y est grand, c'est vne des vanitez du monde qui parut le plus au temps de l'idolatrie, ainsi fort contraire à l'esprit du Christianisme ; c'est vne des principales dissolutions que la justice de Dieu fut obligée d'exterminer par vn deluge vniuersel. Aussi l'Euangile dit en termes exprés, si vous faites vn banquet, appellez y, non pas les riches vos amis, qui peuuent à leur tour vous conuier, & vous rendre la pareille ; mais appellez-y les pauures, les aueugles, les boiteux ; c'est vostre gloire de donner sans esperance de receuoir; c'est vostre merite de reconnoistre Iesus-Christ en la personne du pauure, & le preferer à ceux que des raisons humaines vous rendoient considerables. Les liberalitez se doiuent donc faire aux personnes ausquelles elles sont deuës par preference, & chacun ne se doit pas en cela considerer comme s'il estoit entierement libre, puisque les loix de la raison & de la charité donnent des ordres, qu'en qualité d'hommes & de Chrétiens nous deuons garder.

Chapitre II.

Exposer ses biens & sa personne pour vn interest public.

Dans l'ordre que la charité doit garder en ses distributions, l'interest public a des droits qui luy donnent la preference sur ceux de toutes les choses particulieres, parce qu'elles sont en cela considerées comme des parties beaucoup moindres que leur tout : Elles en releuent absolument, elles en ont receu leurs existences & leurs forces par vne espece de commission, & comme par emprunt, à la charge de les rendre quand la necessité de leur principe les demandera. Le monde materiel dont nous sommes vne partie considerable, exerce sur nous cette souueraine puissance, & sans consideration des personnes ny des merites, il nous oblige à

DE MISERICORDE.

suiure les loix qu'il rend communes à toutes les choses inferieures; Le Soleil par son mouuement regulier nous fait les iours & les nuits, les Estez & les Hyuers, les autres saisons de l'année à leur temps prefix; le Ciel cause les pluyes & les serenitez, selon les diuerses rencontres des Planettes, & la disposition des climats, il marque les degrez de l'âge, les accidens plus notables de la vie, il nous conduit à la mort par des alterations inuincibles; en certain temps il prepare les grandes conjonctions des Planettes superieurs, comme les instrumens de la prouidence, pour décharger & renouueller le monde par les guerres, les pestes, les inondations, les famines; tous passent par la rigueur de ces loix, sans que nos interests & nos dignitez imaginaires en obtiennent quelque priuilege.

Ces ordres plus importants de la nature sont necessaires, les autres actions particulieres, infinies en nombre, sont laissées à la côtingence, & se determinent par la passion des animaux; comme en nos corps les offices de la puissance vegetable absolument necessaires à l'entretien de la vie, s'acheuent dans l'interieur, sans nostre choix, & nous donnent cette leçon, de ne point épargner vne partie, quand ce qu'elle souffre peut sou-

Arnobius l. 1. aduers. gentes.

lager tout le corps; ainsi par vne prompte impulsion, le bras s'expose pour sauuer la teste d'où dépend la vie, on le seigne pour éteindre l'ardeur de la fiévre, on le couppe, si sa corruption menace de mort.

Nostre corps est vn petit monde naturel, qui se regle sur les loix du grand, & nous sommes parties de deux autres, qui doiuent suiure ces mesmes idées generales, & ces ordres necessaires à la conseruation de l'Vniuers. Nous sommes parties du gouuernement ciuil à l'égard de cette vie, qu'il nous faut passer dans la societé des hommes, & dans le commerce d'vne vie commune. Les loix de la Republique ont conserué les mariages d'où nous sommes nez legitimes; elles ont entretenu les affections naturelles de nos parens pour nostre éducation; elles nous ont protegé contre ce que nous pouuions souffrir de violence en ce bas âge; elles ont pris la deffense de nos personnes & de nos biens contre la fureur de nos ennemis, & l'injustice des vsurpateurs; Nous sommes enfin redeuables à l'estat de nos vies, & de tout ce qu'elles ont de commoditez; il a donc sur nous le droit que les causes se conseruent sur leurs effets, & nous luy deuons par reconnoissance tout ce que nous pouuons contribuer pour son entretien, par la mesme loy de justice qui fait qu'en la dissolution d'vn composé, les parties retournent aux élements dont elles auoient esté prises, & que les riuieres courent à la mer pour entretenir son égalité, quoy qu'elles perdent leurs qualitez & leurs noms dans ses abysmes.

Sur cette consideration, les peuples de tous les climats & de tous les siecles, ont creu que la plus sublime action de justice & de generosité, estoit de s'exposer pour la deffense de la patrie. A ce deuoir qu'on rend à la Republique, qui est vn corps à ce qu'on dit exempt de la mort, on anime les courages par toutes les esperances possibles de l'immortalité, par les titres & les priuileges de la noblesse, par les statuës, les inscriptions honorables, les magnifiques tombeaux, par les éloges de l'histoire ; enfin, par tout ce qui peut les faire viure dans la memoire des hommes, & les rendre recommandables aux siecles suiuants. L'interest humain, le poinct d'honneur, l'émulation, les desirs insatiables de la gloire, échauffent à cela les cœurs les plus refroidis, & tous les iours nous voyons les hommes engagez dans les perilleuses occasions de la guerre, par la honte qu'ils auroient d'y manquer estant Gentils-hommes.

Ie souhaiterois que le Chrestien agit en ces rencontres par vn motif plus éminent que celuy de la passion, que dans l'interest public il considerait la volôté de Dieu, qui commande d'honorer le Prince, de satisfaire aux contributions, d'obeïr aux loix municipales, par vn precepte que les Hebreux comptent entre les sept, qui furent donnez aux enfans de Noé, c'est à dire, à tous les hommes, & que l'Apostre nous repete en beaucoup d'endroits de ses Epistres : Les loix humaines contraignent à ces deuoirs, elles en poursuiuent les refractaires & les deserteurs de la milice auec beaucoup de rigueur ; mais quelque diligence qu'on y apporte, vne malice determinée peut surprendre tous les yeux ; d'vn employ le plus important, elle en peut faire vne occasion de perfidie, & bastir vne fortune particuliere sur les ruines de la Republique.

La charité Chrestienne est seule capable d'étouffer ces pernicieux desseins dans les ames, d'y mettre vne essentielle probité, qui sans feinte, sans déguisemens, sans pretentions d'aucuns interests humains, tasche d'auancer le bien commun, & dans vne mediocre condition aller à la fin, que peuuent pretendre les plus saints Monarques. Quand vn homme considere que d'vn bon establissement

DE MISERICORDE. 241
ment dépend la paix d'vn Royaume, que la paix en est le souuerain bien, où les Arts, les Sciences, les Vertus sont en credit, la Religion florissante, il n'est pas possible qu'il ne s'y porte d'vn courage égal à l'importance de ce grand sujet ; qui aymeroit le bien public par ce motif d'vne charité Chrestienne, n'abuseroit point des grands emplois où l'esleue la prouidence ; il ne formeroit point de partis, dont la vingtiesme partie ne va pas au profit du Roy, tout le reste se consomme en frais pour corrompre les ministres, pour vaincre la resistence des peuples, pour entretenir les horribles dissolutions d'vn mauuais riche, pour le nourrir du sang & des larmes de l'innocence ? Qui auroit quelque sentiment de misericorde, il n'hazarderoit pas la félicité de sa patrie, il ne l'exposeroit pas au pillage des soldats, aux meurtres, aux incendies, à toutes les calamitez & à tous les crimes inseparables de la guerre, sous l'esperance incertaine de quelque profit, & de quelque vanité ? l'estime qu'vn homme aduance incomparablement plus le bien de l'estat de vaincre ses sanglantes passions durant la paix, que s'il versoit son sang & celuy de ses ennemis dans le combat, & qu'il emportast de grandes victoires, parce que la mo-

H

deration du gouuernement est vne pure felicité que l'on possede sans s'exposer à ces notables disgraces, & ayant moins de violence, elle a bien plus de durée ; mais les armes sont journalieres à la guerre, comme au jeu, vne mauuaise heure change toute la face des affaires, reduit le victorieux à la puissance du vaincu, tout ce qu'on y apporte de precautions, tout ce que parfois l'on y gagne dauantage, n'empéche pas que les deux partis qui se choquent, ne se brisent, ne se consomment, & n'aduancent les desseins de leur ennemy commun. C'est donc exposer ses biens & sa personne tres vtilement pour l'estat, de ne former, de ne souffrir autant que l'on peut aucuns desseins, contre la justice, contre le repos & le bien des peuples ; cela ne se peut faire sans vne grande generosité, qui surmonte les auiditez insatiables de l'auarice & de l'ambition, & qui resiste aux entreprises des mauuais courages, irritez par les articles de la paix, comme les tygres par les accords de la musique.

L'estat nous donne & nous conserue la vie naturelle, l'Eglise nous la rend sainte, tranquille, capable de toutes les recompenses que les vertus reçoiuent du Ciel. La Religion dont elle nous instruit, doit donc estre con-

DE MISERICORDE. 243

sideréé comme vn dessein general, où l'Architecte de nos corps, de nos societez ciuiles, de nos ames, de nostre beatitude, veut que les particuliers rapportent toutes leurs actions, & qu'ils ayent la diuinité pour fin, comme ils l'ont pour principe : Si l'estat est consideré comme vn corps, la Religion en est l'ame, qui luy donne ses mouuemens & ses repos reguliers, selon les mesmes ordres que la Prouidence a prescrite pour la conseruation du grand monde, elle est l'esprit vniuersel qui penetre tres-intimement les cœurs, pour y mettre vne justice, vne probité, que les loix & les puissances ne peuuent exiger par tout ce qu'elles ont de contraintes. Tant que le sentiment Religieux reste dans les ames conformes aux veritez que nous tenons de la reuelation diuine, & que l'Eglise infallible en ses decrets nous propose, l'intelligence est reciproque entre le Prince & ses peuples, & l'vnité dominante de la foy produit l'vnion des cœurs; mais si-tost que les esprits se diuisent sur ce grand sujet, chose aucune n'est capable de les rallier, ils passent par-dessus toutes les considerations du sang & de la fortune, tout semble possible dans le culte qu'ils se figurent rendre au Tout-puissant, jusques à pretendre de luy agréer par les sa-

Hh ij

crileges & les parricides; La France, l'Allemagne, l'Angleterre, les pays du Nort languissent encore sous les diuisions de l'heresie, qui dans son impuissance mesme nourrit des desseins seditieux, & couure vn feu dont elle feroit vn embrazement vniuersel, si quelque desordre d'affaires luy en presentoit les occasions.

Depuis que les esprits ont secoüé le joug de la foy, & s'abandonnent à l'opinion, deux iours ne les trouuent pas les mesme ; ils vont continuellement au change, ils embrassent des nouueautez, qu'ils laissent bien-tost pour d'autres qui se publient, rien n'y est constant, non plus que dans les songes, que dans les extrauagances d'vne phrenesie, que dans les flots de la mer qui s'enueloppent, que dans les nuées qui font & défôt mille figures, iusques à ce qu'elles couurent tout l'azur du Ciel d'vn grand voile obscur. C'est ainsi que la mécreance fait vn homme, tantost Lutherien, puis Caluiniste, Anabaptiste, Arien, Mahometan, Libertin, Impie, qui reuient successiuement d'vne infinité de doutes pour ne plus rien croire, & pour se faire vn spectacle ridicule des combats, où s'emportent les diuerses Religions. Ce qui est de plus lamentable, c'est que toutes les sectes apres auoir reconneu leurs abus, & s'estre interieurement abandonnées à l'impieté, forment vne conjuration generale contre l'Eglise, & joignent leurs forces par de secrettes intelligences pour l'abatre comme vn ennemy commun. Voilà comment les ames se perdent, les estats se broüillent & se desolent quand ils abandonnent Dieu. Seigneur, dit le Prophete, ceux qui se separent de vous tombent dans la confusion, ils perissent n'ayant plus vos lumieres ny vostre support, & n'estant plus dans l'element de la vie.

Le premier pas qui conduit à ce principe, c'est le doute, c'est la nouueauté de secte, à qui le Chrestien se doit genereusement opposer, s'il a de la charité pour le bien public, pour le salut des ames, pour la deffense de l'Eglise, & pour la gloire de Dieu : Tenir ses sentimens cachez en ce rencontre, c'est fauoriser le cours de l'erreur, & donner le libre passage aux dégats qu'il fait dans les ames; c'est vne lente perfidie, vne honteuse desertion, vn crime pareil à celuy d'vne sentinelle, qui ne donneroit pas l'allarme aux approches de l'ennemy. Car les Prelats, les Docteurs, les personnes consacrées à Dieu, sont particulierement établies de sa Majesté, pour veiller à la seureté des peuples, & les aduerti-

des dangers qui les menacent. Ces libertins ont bien le courage d'attaquer des veritez vniuersellement receuës depuis tant de siecles, & vous n'auez pas le cœur de les deffendre, quoy que cela vous soit plus facile & plus glorieux ? La foy Chrestienne s'est renduë victorieuse de l'idolatrie, lors qu'elle estoit supportée par la puissance des Princes, par les prestiges des Prestres & des Demons, par la creance commune de tous les peuples ; & maintenant que l'Eglise est dans l'éclat de son pouuoir, que les Roys, que les Sages, sont de son party, vous l'abandonnez ? Hé comment eussiez vous porté les fatigues de son establissement, puisque vous prenez la fuitte aux moindres menaces d'vne enuie mutinée contre sa grandeur ? Ne voyez-vous pas la défaite d'vne infinité d'heresies, la honte & l'eternelle confusion de leurs adherans, & d'autre costé la gloire de ceux qui les ont genereusement combatus ? Pour l'auersion que vous pourrez encourir de quelques petits broüillons & temeraires, vous aurez l'applaudissement des sages, des Princes, des Prelats, de toute l'Eglise : Ayez confiance en moy, vous dit Iesus-Christ, i'ay vaincu le monde, il est reduit à l'impuissance, & ses petites reuoltes ne sont plus que des occasions de me-

DE MISERICORDE.

rite pour ceux qui auront le cœur de combatre pour mes interests : Quelques attaques, quelques trauerses qu'on donne à la verité, elle sera tousiours victorieuse ; c'est vostre gloire d'estre choisi par la Prouidence pour déployer vos charitez dans ce grand sujet, qui regarde le bien public, le salut des ames, la deffense & le triomphe de l'Eglise, qui doit durer jusques à la fin des siecles. C'est aller ce semble plus loin que ne le permet vne existence particuliere & mortelle, d'agir pour ce bien public de l'Eglise & de l'estat, auec des generositez & des industries qui leur soient des sources de bon-heur pour tous les âges suiuants, & d'vne multiplication de couronnes pour ces ames charitables, dans vne gloire desia consommée.

Chapitre III.

Les parens pauures doiuent estre soulagez par preference.

Dieu est vne essence infinie, vne bonté souueraine qui a tout produit de rien, qui peut beaucoup donner à ses creatures, & n'en peut rien receuoir, à cause que l'eternelle plenitude de ses perfections, ne souffre ny déchet ny accroissement. Il ne nous demande que nos amours, que nos respects, que nos obeyssances à ses volontez, non pas qu'il en tire quelque aduantage, & que sa gloire reçoiue quelque plus grand esclat de l'honneur que nous luy rendons; mais parce qu'il veut nostre felicité, & que nous ayant creés libres, nous ne la pouuons meriter, sans nous conuertir à luy qui en est le seul principe, comme il nous faut mettre en la presence du Soleil les yeux ouuerts, pour receuoir son rayon.

Nos pere & mere de qui nous tenons la vie, ont de grands rapports auec la bonté de Dieu, ils sont les causes secondes de nostre existence, ils nous l'ont donnée par vn amour qui a deuancé le nostre, ils nous la conseruent par des affections empressées, qui n'ont pour objet que nostre bien; leurs soins, leurs trauaux, leurs industries tendent à l'établir, ils sont contents, si nous sommes heureux; Leur ambition seroit d'estre tousjours en estat de donner sans receuoir comme Dieu, parce que leur amour est genereux, dégagé de tout interest particulier, & qu'il penseroit perdre beaucoup de ses droits, & de dominant deuenir sujet, s'il estoit reduit aux em-

DE MISERICORDE.

emprunts. Tous les iours on void ce sentiment d'excellence dans les personnes mesme de basse condition, qui craignent de receuoir autre chose de leurs enfans que des respects, & qui sont bien ayses d'auoir ce sujet de les plus aymer, de leur faire plus de faueurs par quelque sorte de justice. Mais auec tout ce qu'ils apportent de soins, pour se conseruer dans l'indépendance, mille fascheuses rencontres de la vie, tant de disgraces & d'accidens inesperez; enfin l'extreme vieillesse, les reduit à la misericorde de leurs enfans. Ce n'est pas sans beaucoup de violence qui leur seroit moins supportable, si les prompts & genereux deuoirs de la pieté ne l'adoucissoient, & s'ils n'auoient beaucoup plus de satisfaction, de se voir aymez que secourus.

Les enfans sont obligez de les assister de la sorte, auec des douceurs, des agréemens où l'on ne voye rien des postures arrogantes d'vn qui donne, mais que tout soit dans l'humilité de celuy qui fait beaucoup moins que son deuoir, & que son affection ne demande. En effet, s'ils considerent ce qu'ils ont receu de leur pere & mere; la vie, les soins, les fatigues, les frais de l'éducation, les biens qui ont esté le fondement de leur fortune, sur tout les

Arist. mor. l. 9. c. 2.

Tost. exo: to. 1. c. 175. D. Hier. in Math. c. 15.

I

tendresses d'vn amour qui n'auoit point de bornes pour leur aduancement, & qui les eust voulu rendre des monarques ; s'ils pesent ces choses, ils verront que tous leurs seruices sont au dessous de ce qu'ils doiuent de reconnoissance.

D. Th. 2.2. q. 189 a. 6. l. 1 c. de Alend. lib.

Nourrir vn pere ou vne mere reduits à la pauureté, c'est vne loy naturelle pour les enfans, dont toutes les considerations publiques ou particulieres, tout ce qu'vne patience lassée pourroit dire, ne les doit pas dispenser. Iesus-Christ condamne la pratique des Pharisiens, qui receuoient en offrande les biens que l'enfant deuoit à l'assistance de ses pere & mere pauures; en ce cas les loix, les Canons, les Docteurs ne luy permettent pas d'entrer en Religion, & de manquer au precepte, sous couleur de pratiquer les conseils de l'Euangile. Aussi l'Abbé Archebius ayant quitté ses parens assez riches, pour ne leur estre pas necessaire, & ayant mené fort long-temps la vie d'Anachorette dans le desert,

Cassian. l. 5. c. 38.

auec vne grande estime de sainteté, aprit que sa mere veufue estoit reduite à telle indigence sous la rigueur de ses creanciers, qu'il ne luy restoit plus aucun moyen de viure, lors il trauailla des mains, trois fois autant qu'il auoit coustume, & du prix de ses ouurages, il sou-

DE MISERICORDE.

lagea les necessitez de sa mere pauure, qu'il auoit quittée, lors qu'elle estoit riche, par la mesme charité de Iesus-Christ, qui l'escarta des richesses, & le rendit à la pauureté.

Ie n'entreprends pas de rapporter icy tout ce qui se pourroit dire sur cette matiere, que j'ay traittée plus amplement en d'autres ouurages, il me suffit d'en toucher sommairement quelque chose, & remarquer que le pere se conserue vn droit inalienable sur la personne de ses enfans, & sur les biens qu'ils ont acquis, comme les proprietaires d'vn fonds ont droit sur les edifices que l'on y bastit, comme les meubles d'vn locataire, sont tacitement obligés au maistre de la maison. Quand donc il s'agit de la preference selon les ordres de la charité, les assistances des peres & meres, sont considerées comme vne debte, la plus ancienne qu'il faut defalquer des biens, deuant qu'ils se puissent employer en d'autres liberalitez. De là vient, que si quelqu'vn void son pere & son fils engagez dans vn peril, dont il ne peut sauuer que l'vn des deux; il doit preferer son pere à son fils, dit saint Thomas, parce qu'il luy doit la force mesme qu'il a de le secourir; il luy doit cette assistance par vne ancienne obligation qu'il a con-

l.3, & l. digest. sapient. gloria Principii.

D. Th. 2. a. 2. q. 31. a. 3.

tractée dés-lors qu'il a receu la vie, il luy doit comme à l'Image viuante, & au Collegue de Dieu en ce qui est de sa formation; il luy doit en reconnoissance de son amour & de ses bien-faits, par des commandemens que les loix diuines & humaines luy ont imposez sans dispense.

D. Th. d. loco.

Pour ce qui est des autres parens, saint Thomas dit, que les ordres des vertus & de la grace doiuent imiter ceux de la nature, parce qu'ils sont establis par vne mesme sagesse diuine. Or tous les agents naturels agissent plus fortement sur le sujet qui leur est plus proche, on s'approche d'vn flambeau pour en estre plus éclairé, du feu pour en receuoir plus de chaleur; Dieu mesme communique par éminence les splendeurs de sa gloire, aux bien-heureux esprits qui luy sont plus proches: il faut conclure de là, que les hommes qui sont en estat d'exercer les œuures de miséricorde sur des personnes affligées également d'vne extreme necessité, & ne pouuant pas les assister tous, doiuent preferer aux autres ceux que le sang & la famille leur rend alliez. Vostre parent est quelque partie de vous-mesme, il entre donc selon le degré qu'il tient, dans la preference que vous vous deuez à vous-mesme par-dessus les autres.

DE MISERICORDE.

L'inclination qui vous porte à le gratifier, le droit commun qui l'authorise n'est pas sans vne espece de justice. Car si cét homme tombé dans l'indigence estoit riche, vous seriez en estat de luy succeder; n'est-il pas bien raisonnable que vous portiez les charges d'vne personne, dont vous receuriez les profits, si elle estoit dans vne moins mauuaise fortune. Considerez qu'vne famille fait vn corps, où la disgrace d'vne partie est vn sujet de reproche à toutes les autres : Vn parent pauure fait honte aux plus riches, comme s'ils auoient vsé de mauuaise foy aux partages de leurs biens communs, comme s'ils auoient manqué d'affection pour luy procurer quelque bon employ qui le tirât de la misere, elle porte bien souuent au desespoir & aux crimes, toûjours c'est vn pretexte à la médisance & à l'enuie, pour affoiblir l'estime des alliez, & pour marquer la bassesse de leur origine : N'est-on pas obligé d'essuyer ces taches, au moins de les couurir autant qu'il se peut par de bons offices, où les interests humains se rencontrent auec ceux de la conscience.

C'est vne chose assez ordinaire au monde, de n'y point voir de familles quoy qu'illustres sans quelques alliez, qu'vne mauuaise conduite, ou des disgraces ineuitables ont reduit à la pauureté ; peut-estre que cela ce fait par ce droit commun, qui monstre en toutes choses la foiblesse de leur origine par quelque défaut, qui met des taches dans la Lune & dans le Soleil, qui ne nous accorde aucuns biens, sans quelque mélange de seruitudes & de maux, qui veut humilier de la sorte, des grandeurs éleuées de la poussiere, qui veut en confondre la vanité, & les obliger à des deuoirs charitables. Mais cette mesme vanité est vne opiniastre maladie, qui s'aigrit & se fortifie par les remedes ; car les riches ont aujourd'huy coustume de traitter leurs pauures parens, auec des froideurs, des mepris, enfin, auec des reproches & des inuectiues qui les bannissent de leurs maisons, pour ne point voir des visages & des incommoditez qui leur causent de la honte. Cette défaite me semble aussi ridicule que celle de perdrix, qui estant chassées se cachent la teste, & s'imaginent en ne voyant pas, de n'estre pas veuës, quoy qu'elles découurent le reste du corps. Car ce pauure si mal traitté de ses parens, où il auoit mis ses dernieres esperances, est contraint de s'adresser aux estrangers, & comme d'abord ils le renuoyent à ceux de sa famille, qui ont les moyens & l'obligation de l'assister, il se void reduit à découurir leurs in-

DE MISERICORDE. 255

humanitez doublement cruelles, en ce qu'elles luy refusent le secours, & qu'elles empéchent qu'il ne le reçoiue des autres. La compassion prend en ce rencontre la voix du pauure, le rebut qu'il a receu se dit, le bruit s'en répand, & voilà la honte que ce mauuais riche vouloit esquiuer, qui reuient sur luy auec beaucoup plus d'infamie, puis qu'il est reconneu, qu'il est condamné d'vne voix publique, comme vn superbe, vn ingrat, indigne d'amour, n'en ayant pour ceux de son sang. L'vnique moyen donc qu'il auroit de s'épargner la honte d'vn pauure parent, c'est de l'assister en secret, & de luy obtenir par faueur quelque honeste employ qui le tire de la misere.

CHAPITRE IV.

Les plus vertueux sont preferables aux autres.

SI dans la concurrence de plusieurs pauures pressez d'vne égale necessité, & que vous ne pouuez pas tous assister, vous preferez vos proches aux estrangers, il est bien juste qu'en mesme rencontre vous deferiez beaucoup à ceux qui excellent en vertu, parce que cette alliance d'esprit ne vous dois pas estre moins considerable que celle du sang. Ces personnes ayant la raison pour regle interieure de leur conduite, sont plus hommes que ceux qui n'en ont que le visage & l'exterieur, peut-estre, auec des cœurs de lyons, de pourceaux, de singes; ils meritent donc plus les fauorables effets de la misericorde, dont nous auons le sentiment pour nos semblables. Nous apprenons les merites de la vertu, par les honneurs, les dignitez, la puissance que les peuples luy ont rendus quand elle est secondée de la fortune, mais comme elle n'a pas tousiours cet éclat, & que le Ciel la tient ordinairement cachée comme l'or & les pierreries dans les mines, au moins quand on la void dans cette oppression, il ne luy faut pas refuser ce qu'elle demande & ce qu'elle merite de secours.

Si vous vous éleuez au dessus de la nature, & que vous consideriez l'homme juste, comme vne production de la grace, comme vn enfant de Dieu, comme vn frere & vn coheritier de Iesus-Christ, il ne vous sera pas possible de refuser vos affections, ny vos biens à ces eminentes qualitez, si vous auez comme luy Dieu pour pere, vos interests seront inseparables en ce commun centre d'amour, &

de

DE MISERICORDE. 257
de beatitude. La diuersité de vos conditions humaines dans vne mesme foy & vne mesme charité, est vn effet de la Prouidéce, qui permet ordinairement qu'vn homme de bien ne soit pas le plus heureux, en ce qui est des choses exterieures, soit que les ayant consideré es auec mépris, il ne leur ayt pas donné tout ce qu'elles demandoient de soins, ou qu'il n'ayt pas voulu les achepter au prix de ses libertez & de son ame; ou qu'vne permission particuliere de Dieu ayt lasché la bride aux Demons & aux méchants, pour donner à sa vertu les exercices d'vn saint Iob; ces diuerses causes ont pû concourir pour le reduire à la pauureté où vous le voyez; le voilà donc dans le veritable estat d'vn Chrestien, qui suit son Maistre chargé de la croix; il l'ayme, il la caresse, mais il y va perdre la vie dans le dépoüillement de toutes les choses necessaires à son entretien, si vostre bonté ne vient au secours.

Ne doutez pas que ce ne soit particulierement de ces pauures justes que le Fils de Dieu parle, quand il dit, qu'il tient les aumosnes qu'on leur fait pour siennes; que la nourriture qu'on leur donne soulage sa faim & sa soif; car il est à croire que sa sainteté se plaist d'estre representée par des Saints, qu'il exerce

K k

par les méchants, qu'il soulage par les bons, & que comme il leur a promis son secours, il se tient redeuable à ceux qui le donnent en son nom.

Il verse ses diuines consolations dans les ames de ces pauures affligez, & les affranchit en cette principale partie des ressentimens de douleur, où consiste le plus violent symptome de la pauureté; il vous laisse la commission de pouruoir aux necessitez du corps; donnez-luy la vie que l'inhumanité des autres luy refuse, & prenez l'occasion de cette indigence pour faire vn grand acquest de merites. Vous ne sçauriez croire combien ce iuste s'anime à la vertu, son cœur & sa bouche ne forment que des actions de grace, quand il voit les secours inesperez que la diuine Prouidence luy donne par vostre entremise. Le voilà plus content que les Monarques d'auoir ces preuues sensibles, qu'il est sous vne particuliere protection du Ciel. Si vous ayez vn sincere sentiment de pieté, aymez, aydez vostre semblable, quand quelques respects humains se mesleroient parmy ces actes de misericorde, & que vos affections ne seroient pas encore si pures, qu'elles vous pussent éleuer à Dieu; ayez les trouppes auxiliaires de ces bons pauures, vous obtiendrez

DE MISERICORDE. 259
par leurs prieres, ce que vos propres infirmitez ne vous rendoient pas possible, & vous emporterez le Ciel, s'il ne se gagne que par la violence. Vous aymerez vos charitez auec ces personnes qui en sont l'objet, & comme elles vous seront cheres, leurs instructions penetreront bien auant dans vostre cœur. Leurs parfaites resignations à la volonté de Dieu, leurs joyes interieures, dans les fermes esperances qu'elles ont pour le Ciel, vous feront connoistre que les felicitez de l'homme ne dépendent pas des choses exterieures, qu'elles y apportent plus d'empéchements que de secours, si elles ne sont bien dispensées par la charité.

La Republique donne des recompenses tres-insignes d'honneur & de profit à la vertu quand elle est heureuse, & ne sçait pas reconnoistre les plus grands merites de celle qui surmonte les passions & les disgraces par vne constance inuincible dans vne mauuaise fortune, elle couronne, elle accable d'vne surabondance de biens les vertus communes, & abandonne les plus heroïques aux necessitez pressantes de la vie sans aucun secours. Prenez donc icy le party de Dieu, en recueillant auec toute l'humanité possible, les pauures que la pieté luy rend chers; suppléez au dé-

Kk ij

faut de l'estat, qui s'abuse au discernement des merites, qui d'vn costé donne trop, de l'autre moins qu'il ne doit à la vertu.

Ce juste quoy que pauure dans vne basse condition, que tous regardent auec mépris, est peut-estre, dit saint Augustin, le vray genie tutelaire de l'estat, qui combat ses ennemis par des armes inuisibles, qui leue la milice du Ciel à son secours, qui merite d'insignes benedictions pour l'heureux succez de ses entreprises. Le juste est, dit Philon, le Liberateur d'vn grand peuple qui trouue vne ville de refuge, dans vne petite case, ses seuretez & ses richesses dans la pauureté, le juste est vn puissant mur, & vne digue impenetrable qui s'oppose au cours de la justice diuine, toute preste à rauager des peuples ingrats. Il y va donc de l'interest particulier & public, du bien de l'Eglise & de l'état, c'est vne action de justice qui console, qui anime tous les gens du bien, d'assister les plus justes en leurs necessitez par preference au commun des pauures.

D. Aug. ser. 6. de verb. dom. c. 6.

DE MISERICORDE.

CHAPITRE V.

L'aumosne se doit particulierement aux pauures tombez dans l'impuissance de gaigner leur vie.

Ostez les personnes que la religion & la vertu rendent plus recommandables, entre les pauures d'vne basse condition, ie n'en voids point plus dignes de misericorde que les artisans & les villageois ; ils ont fait tout leur possible durant plusieurs années pour gagner leur vie, mais quoy qu'ils n'ayent épargné ny leurs industries, ny leurs forces, diuerses causes ineuitables les ont reduit à l'indigence. Cette disgrace qui ne vient pas de leur faute, mais d'vne force majeure inuincible, merite que la charité Chrestienne, en qualité de cause vniuerselle vienne à son secours & supplée le défaut particulier, comme la mer apporte la nourriture à ses poissons qui manquent de forces, de sens, ou de mouuemens pour la chercher. Le trauail de ces manœuures, de ces artisans, de ces villageois, suffisoit pour leur donner la subsistence d'vn iour à l'autre ; mais non pas pour met-

K k iij

tre en reserue des sommes capables de pouruoir aux necessitez futures, tellement que si la maladie les abbat au lict, ils consomment en peu de temps leur petite épargne, leurs meubles, ce qu'ils empruntent du voisin; & puis les voila sans nourriture, auec moins de regret de n'en auoir pas pour eux, que pour leur famille desolée.

La Republique d'Athene se monstroit fort secourable en cette rencontre, & destinoit vn fonds considerable à l'assistance de ces paures, qu'elle appelloit reduits à l'impossible. N'est-il pas juste de les secourir, comme des parties de l'estat veritablement basses, mais necessaires, & dont le défaut osteroit toutes les commoditez de la vie, car que feroient les riches sans les artisans? Vous auez profité de leurs seruices, & vous leur en auez donné de si petites recompenses, qu'à peine ont-elles suffit pour leur nourriture de chaque iour, sans pouuoir faire aucune reserue pour l'aduenir. Leurs forces se sont enfin abatuës, par vne mauuaise nourriture, & sous vn trauail qui n'estoit soulagé d'aucun diuertissement ny d'aucun plaisir; voilà les infirmitez dont le public peut estre consideré comme cause, & dont il doit aussi reparer les mauuaises suites. Si les bestes qu'on a d'emprunt ou

Suidas in verbo ἀδύνατοι.

DE MISERICORDE. 263

de loüage, meurent ou tôbent malades, parce qu'on les a trop violentées, on est obligé d'en payer le prix, & mettre leur maistre hors d'interest, si quelqu'vn contraint vn Pilote de receuoir trop de charge dans son vaisseau, qui pour cela fait naufrage, il est puny d'vne double peine, & pour reparer la perte, & pour l'expiation du crime. Les pauures manœuures ont porté quasi seuls la peine de la condamnation, que Dieu prononça contre le premier homme & ses descendans, de gagner leur pain à la sueur de leur visage, ils ont souffert ces fatigues, & en ont soulagé les autres, le peu de recompense qu'ils en ont receu, les a reduit à la pauureté d'où procedent leurs maladies; pourquoy le public ne seroitil pas tenu aux indemnitez, où les loix obligent pour les animaux, ie dis par vne raison de justice, quand le motif de la charité Chrétienne manqueroit.

Si l'on soustient que ces artisans tousiours satisfaits par vne juste recompense de leur trauail, sont seulement tombez en pauureté par vn trop grand nombre d'enfans; il est vray, ce n'est point à la Republique vne faute ny vn dommage qu'elle doiue reparer, mais c'est vn bien qu'elle reçoit, & qu'elle est obligée de reconnoistre: ces pauures luy donnent

l. 30. §. qui mulas ff. locat.

l. vni. cod. ne quid oneri publ.

des citoyens, des ouuriers pour les arts, des agens pour son commerce, des soldats pour sa milice, peut-estre des Capitaines, des personnes de gouuernement, parce que les bonnes qualitez de l'esprit qui viennent du Ciel, ne dépendent pas de la condition des parens, elles éclattent quelquesfois dans l'obscurité de la naissance, & ont souuent commencé la noblesse des plus illustres familles. Il est difficile que dans le grand nombre quelqu'vn ne reüsisse à de grandes choses, & c'est pourquoy les loix ont donné des priuileges aux peres chargez de plusieurs enfans. Les Empereurs & les Souuerains Pontifes de Rome, les ont déchargez de taille, de doüanne, d'autres impositions, afin de ne point oster les moyens de viure, à ceux qui leur auoient donné tant de vies, ny diminuer des reuenus qui ne pouuoient pas mesme suffir à tant de personnes; si donc ces hommes de main sont tombez en pauureté, puis en maladie, par leur trauail excessif pour assister le grand nombre des enfans qu'ils ont donnez à l'estat, cette misericorde naturelle en merite vne ciuile & charitable par toutes sortes de considerations.

Or parce qu'il est difficile que l'estat dans cette obligation generale, porte exactement ses

Inst. de excus. tuto. Nouell. 43. c. 1. §. 2. Pius 4. const. 72. §. 1.

DE MISERICORDE.

ſes veuës ſur toutes les neceſſitez des perſonnes particulieres, qui demandent du ſecours, les loix Romaines permirent à chaque métier de faire vn corps de tous ceux qui le profeſſent, & d'auoir vn coffre commun pour l'aſſiſtance de leurs aſſociez, afin que des petites contributions qui reſteroient apres auoir ſatisfait aux preſſantes neceſſitez, il s'en peut faire quelque fonds conſiderable. Pour cét effet la loy veut que tous les biens d'vn artiſan qui meurt ſans legitimes heritiers appartiennent au corps de ſon meſtier, à l'excluſion du fiſque; pour ce qui eſt des decurions, s'ils auoient pour heritiers des perſonnes eſtrangeres de leur famille, la quatrieſme partie de leurs biens appartenoit à leur corps, qui ſuccedoit par inteſtat à tous leurs biens, s'ils mouroient ſans aucuns enfans. Ces ordonnances furent ainſi faites, afin que les corps euſſent de quoy pouruoir aux beſoins de leurs aſſociez: Et certes, il ſeroit bien à ſouhaitter que ces ordres fuſſent bien eſtablis dans toutes les villes de France, que de la ſucceſſion d'vn artiſan on en prit quelque petite partie qui n'incommodaſt point les heritiers, & qui eſtant fidellement conſeruée dans leur recepte commune, puſt ſeruir à ſoulager les pauures de la meſme profeſſion, cela pour-

l. 1. ff. de colleg. & corp.

l. ſi quis ff. de iniu. rup. teſt.

l. & 2. cod. quando quarta para. l. vnic. c. de bon. decurion.

L l

roit grossir par la deuotion des plus riches, par les amendes, par d'autres contributions qui seroient mieux employées en ces deuoirs de charité, qu'en des festins & en des débauches, qui ont autresfois rendu ces congregations infames.

Gelac. ob-
scru. l. 7. c.
30.

CHAPITRE VI.

Les pauures honteux souffrent beaucoup, & meritent vn prompt secours.

LA pauureté se peut dire l'vne des plus notables disgraces de la vie, parce qu'elle en oste toutes les commoditez, dont la veuë donne les desirs, & les desirs en rendent la priuation plus sensible; neantmoins quand elle ne va pas jusques à cette extremité, de ne point donner le vestir & la nourriture necessaire au corps, elle deuient vne habitude en ceux qui ont tousiours esté nourris dans vne basse condition, & qui regardent les plus releuées sans y pretendre, comme à des choses impossibles. Mais vn homme né dans les richesses, qui en a gousté les douceurs auec la vie, qui s'en est fait vn droit par vn long vsage, se les a tellement incorporées, qu'il ne les peut perdre sans vne extreme douleur, comme vne partie de luy-mesme, le moyen que la nature ne souffre beaucoup, quand vne déroute de fortune luy retranche ses délices ordinaires, & que le noble se void reduit à la table d'vn artisan ; en ce rencontre la necessité l'obligeroit à la patience, n'estoit que l'opinion aigrit ses playes, & ramasse le passé, le present auec l'aduenir pour en faire vn comble de misere. Vne cheute de si haut luy paroist vn precipice, qui luy oste infailliblement la vie de l'honneur : Il void ses desseins rompus, ses esperances trompées, il cache les incommoditez de sa maison, auec beaucoup plus de soin que celles du corps, auec aussi plus de frais qui le consomment, qui acheuent, & qui font bien-tost plus paroistre la ruine qu'il veut déguiser. Le ventre est vn creancier qui donne fort peu de respect, & qui d'vne debte fait vn crime capital, punit de gesnes & de mort, si on ne le satisfait en vn temps prefix. Aller aux emprunts, c'est desia publier sa honte, & les promesses de restitution tousiours fautiues, luy ostent l'audace de plus importuner vn amy ; Il void les yeux de ses jaloux attachez sur luy pour obseruer toutes ses postures, & son desespoir est qu'ils font leurs joyes, leurs railleries, leurs

Ll ij

triomphes de son mal-heur. Ces tristes & confuses pensées, troublent beaucoup plus son esprit, que la faim n'abat son corps, il se metteroit en liberté par la mort, n'estoit que la Religion Chrestienne le luy deffend, quoy ne viure que pour endurer ? Que pour estre ridicule à ses ennemis, attaché long-temps à la misere, comme au carcan, & n'auoir de la raison que pour accroistre ses peines ? D'où peut venir le remede de ce mal, si la bouche qui le deuroit découurir, le cache, & si la honte le refuse ?

C'est en ces occasions où les flammes de la charité Chrestienne doiuent répandre assez de lumiere, pour reconnoistre par toutes sortes d'indices ces disgraces qu'on tenoit couuertes, & pour guerir auec soin cette maladie compliquée de honte & de pauureté. Les douleurs d'esprit & de corps y sont extremes, de sorte que si l'on doit donner le secours par preference à ceux qui sont dans de plus grandes necessitez, il ne peut estre appliqué plus justement qu'aux pauures honteux. Il est vray qu'vn sentiment humain augmente beaucoup leurs calamitez ; mais où trouuerez vous vn homme d'vn cœur & d'vn front d'airain, qui dans vne déroute de biens ne rougisse point à la veuë du monde ; parce

DE MISERICORDE.

qu'en cette disgrace on suppose ordinairement beaucoup de sa faute, peut-estre des crimes & des vengeances du Ciel; voilà comment la médisance poursuit les affligez, comme les chiens pillent ceux qui sont battus; hé comment ne point dissimuler vn mal qui empire, si on le découure?

Allez donc, ame Chrestienne, allez genereusement offrir vos assistances à ce pauure desolé; prenez sujet de luy offrir vos seruices en quelque disgrace connuë de tous, pour luy donner l'asseurance de vous découurir les plus secrettes, comme dans le procedé des sciences, des choses connuës l'on vient à celles qui ne l'estoient pas; faites-luy des offres si officieuses, qu'elles luy épargnent la honte de demander & de receuoir; faites-luy toutes les protestations de secret, de fidelité, d'assistance, vous dissiperez par ce moyen les nuages de son esprit, & la pieté de vos entretiens l'obligera de remettre toutes ses esperances en Dieu.

Il se trouue des personnes d'vne humeur si délicate & si sensible à la honte, qu'elles ne découurent jamais leurs necessitez, & que pour les assister, il faut les surprendre: C'est ainsi que saint Nicolas voyant vn homme riche en apparence, mais en effet incommodé, de sorte que pour subuenir à ses necessitez, il estoit prest de prostituer l'honneur de ses deux filles : Ce saint Prelat connoissant son foible, jetta par deux diuerses fois dans son cabinet deux bourses plaines d'or pour le mariage de ces deux filles. Il ne luy fit point connoistre d'où venoit cette liberalité, afin qu'il la teint purement de Dieu, & qu'il n'eust qu'à rendre ses actions de grace à cette premiere bonté, de qui les souuerains Pontifes font publiquement gloire de tenir leur thiare, & les Monarques leurs couronnes. Cette aumosne est veritablement conduite par vne sincere charité, qui ne regarde que l'honneur de Dieu & le soulagement du prochain, sans aucun interest particulier, non pas mesme d'vne reconnoissance & d'vne amitié ciuile. Par vn seul acte elle guerit cét homme de deux grandes maladies, de la pauureté par ses largesses, & de la honte par son secret. Elle le soulage sans se faire voir, comme le Ciel nous oblige par des influences imperceptibles, comme les Anges par leurs inspirations interieures, comme Dieu par les continuelles & secrettes impressions de ses graces.

On doit esperer que les mouuemens de cette misericorde, seront de mesme reguliers & perpetuels, parce qu'ils ne releuent

DE MISERICORDE. 271
point des choses exterieures, sujettes à l'inconstance, qu'ils ne tiennent rien de la vanité, qu'ils n'attendent point les prieres ny la gratitude de ceux qu'ils obligent, ils n'ont pour objet que Dieu, pour principe, que sa grace qui en est l'ame, qui l'echauffe d'vn feu sacré, perpetuel, sans s'éteindre ny perir, comme dit l'Apostre; On peut reconnoistre que cette maniere de bien-faire sans rien pretendre est la plus aduantageuse, de ce que tous souhaitent d'estre secourus de la sorte, sans estre chargez d'aucune obligation, & sans voir au-dessus d'eux des personnes, dont ils fussent les redeuables. Si le Fils de Dieu condamne la vanité des riches, qui pour donner l'aumosne faisoient marcher deuant eux des trompettes, plus pour assembler les spectateurs que les pauures, il faut inferer qu'il prise & agrée parfaitement les charitables liberalitez faites en secret, & qu'il leur promet au centuple dans le Ciel, toute la gloire qu'ils se refusent en ce monde. Cependant l'homme charitable n'en sera pas dés-icy tout à fait priué, quand il n'auroit que le témoignage de sa conscience; & puis, dit saint Chrysostome, Dieu ne permettra pas que cette lumiere, *D.Chrys.* quoy que couuerte, ne jette quelques rayons *hom.71.in* qui la fassent reconoître pour l'édification de *Math.in sine.*

l'Eglife. Cela dépend de la Prouidence, mais fans auoir toutes ces veuës, rendez fimplement tout ce que vous pourrez de bons offices au pauure honteux, auec vn fecret, mefme auec des furprifes qui épargnent fa honte & la voftre. Car voftre humilité doit fouffrir de voir que Dieu reduife cét homme à viure de vos liberalitez, & qu'il vous donne fur luy cét aduantage fans aucun merite: Peut-eftre n'auriez-vous pas affez de conftance dans vne pareille difgrace; feruez au moins de fecond en ce combat, furmontez voftre auarice, voftre vanité pour rendre Iefus-Chrift victorieux en l'exercice que les accidens du monde, donnent à cét homme tombé d'vn honefte eftat dans la mifere.

Chapitre VII.

Affifter les prifonniers.

Suppofez les motifs tres-raifonnables, qui de tout temps & en tous les peuples, ont obligé la juftice d'auoir des prifons, pour s'affeurer de ceux qu'elle doit juger, vous trouuerez que c'eft vn droit commun qu'on ne peut pas eftablir, fans que l'innocence de
plu-

plusieurs y soit notablement offensée. Le nom de justice attache d'abord sur le front des personnes, que l'on y tire vne honteuse presomption de faute ou de crime qui les rend, ce semble, moins dignes de misericorde; neantmoins si vous vous representez vn Hieremie, vn saint Paul, les Prophetes, les Apôtres, tant de Saints, tant de Martyrs dans les prisons, vous serez tout persuadé que souuent ces lieux infames enferment & mélent les innocens auec les coupables, que si ce n'estoit la mauuaise inclination de la nature à croire pluftost le mal que le bien, de toutes les disgraces celle-cy toucheroit les cœurs de plus de pitié.

Vn ennemy dresse vne requeste auec tous les artifices, aussi toutes les impostures imaginables pour surprendre l'esprit d'vn Iuge, & sur des faits supposez, il en obtient vn decret de prise de corps. Vn homme est par ce moyen pris au colet, honteusement traisné par les ruës dans la prison, la poursuite se continuë par vne extreme rigueur, & deuant que la faute soit auerée, la voila punie. La prison n'est qu'vne circonstance de l'affaire, pour s'asseurer de la personne, neantmoins, c'est vne peine tres-sensible, parce qu'elle offense l'honneur, comme si l'on estoit si déraisonnable, qu'on ne peut estre reduit à son deuoir que par la contrainte ; elle oste la liberté naturelle, elle fait souffrir l'exil & le bannissement dans sa patrie, elle fait l'absence sans changer de lieu ; ce pauure n'est present que pour souffrir, & non pas pour se deffendre, car on luy oste le moyen d'apporter des remedes plus efficaces à son mal, par des sollicitations personnelles. Estre renfermé dans vn lieu puant & obscur, parmy des criminels & des miserables, perdre les douceurs de sa famille, la conuersation de ses amis la liberté des visites, estre l'esclaue de son ennemy, c'est vn amas de calamitez, que les Astrologues ne peuuent exprimer que par l'influence du plus infortuné Planette & lieu du Ciel.

Vn homme au reste sage & de bonne foy en la conduite de ses affaires, souffrira d'insignes pertes par vn naufrage, par vn incendie, par la persecution d'vn grand, par vne maladie qui acheue de le consommer, & qui le reduit aux emprunts auec de gros interests, dont il ne se peut acquitter. Ses debtes croissent, ses biens diminuent, auec tout ce qu'il a de bonne volonté, il est dans l'impuissance de satisfaire à ses creanciers. La crainte qu'ils ont de perdre ce qu'ils ont presté, les porte à la violence auec quelque forte de justice, qu'on exerce pour empefcher les abus, & les coups de mauuaife foy, dont autrement plufieurs fe feruiroient pour s'acquitter de leurs debtes ; & ne iugez-vous pas que ce pauure homme abattu par vne force majeure, & par vn mal-heur inuincible ne foit d'autant plus digne de mifericorde, qu'vne confideration publique empéche qu'on ne confidere fon innocence ; Que vos affiftances charitables concilient donc ces droits qui fe combattent en apparence, laiffez l'exemple au public, & donnez fecours à cette calamité particuliere.

La condition eft encore bien plus lamentable d'vn homme enfeuely dans les cachots comme criminel ; foit que l'accufation foit fauffe ou vraye, cét eftat eft digne de mifericorde. Voilà ce que produifent les mauuaifes libertez d'vn efprit qui s'abandonne à fes propres mouuemens, fans vouloir fuiure ceux de la grace. Si chacun rentre dans fon interieur, & fait vne diligente information de fa vie, il fe verra redeuable aux mifericordes particulieres de Dieu, de n'eftre point mille fois tombé dans les mefmes, ou plus fafcheux accidents, lors que les paffions l'y portoient, & que la feule impuiffance l'a retenu. Helas, le transport d'vn mouuement secondé de l'occasion, cause le des-honneur & le supplice de toute la vie ? Ne doutez pas que ce pauure homme n'ayt effacé son crime deuant Dieu par les larmes de sa penitence; il est absous deuant le souuerain Iuge, & la justice humaine ne laisse pas de le traitter comme criminel ? Que vostre charité prenne icy les interests de Dieu, les interests de vostre frere; secourez de vos suffrages, c'est à dire, de vos moyens & de vos faueurs vne innocence qui fait son purgatoire des fautes passées.

Iesus Christ fera reproche, & produira pour cause d'vne eternelle condamnation, à ceux qui ne luy auront pas rendu leurs visites & leurs assistances dans les prisons, sans distinguer si elles sont causées pour crime ou pour debte. La charité ne considere que Dieu dans les affligez, & plus leurs peines sont grandes, plus elle se monstre officieuse à les secourir. La justice mesme ciuile qui poursuit le chastiment des criminels pour vn exemple public, ne laisse pas de soulager les personnes; autresfois on leur preparoit des festins, comme on engraissoit les victimes qui se deuoient immoler pour l'expiation des villes & de l'estat. Les Euéques doiuent toutes les semaines leurs

Conc. Aurel. V. can. 30.
Lugdun. J. c. 6.

visites aux prisonniers, afin de pouruoir à leur nourriture, à leurs autres necessitez, & empécher qu'on ne leur fasse vn trop rude traittement. Les Papes Pie V. & Paul V. establissent en toutes les villes de l'estat Ecclesiastique, vn intendant des prisonniers qui prenne le soin de leurs personnes & de leurs affaires, auec toutes les diligences possibles pour les secourir. Mais la vigilance d'vn seul ne peut pas suffir aux menuës necessitez de tant de personnes, il ne considere les choses qu'en general, & ne donne pas remede à ce qui trauaille plus les particuliers, c'est ce que la charité demande de vous. Ce pauure debteur est dans les inquietudes de sa famille, dans l'apprehension des longueurs qui le consomment, des surprises qui le ruinent. Ce criminel meurt tous les iours mille fois par la crainte d'vne mort, ou d'vne peine honteuse qui le menace. Allez genereusement mesler vos larmes auec les siennes; entrez dans ses sentimens, pour l'obliger à receuoir en suitte ceux de la pieté: Aydez-le de vos sollicitations, de vos conseils, de vos aumosnes; portez-luy de bonnes nouuelles, donnez-luy des esperances qui conjurent les phantômes de son esprit, se voyant aymé & secouru par des personnes qui n'y sont portées que par la seule

Pius V. const. 18. §. 16. Paul V. const. 44. §. 1.

consideration de Dieu, il en rendra des actions de grace à sa Majesté, & si pour luy complaire, ils tâchent d'estre plus saints, ils en demeureront aussi plus consolez.

Chapitre VIII.

Des charitez publiques.

LEs peuples tirent leurs consolations de la Religion Chrétienne, qui leur represente les Roys comme les Lieutenans de Dieu, comme les viues images de sa bonté, de sa puissance, de sa justice & de sa misericorde au gouuernement ciuil. Dans ce sentiment tous rendent à leur Prince des respects fort approchants des honneurs diuins, ils immolent leur sang & leur vie pour son seruice dans les armées; ils payent les tailles, comme les dixmes qu'ils prennent sur le fruict de leurs trauaux, dans cette esperance, qu'ils en receuront plus de protection, qu'ils n'y contribuëront de biens, parce que les interests de famille sont dans vne dépendance necessaire des aduantages publics, & que les parties ne subsistent qu'auec leur tout. Ils considerent l'épargne de l'état comme vn vaste reseruoir, où

DE MISERICORDE.

s'écoule la surabondance, & d'où doit sortir le secours des particuliers, comme il subsiste par les contributions de ses plus abondantes parties, il doit soulager les foibles par des charitez publiques.

Si les hommes ne s'entretiennent que par les secours reciproques qu'ils se donnent dans la societé ciuile, ils ne peuuent estre plus efficacement portez à ce deuoir, que par les grands exemples de l'estat, comme le commerce des élemens, & toutes les actiuitez des choses inferieures ne s'entretiennent dans l'ordre de leur espece, que par les vertus dont le Ciel leur fait de continuelles & regulieres effusions ? En ce corps moral de l'état, on considere le Prince comme l'ame, comme la teste qui luy donne tout ce qu'il a de bons mouuemens, & l'on void en luy les mœurs de ses peuples par vne espece de physionomie, ils se forment sur sa conduite, ils sont justes, sinceres, deuots, charitables, par ses justices, ses deuotions, ses largesses, & les pauures ne reçoiuent jamais plus de secours, que quand les riches sont piquez d'émulation en ce deuoir par des charitez publiques.

Elles consistent premierement à ne point donner de charges aux villes ny aux personnes qui passent leurs forces, & puis à soulager les necessitez communes par des établissemens & des fondations, qui ne seroient pas possibles à des particuliers. I'en déduiray quelques-vnes dans les Chapitres suiuants, ie ne fais en celuy-cy que demander misericorde au nom du pauure peuple, que des rigueurs insupportables ont reduit à vne condition pire que celle des bestes, puis qu'apres beaucoup de trauail, on luy refuse sa nourriture. Nous deuons croire que Dieu qui donne vn Prince à ses peuples, répand dans son cœur les douces inclinations de misericorde, telles que les doit auoir vn pere pour ses enfans; mais les personnes qui l'approchent, qui cherchent leurs auantages dans les ruines de l'état, étouffent ces mouueméns sacrez d'humanité par des maximes fausses & abominables : Que faire dans cette desolation, où les parties sont les juges, où l'esprit du Prince est obsedé par le rapport de ceux, qui dans les autres affaires ont merité sa creance. Quand ils seroient ses yeux & ses mains, c'est le propre de la raison de ne pas tousiours croire aux sens, que quelques mauuaises dispositions peuuent abuser au discernement de leurs objets. La voix lamentable de tant de peuples, les remonstrances, les plaintes vniuerselles des Prouinces ne demandent-elles pas, que le

Roy

DE MISERICORDE.

Roy s'informe de la verité par d'autres personnes, que celles qu'il doit iuger sensiblement interessées de ce que sans distinction des temps, elles ne concluent jamais qu'à des leuées tousiours plus grandes & moins supportables. Plusieurs sages Princes se sont souuent déguisez, sans suite, sous des habits & des visages contrefaits ont visité leurs Prouinces, pour voir de leurs yeux, & entendre de leurs oreilles, le fort ou le foible, les satisfactions ou les mécontentemens de leurs peuples, afin d'y donner des ordres conuenables. Ces Conseillers inhumains se tiendroient des-honorez d'auoir des domestiques pauures, miserables, mal couuerts, abbatus de faim, qui n'eussent en la bouche que des gemissemens & des plaintes. Neantmoins ils persuadent au Roy de tenir cette rigueur à ses sujets, de les traitter en esclaues, & au lieu de joyeuses acclamations, ne leur laisser plus que des voix qui demandent misericorde. Constance Empereur pere de Constantin le Grand, comptoit les richesses de son peuple, dont il estoit tendrement aymé comme siennes, & beaucoup plus que s'il les eust ramassées dans ses thresors; car elles seroient là steriles, mais elles profitent beaucoup par le commerce du peuple, qui retourne au profit du Prince, par les doüanes & autres droits sans violence. L'extreme auidité de mettre toute la substance des Prouinces dans l'épargne, ressemble à ces chaleurs excessiues de Lybie, qui éleuent de la terre tout ce qu'elle a d'humiditez, & les consomment deuant qu'elles se puissent former en pluyes, de sorte qu'au lieu des eaux qui deuroient couler pour la fecondité du pays, il n'y reste que des sables steriles & mouuans. Les commoditez du peuple sont les sources des subuentions publiques, & si vous tarissez ces sources, quelle esperance d'en receuoir les ruisseaux?

Au reste, c'est vne cruelle & fausse maxime de dire, que l'impuissance du peuple asseure le gouuernement ; car les courages toûjours opprimez s'irritent, le desespoir se fait des armes de tout ; & nous voyons dans l'histoire, que les tributs excessifs ont excité les reuoltes qui ont renuersé les plus florissantes Monarchies. Si la foiblesse est si grande, qu'elle ne puisse pas venir au combat, elle cherche ses seuretez dans la fuite, & c'est de là que nous voyons les villages abandonnez de leurs habitans, que l'exacteur auoit dépoüillés de meubles, de bœufs, de cheuaux, de tous les instrumens de l'agriculture, contre le droit & naturel & ciuil, qui rend les tributs

DE MISERICORDE.

& les crimes personnels, on emprisonne vn pauure homme pour tout vn village, & quel remede qu'en la fuite! C'est ainsi que les habitans de l'Asie & de l'Egypte se retirerent dans vn grand desert auec d'incroyables incommoditez de la vie ; mais qu'ils trouuoient plus douce, parce qu'elle estoit plus libre que celle qu'ils estoient contraints de passer sous les exactions de leur patrie. Les habitans des Isles de Iauan sont originaires de la Chine, qu'ils abandonnerent pour se liberer des trop grands tributs qu'on leur imposoit ; Ainsi vers le Septentrion de grandes peuplades d'hommes se sont retirées dans les rochers, viuent là de chasse & de pesche, & passent vne vie sauuage, mais plus heureuse que dans les villes où ils estoient opprimez de taille.

La charité Chrestienne demande icy pour les interests du Roy, pour les interests de Iesus-Christ, qui est le Seigneur dominant des Roys, pour les interests de son Eglise qui souffre en la misere de ses enfans, elle demande qu'on modere les tributs de quelque nom qu'on les qualifie, qu'on ne traitte pas le peuple en esclaue, dans vn Royaume, qui tire son nom & sa gloire de la liberté. Que si les frais ineuitables de la guerre ont obligé de

Vt nullus ex vicanis, &c. Cod. 1. Sixt. V. const. 41. Vitæ patrū. l. 4. c. 1.

Olaus Magnus l. 4. c. 2.

l. 15. ff. de loc. & cōd.

faire quelques louées excessiues, au moins qu'on vn temps de paix, on donne quelque soulagement qui recompense les pertes passées. Le Prince ne semble-t'il pas garend des dommages que les peuples ont souffert pour son seruice; particulierement apres qu'au prix de leurs biens & de leur sang, il s'est acquis de la reputation par des notables victoires.

l. 15. de loco & cond.

CHAPITRE IX.

De l'équité.

IE mets l'équité parmy les deuoirs d'vne charité publique, non pas comme vn effet particulier qui en dépende; mais comme vne loy, comme vne cause vniuerselle qui concourt auec cette Reyne des vertus, pour la conduire à la perfection de la vie ciuile. L'equité n'est autre chose que la loy de la nature grauée dans nos ames par la main de Dieu, c'est vne lumiere infallible, vn mouuement regulier qui regne tranquillement dans vne ame dégagée de passions, & qui la determine au point le plus raisonnable, de quelques apparences qu'on tâche de corrompre son jugement. Les loix ciuiles portent leurs decisions en termes imperieux, qui ne veulent que le respect & l'obeyssance, sans alleguer de raisons, ny receuoir de repliques, mais d'autant qu'elles sont faites sur des cas qui arriuent le plus souuent non pas tousiours, elles pecheroient contre la justice qu'elles veulent establir, si ces resolutions generales s'étendoient sur des choses, dont les considerations sont fort éloignées de celles qu'elles eurent pour fin. De là vient le commun reproche qu'vn droit general est vne souueraine injustice, pour l'empécher il faudroit autant de loix qu'il y a d'affaires, parce que chacune a ses circonstances, qui les tirent du commun, & qui demandent vn droit particulier ; or comme tant de loix ne peuuent pas estre faites, & que les contingences ayant des diuersitez infinies, ne peuuent ny estre preueuës ny estre reglées, nous auons besoin de quelque remede general : Il faut necessairement que les personnes publiques ayent recours à l'equité naturelle, qu'elles soient des loix viuantes pour temperer les loix écrites, & pour ne se pas tenir dans la rigueur insupportable des Tyrans, ou des Formalistes attachez opiniastrement à la lettre qui tuë, sans considerer l'esprit d'où dépend la verité.

Cic. 1. offic.

C'est par cette justice interieure, que les Cours souueraines ont de tout temps moderé la determination des loix, en ce qui est des crimes ou des contracts, selon les circonstances des lieux, des temps, des personnes; qu'elles se sont monstrées beaucoup plus indulgentes à l'infirmité de l'âge ou du sexe; qu'elles accordent des priuileges aux merites d'vne vertu qui n'est pas commune; enfin, que dans le conflict des iugements, elles donnent l'auantage au party, qu'elles trouuent plus conforme, non pas au terme prefix de la loy, mais de la raison qui en est l'ame. C'est par ce motif que les Iuges donnent des Tuteurs aux pupilles, des Aduocats aux absens, & à ceux qui ne sont pas en estat de deffendre leurs interests; qu'ils empeschent les pactions illicites, les ventes faites par des estimations frauduleuses, & mille desordres qui ne peuuent estre specifiez par la loy.

C'est par cette iustice que les Empereurs, & les plus vaillants Generaux d'armée, dans le dessein formé d'abattre leurs ennemis, n'ont neantmoins fait le dégast, que de ce qui pouuoit accroistre leurs forces; ils ont épargné les arbres fruictiers, les labeurs & les instruments de l'agriculture, les pieces de rare artifice, les personnes qui seruent à l'Autel, qui

DE MISERICORDE. 287

ne portent point les armes, ou qui s'y sont engagées par la rencontre d'un voyage. Apres la victoire, ils eurent la moderation de pardonner à la chasteté des femmes, de ne point verser le sang des vaincus, de les traitter auec des humanitez qui fussent vn soulagement à leurs disgraces, auec vne generosité qui les ayant consideréz comme ennemis, tant qu'ils auoient les armes en main, les traite en qualité d'hommes leurs semblables, & les secoure en leur mauuaise fortune depuis qu'ils sont hors de combat.

Les mers que nous voyons du riuage beaucoup plus éleuées que la terre, ne se répandent par-dessus, & ne noyent pas la demeure des animaux autant qu'elles en ont le droit par l'ordre des elemens, & l'inclination de leur propre fluidité. Il seroit bien étrange que la cholere emportast l'hôme jusques à la derniere ruine de ceux qui ont tenu fors contre ses desseins, qu'vne passion, quoy qu'heureuse continuë d'estre cruelle, qu'elle ne s'adoucisse point par les presens de la fortune, & qu'elle s'étende comme les incendies, autant qu'elle trouue de matiere. Vne equité naturelle met des bornes aux impetuositez de la cholere & de la haine, & quand vn homme de cœur ayant l'auantage sur son ennemy, luy donne la vie, il le pourra considerer à l'aduenir comme le trophée de deux victoires qu'il a remportées sur luy, de force & de bienveillance.

Voila ce que fait l'equité, n'ayant pour conduite que la raison naturelle; mais quand elle est animée de la charité, elle pratique dans la vie particuliere, les deuoirs des plus justes Princes, auec des veuës & des intentions incomparablement plus épurées, parce qu'elles se rapportent toutes à Dieu; ce qui regarde sa gloire luy est en plus grande consideration que tous les biens exterieurs; elle prefere aussi l'Eglise & l'estat à ses interests particuliers, parce qu'elle iuge tres-raisonnable que la partie serue & s'immole à la conseruation de son tout. Si cét homme dont la raison est conduite par l'Esprit diuin, se trouue obligé pour l'entretien de sa famille, de soustenir vn droit qu'on luy dispute, il y cherchera d'abord toutes les voyes d'accommodemens par des amis & des arbitres communs. S'il faut enfin venir au procez, il le poursuit auec toute la moderation possible, sans aigreur, sans violence de fait ou de parole, sans ces chicanes qui consomment vne partie, qui font monter les dépens, autant ou plus que le principal.

Dans

DE MISERICORDE.

Dans les Conferences s'il a quelque auantage d'esprit, il le conduit auec tant de modestie, que la foiblesse des autres n'en reste point offensée; s'il donne quelque lumiere, c'est apres beaucoup de retenuës, auec des agréemens, qui piquent, qui contentent la curiosité, & sçauent dextrement épargner la honte de ceux qui se monstrent difficiles à la reconnoistre. Car il n'est pas juste de ternir l'honneur d'vne personne, de troubler le contentement d'vne compagnie par des sallies de vanité, & que les affections se refroidissent ou s'alterent par des Conferences qui les doiuent entretenir. Ce n'est pas estre équitable pour soy ny pour les autres, de mieux aymer perdre vn bon amy, qu'vn bon mot; de le jetter dans la confusion, & le presser insolemment sur ce que son esprit preocupé peut-estre de plus serieuses pensées, n'aura pas bien pris, & ne vous aura pas donné tout ce que vous en esperiez de satisfaction.

Enfin, cette équité naturelle, qui regle toute nostre conduite par la raison, & qui met dans la volonté ce ferme propos de ne s'en échapper jamais, est le grand preparatif aux graces diuines, & aux douces effusions de la charité. Ces deux grands moyens de recti-

Oo

tude, sont dans la vie publique & particuliere, comme la regle & le compas pour ajuster toutes les actions aux volontez diuines, sans qu'il s'y trouue ny d'excez ny de défaut. Le Magistrat fait toutes choses dans la police, comme la sagesse diuine dans le monde, en nombre, poix & mesure, & le pauure y trouue ses assistances, dans les necessitez dont ie faits icy la déduction.

CHAPITRE X.

Des Hospitaux pour receuoir les pelerins.

Tob. 7.

Toute la maison de Gabelus fut en joyes à l'arriuée du jeune Tobie son proche parent, qui ne luy estoit conneu que de nom, la surprise de cette entreueuë causa dans ces cœurs sympatiques des transports inexplicables d'amour, qui se soulagerent auec le

l. vt vim. ff. de iust. & iur. can. quiescamus dist. 42.

temps par des embrassades, les discours & les festins. L'alliance est naturelle entre tous les hommes, tous sont enfans d'vn mesme pere, tous iouyssent de ses droits par l'empire que la raison leur donne sur les creatures inferieures; & les diuers climats de leurs naissances ne doiuent estre estimez, que comme les

DE MISERICORDE.

diuerses maisons de cette grande Ville que nous appellons le monde. L'éloignement du lieu ne rompt pas la proximité du sang ; le pelerin est donc vostre frere, de quelque pays qu'il vienne, & quoy que sa personne vous soit inconnuë, il suffit qu'il porte le visage d'homme pour estre receu de vous, auec les tendresses que vous luy deuez en qualité de vostre parent.

Sur cette consideration de l'alliance natu- *Voyez l'agé de Dieu, par* relle, les villes reçoiuent pour habitans ceux *lit. 2. ch. 10.* qui souhaitent d'y établir leur demeure, quoy qu'ils soient originaires d'vn autre pays, & les loix municipales effacent la qualité d'étranger, par les droits de bourgeoisie qu'elles leur accordent. Le pelerin ne pretend pas ce grand priuilege, dont les suites sont importantes & perpetuelles ; il ne vous demande que la retraite d'vn iour, ou d'vne nuict, mais gratuite & charitable, si la pauureté ne luy permet pas de soulager autrement ses necessitez. Il entreprend peut-estre ce voyage par vœu, par penitence, par deuotion, auec cette surcharge de peines & d'humilitez d'y viure d'aumosnes ; peut-estre que les miseres de son pays desolé de guerres, le contraignent, comme autresfois les Patriarches, de changer de lieu, mais non pas comme eux, auec des troup-

Oo ij

peaux qui luy fourniſſent de nourriture ; il vous la demande pour l'honneur de Dieu, ne luy refuſez pas, & que voſtre peu de charité ne reduiſe pas encore Ieſus-Chriſt en la perſonne du pauure à coucher dans vne eſtable, n'ayant pas moyen d'eſtre receu dans l'hoſtellerie.

Ce pauure homme eſt trauaillé de faim, de ſoif, de laſſitude il n'a pris courage d'aller juſques à la ville que dans l'eſperance du repos ; il ſe trouue là tellement rompu, qu'il a peine d'aduancer vn pas ; en cét eſtat, & dans vn lieu où il ne connoiſt, ny les ruës, ny les perſonnes ; le moyen qu'il aille chercher ſa retraite de porte en porte, & receuoir autant de refus qu'il fait de demandes ? Beaucoup de particuliers peuuent auoir de legitimes excuſes pour ne le point receuoir ; & c'eſt ce qui fait que l'obligation tombe tout entiere ſur la ville, pour la décharge des Citoyens, pour la commodité des pauures, & parce que l'obligation qui naiſt d'vne alliance commune, ſe doit principalement acquiter au dépens des Communautez. Cela ne leur ſera pas fort difficile, parce que les habitans ne manqueront pas de contribuer à cette bonne œuure, par des liberalitez, des amendes, des legs pieux, qui pourront à la

DE MISERICORDE.

longue faire vn fonds considerable.

La coustume de faire des questes pour les pelerins estoit tellement receuë entre les Grecs, particulierement à Rhodes, qu'elle se pratiquoit mesme pour l'arriuée des hirondelles, auec des joyes publiques en vn iour de Feste, nommé de leur nom Chelidonia. Ils faisoient cét essay de réjouyssance & de liberalitez dans vn sujet qui ne les meritoit pas, pour entretenir le peuple dans vne habitude de rendre aux pauures passans, ce que leurs necessitez & que les droits de l'humanité demandent. La charité doit obliger tout autrement les Chrestiens à ces bons offices, & comme ils n'ont qu'vne foy, qu'vn Baptéme, qu'vn Iesus-Christ, pour Autheur de leur salut, qu'vne sainte Eglise qui leur en presente les moyens, ils se doiuent considerer & secourir comme freres. Pour cét effet, il est ordonné par le Concile de Nyssée, que chaque ville ayt vne maison publique, pour y receuoir charitablement les pelerins, que l'Euéque en ayt l'inrendance, & donne le soin particulier à quelque personnage d'vne insigne probité, qui ne soit point natif du lieu, afin qu'il ayt plus d'affection pour les estrangers, & moins de condescendance à l'auarice des habitans.

Athæn. l. 8.

Côc. Nyss. can. 70.

Toutes choses mesme temporelles reüssissent parfaitement à ceux, dont les premiers desseins cherchent la gloire de Dieu; qu'vne ville n'ayt que cette intention de pratiquer la charité Chrestienne, en receuant les pelerins dans l'hospital qu'elle aura fondé, elle ne laissera pas d'y trouuer son honneur & ses interests. Car ce pauure estant de retour en son pays fera mille fois recit des faueurs qu'il aura receuës de ce peuple, il animera tous ses Citoyens à luy rendre la pareille dans l'occasion, & à le traitter auec toutes sortes de courtoisie dans le commerce. Le peu qu'on donne, paroist beaucoup à la necessité de celuy qui le reçoit, les obligations croissent, les actions de graces, les reconnoissances sont immortelles, quand ces bons offices sont rendus, auec le visage, la contenance, les empressemens d'vne sincere charité.

La rigueur seroit intolerable, si sous pretexte d'vne police qui met ordre pour empescher les abus des pauures, on refusoit l'entrée des villes, & la retraite aux pelerins qui ne demandent qu'vn iour & qu'vne nuict de repos. Il seroit à craindre, dit vn grand Autheur, que ces villes ingrates se tenant fermées aux pelerins, ne se trouuent enfin ou-

Alcuin. in Gen. inter. 282.

DE MISERICORDE.

uertes à leurs ennemis, & aux choleres du Ciel, pour en estre consommées, comme Sodome & Gomorrhe.

CHAPITRE XI.

Des hospitaux où les pauures sont enfermez.

LEs grands desseins sont quasi tousiours inuestis de grandes difficultez, soit qu'elles procedent de la nature d'vn sujet de soy-mesme fort épineux, ou de la foiblesse de l'esprit qui se figure des monstres inuincibles, pour s'épargner la peine de les combattre. Ainsi comme toutes les bonnes ames souffrent extrémemét de voir tant de pauures dans les villes & dans la campagne, leur plus grand desir a tousiours esté de trouuer quelque remede à ce mal qui est la source de plusieurs autres, la honte de l'estat & de l'Eglise. Mais les diuers expediens qu'on a depuis long temps proposez, n'ont jamais paru sans beaucoup de raisons contraires, qui par vne égale resistence ont tenu des esprits indeterminez sans rien changer, jusques à ce qu'il plust à Dieu donner des lumieres & des occasions, pour établir en cela des ordres plus fauorables.

On a toufiours creu que penfer faire, en-forte qu'il n'y euft point de pauures en l'eftat, c'eftoit pretendre à l'impoffible ; parce que dans la concurrence de plufieurs en la recherche d'vn bien, qui ne peut eftre poffedé que d'vn feul, au ciuil, comme en la nature, le fort emporte le foible, & vn ne fe fait riche, que par la dépoüille de plufieurs : Les affections, les fatigues, les induftries plus éclairées & plus ardentes en quelques-vns, les éleuent par des aduantages non communs ; cependant que les moins actifs & les plus groffiers demeurent dans la lie du puple fujets au trauail, qui venant à manquer par quelque accident, les reduit à la pauureté. Il eft donc auffi peu poffible d'ofter les pauures de l'état, que les alterations, les foibleffes, les défaillances du monde; car ce feroit en effacer la beauté, d'en exclure la fubordination des caufes baffes & moyennes aux fuperieures.

D. Chryf. hom. 10. in 1. ad Cor. & 11. ad 1 ad Theffal.

Saint Chryfoftome regarde les pauures, comme des parties effentielles de l'Eglife, parce qu'ils font les objets de la charité, & les exemplaires de la patience. Dieu, dit-il, permet qu'ils foient à la porte de l'Eglife qui eft fa maifon, parce que l'exercice de ces deux éminentes vertus, qui regardent les accidens tristes ou fauorables de la vie, nous donnent l'entrée du Ciel ; ils sont là comme des Prædicateurs, qui par leurs exemples annoncent aux peuples les foiblesses de nostre condition, qui peut des richesses tomber dans l'indigence, de la santé dans les maladies ; mais qui necessairement par la suite des années, souffre les langueurs de la vieillesse, & plusieurs morts qui sans cesse auancent à vne derniere. Ces pauures demandent à tous, reçoiuent de peu, pour vous instruire à n'attendre pas l'accomplissement de tous vos desirs, soit de la part des hommes, soit de Dieu mesme ; car il ne mesure pas ses faueurs à l'ardeur de vos affections, mais par les ordres secrets de sa Prouidence, qui par des délais ou des refus, ménage les occasions de nostre salut.

En cette necessité donc qu'on a de souffrir les pauures dans l'estat & dans l'Eglise, les charitez publiques & particulieres concourent à ce poinct, de leur donner du secours par des moyens conuenables. Ce secours suppose quelques efforts de leur part, quoy que foibles, & qui seuls ne suffiroient pas à l'entretien de leur vie sans l'assistance des gens de bien. Aussi de tout temps on les a laissez dans la liberté du mouuement, & de l'action que la nature donne aux animaux terrestres pour chercher leur vie, parce qu'ils n'ont pas, comme les plantes, la nourriture toute acquife au lieu qui les produit. Le pauure allant & venant fous la conduite de la Prouidence, fait rencontre de quelques perfonnes charitables qui luy font l'aumofne : fa veuë, fa voix leur donnent de la compaffion, & en reçoit du foulagement. Il trouue ainfi de quoy viure, les autres de quoy fe fauuer; chacun connoift des maifons, où la bonté des valets leur diftribuë les reftes des tables, tous font par ce moyen nourris fans nouueaux frais, & des fuperfluitez qui feroient perduës.

On a toufiours creu que d'enfermer les pauures, ce feroit vne rigueur, qui leur feroit vn crime de leur indigence, & qui augmenteroit leur mifere au lieu de la foulager. Les beftes qui meurent eftant enfermées, montrent que la liberté leur eft bien plus chere que la vie, & les hommes en font fi paffionnez, que fouuent ils fe font couppé les pieds & les mains pour échapper des chaifnes qui les attachoient, & fe font fauuez des prifons par le precipice. Quoy, les riches auront reduit les pauures à l'extremité par leur auarice, & puis ils en feront des captifs pour n'en

DE MISERICORDE.

estre point incommodez, & pour ne point voir ces lamentables objets qui semblent troubler les délices de leur vie, par les aduis importuns des disgraces où elle est sujette. Apres la desolation des guerres, le nombre est si grand des pauures, qui ont échappé le fer & le feu, que les excluree des villes où est l'abondance, & ne leur laisser que les campagnes pillées, c'est vouloir qu'ils meurent de faim; ou les enfermer quand on les surprend demandant l'aumosne, c'est pretendre à l'impossible de les nourrir tous; c'est les entasser auec des incommoditez incroyables, & des contagions infallibles, qui aduanceront leur mort, & peut-estre infecteront les Prouinces.

Les personnes tres-charitables ont eu toutes ces considerations, & les ont attentiuement pesées au poids du Sanctuaire; Aussi ie les ay déduites, afin de ne rien obmettre en vne matiere de cette importance, & pour exciter vne misericorde, qui adoucisse cette espece de prison. Car enfin toutes choses bien examinées, tous les expediens du passé s'étant trouuez inefficaces, on s'est veu contraint d'en éprouuer de nouueaux, pour arrester les desordres, les crimes, les abominations où se sont emporté les pauures, laissez en leur liberté. On a sceu que de là procedoient beaucoup de vols sur les grands chemins, les maisons pillées, les meurtres & les assassins dans les villes ; on a sceu que des legions de gueux, comme de demons, auoient leur Prince, leurs secretes intelligences pour commettre de concert tout le mal possible, pour viure sans foy, sans religion, sans loix diuines & humaines, dans des prostitutions brutales, d'où naissent des fourmilieres d'enfans, qui sont en suitte les pestes de l'estat, & les victimes de l'Enfer. Voilà ce qui oblige d'enfermer les pauures, pour soulager l'extreme necessité du corps, pour sauuer les ames, pour arrester la source d'vne infinité de maux, qui peuuent corrompre les mœurs, & troubler les tranquillitez de l'estat.

l. vnic. cod. de mendic. valid. De tout temps en Grece & à Rome, la police s'est monstrée seuere contre les feneants & les vagabonds ; elle les a poursuiuis comme coupables d'vn crime d'estat, & les a traitez en esclaues, les obligeant de trauailler à l'agriculture sous le commandement des maistres, qui en rapportoient le profit au public. Si les pauures qu'on enferme ont des forces, pourquoy ne les employent-ils pas en quelque mestier ? S'ils n'en ont point, & qu'ils soient entierement inualides, ce leur doit estre vne consolation d'auoir l'asseurance de leur vie, quoy que moins commode, de la passer dans vne retraite où regne la pieté, & qui par ses exercices a de grands rapports auec ceux des Cloistres. On ne les enferme pas dans des cachots, mais dans des maisons les plus spatieuses, les mieux situées qu'on peut auoir. Au reste, si ce traitement où la liberté n'est pas entiere, leur semble trop rude, la crainte d'y estre reduits obligera plusieurs à gagner leur vie par vn legitime trauail; elle écartera les feneants & les vagabonds, elle dissipera les pernicieuses pratiques, & les dangereux effets de la gueuserie. Le plus grand bien qui reüssit de ces hospitaux, est en l'éducation des enfans, dont nous parlerons plus bas, ils sauuent vne infinité de corps, que des parens inhumains faisoient miserablement perir dans le crime.

Si les fleuues n'auoient pas leur cours, & que les eaux qui precedent ne cedassent pas la place à celles qui suiuent, le lict si vaste, & si profond qu'il peut estre, ne les pourroit pas côtenir; & les plus grandes villes seroient bien tost trop petites pour enfermer tous les pauures, si l'on faisoit estat de les retenir tous jusques à la mort, & si quelqu'vns ne sortoient pour quitter la place à ceux qui

P p iij

abordent. Cette liberté qu'on leur promet quand ils la demanderont, auec des promesses & des indices d'amendement, leur oste sujet de se plaindre d'vne detention qui dépend d'eux, & qui ne pretend que leur bien.

Le peuple qui contribuë ses moyens pour ce grand œuure de charité, souhaiteroit pour la reputation des personnes illustres qui s'y employent, & pour estouffer les plaintes de la jalousie, que ces immenses receptes & mises de deniers, ne fussent point sans quelque reddition de compte au public, selon l'ancienne loy des Empereurs; Que pour Agens, pour Ministres, pour Seruiteurs, on fit choix de personnes qui se pûssent acquitter de ces emplois par deuotion, sans auoir de gage, afin de ne rien prendre sur les pauures, & que personne ne tira profit de leur misere, & que ce fut vne maison toute de charité. La vie des officiers doit estre là fort moderée, parce que les moindres délicatesses, particulierement de la bouche, paroissent extremes par la comparaison des abstinences que souffrent les pauures, tousiours auec vn œil jaloux, & vne langue plaintiue, d'estre moins traittez que ceux qui les seruent. La charité doit cette déference à la foiblesse de leurs esprits, & s'abstenir

Nou. 123.
c.24.

plustost de beaucoup de choses permises, selon le conseil de l'Apostre, que de blesser les consciences infirmes par le scandal, d'où procede le murmur & les mécontentemens.

Chapitre XII.

Des hospitaux où les malades sont assistez.

LA maladie est vne disgrace commune aux pauures & aux riches, mais auec des peines de corps & d'esprit fort differentes ; elle les attache également au lict, elle oste les forces, elle les priue de leurs fonctions ordinaires, elle apporte d'extremes incommoditez, elle cause beaucoup de mal, mais elle menace tousiours d'vn plus grand, lors que les accez prennent leur cours à la mort. En cette fascheuse rencontre, les riches ont les assistances empressées de leurs familles & de leurs amis, ils ont les remedes experimentez de la medecine, & ce leur est vne sensible consolation d'auoir de quoy faire tout ce qui se peut pour le restablissement de leur santé. Mais quand vn pauure manœuure tombe malade, ne gagnant plus de quoy viure, le voila reduit à l'extremité, il n'a pas seulement moyen d'auoir des nourritures grossieres, & où prendre des boüillons, des consommez, des gelées qui puissent sustenter le corps malgré les déreglemens de l'appetit. Nous ne sommes plus au temps, où les Medecins & les Apoticaires auoient gages du public, pour assister indifferemment tous les malades ; aujourd'huy le salaire de deux ou trois de leurs visites, épuiseroit le peu qui reste à ce pauure homme pour sa subsistence d'vn mois ; le voilà donc sans nourriture & sans remedes, abandonné de secours, & en l'attente d'vne mort qui mette fin à ses peines. Il dit, comme les ames dans le Purgatoire, Chrestiens, que la nature & que les graces de Iesus-Christ ont rendus mes freres, ayez quelque compassion de moy, parce que la main de Dieu m'a touché, Hé que dans mes peines ie ressente quelque effet de vos misericordes.

Que doit & que peut faire la charité publique en ces rencontres ; les malades estant separez de demeure, il est bien difficile de leur donner ce qu'il leur faut d'assistance, dans les maladies populaires quand la moitié des habitans seroient Medecins, ils ne pourroient pas suffire aux visites. Il est donc absolument necessaire d'auoir des hospitaux, où les malades estant receus, & couchez dans de grandes

des sales, on puisse voir & entendre plus facilement leurs necessitez spirituelles & corporelles, afin d'y pouruoir à moindres frais en commun.

Chacun y a de l'interest & de l'obligation, comme nous auons representé; car il y a fort peu de familles dans la populace, dont quelque parent ne tombe dans vne pauureté jointe à des maladies, où il ne peut estre assisté des autres : Les domestiques, les ouuriers ordinaires des plus grandes maisons, peuuent tomber dans ces accidens, & ce seroit estre trop inhumain, d'en auoir receu les seruices dans leur santé, sans les secourir dans leurs maladies. Les charitez particulieres n'ont pas vn cours qui soit asseuré, elles se reduisent à peu de choses, elles s'étendent sur peu de malades, elles changent selon la disposition des personnes, & finissent tousiours auec elles. Cependant, le nombre des pauures qui n'ont ny connoissance ny faueur particuliere est grand, est continuel, & digne de compassion, l'vnique remede est donc de donner aux hospitaux, où les aumosnes, & les pieuses dispositions testamentaires estant ramassées, font enfin des fonds inalienables tousiours croissants, jusques à ce qu'ils suffisent aux necessitez de tous les pauures d'vne ville.

Rome a son hospital du Saint Esprit, dont les reuenus sont montez si haut, que les riches mesme s'y trouuent assistez auec plus de soins, plus de diligence, plus de propreté qu'ils ne seroient en leurs maisons propres. Paris a son Hostel-Dieu, si fidellement administré par ses plus notables Bourgeois, que tous les malades de ce petit monde y sont receus indifferemment, dans vne multitude incroyable, & traittez auec des soins personnels, qu'on jugeroit impossibles, sans le bon ordre, que la sagesse de ses gouuerneurs y donne. Vne ville se peut vanter d'auoir de veritables richesses, quand elle ne les retient point prisonnieres dans les coffres, ny seulement dispersées dans le commerce ; mais tousiours prestes à soulager ses habitans, auec les tendresses d'vne mere, auec l'abondance d'vne cause vniuerselle, auec vne charité commune qui considere & soulage tous ses Citoyens, comme les parties de son corps. Ie ne croy pas qu'il se trouue vn moyen plus efficace pour attirer les benedictions du Ciel, que ces charitez continuelles, que ces azils & ces refuges preparez aux pauures malades. L'interest du corps & de l'esprit s'y rencontre ; car vn pauure ouurier remet là toutes ses esperances s'il deuient infirme. La crainte de

DE MISERICORDE.

cét accident ne le gesne point, elle ne luy fait rien commettre de lasche ny de criminel dans son exercice, sous pretexte d'amasser de quoy subuenir à ses necessitez; puis qu'il est tout asseuré du secours par des charitez publiques, son trauail en est plus fidel, sa conscience moins engagée, le peuple en est mieux seruy. La police doit donc apporter ses soins pour grossir insensiblement ces pieuses fondations, par les amendes, par les contributions ordinaires, par tous les moyens que la prudence des personnes charitables pourra trouuer.

CHAPITRE XIII.

Recueillir les enfans exposez.

IE ne crains point icy de representer, parce que souuent on est contraint de voir dans les villes, entre les hommes, entre les Chrestiens des prodiges de cruauté, que la nature ne souffre point dans les plus furieux des animaux; Tous ont de tendres inclinations pour nourrir & deffendre leurs petits, les plus grossiers sont adroits, les plus lasches sont genereux en cette rencontre. Les lyonnes, les ty-

Qq ij

gresses s'abbatent deuant leur portée ; & ces bestes carnacieres qui ne viuent que du sang des autres, ne pardonnent pas seulement à ces foibles creatures, mais souffrent & recherchent auec ardeur, qu'elles succent leur propre substance. On void cependant des femmes si dénaturées, qu'elles estouffent leurs propres enfans, ou dans le lieu de leur conception, ou les ayant mis au iour, leur donnent aussi-tost la mort que la vie ; enfin elles pensent les épargner beaucoup, & leur faire misericorde, de les exposer à celle des autres.

Elles prennent ces resolutions desesperées, pour ne point encourir le blasme d'auoir esté meres hors le mariage ; l'incontinence l'emporte sur la honte, la honte sur l'affection naturelle qu'elles deuoient à leurs enfans, elles couurent vn crime par vn autre, & d'vn moyen de vertu, elles en font l'occasion d'vn parricide. Cette honte est le frein, dont la nature & les loix se sont pour retenir l'inconstance, les lubricitez, les sallies impetueuses d'vn sexe, sur qui la force & la raison en cela gagnent peu ; & cependant voilà que cette honte d'vn costé si fauorable, de l'autre deuient funeste, puis qu'elle les rend meurtrieres de leurs enfans, puisque l'opinion est

DE MISERICORDE.

plus forte sur leur esprit, que la nature, que la conscience, que les commandemens de Dieu, & la crainte de ses jugemens. Nostre espece est-elle donc si corrompuë, qu'elle se fasse vn poison de ses remedes, & que par vn mouuement qui alloit au bien, elle s'emporte à des extremitez si lamentables? Cette lasciue l'entreprend contre les ordres de Dieu, & dans vne action qu'il establit pour la propagation de l'espece, elle n'y voudroit que le plaisir; ainsi, parce qu'elle est mere contre son gré, elle en estouffe les affections, elle se décharge de ses deuoirs sur les autres, elle jette, elle expose ce pauure petit innocent, quand il luy en deuroit couster la vie.

Ce crime n'est pas nouueau, puisque Moyse en fait d'expresses deffenses, comme d'vn attentat furieux qui comprend plusieurs autres abominables pechez, l'incontinence, la cruauté, l'homicide, la perfidie; car celle qui rompt l'étroite alliance que la nature a mise entre la mere & l'enfant, ne craindra point de violer toutes les fidelitez de la societé ciuile. Le droit Romain ne reçit point les excuses de ces abandonnées, & quand elles exposent leurs enfans, il les condamne comme si elles en auoient versé le sang; car elles s'en

Philo Iud. l. de special. legib.

l. 4. ff. de alend. & agnos. lib. l. 1. c. de infant. expos.

sont seulement épargné la peine, peut-estre n'en ayant pas le courage, & en ont laissé l'execution aux diuers accidents de la fortune.

Il n'y a point de plus entiere innocence que celle de ce premier âge, ny qui merite plus de compassion, quand elle est condamnée si cruellement à la mort, par vne personne que toutes les loix obligent à luy conseruer la vie. C'est donc icy où la patrie doit faire l'office de pere & de mere, comme elle en porte le nom. La charité publique ne sçauroit auoir vn plus digne objet, que d'empécher le dernier effet d'vn crime abominable, de sauuer la vie à cette pauure victime, & de s'en faire, peut-estre vn illustre Citoyen ; c'est pourquoy les loix ordonnent que tous les enfans exposez, quand on les leue, soient tenus d'vne condition libre, qui leur soit vn premier degré pour monter aux dignitez ciuiles ; car il semble que le demon jaloux de la gloire qu'il lit dans le Ciel, en la naissance des grands Personnages, fait tous ses efforts pour les estouffer, si-tost qu'ils viennent au monde, comme on rapporte d'Hercule, que les serpens voulurent estouffer dans le berceau ; de Cesar qui ne vit le iour que par la mort de sa mere, d'vn certain Antonius Gui-

Nou. 153.

DE MISERICORDE.

pho homme celebre en science, que sa mere Suet. de il-
auoit exposé ; de Remus & Romulus qui lust. gram.
furent traictez auec la mesme rigueur, &
qu'vne louue peut estre vne courtisane, nourrit de son laict. De Moyse, que la cruauté de
Pharaon contraignit d'exposer au cours de
l'eau, & que la Prouidence fit recueillir auec
tant de soins : Enfin, l'Escriture sainte nous
apprend, que la sainte Vierge nourrit tendrement nostre Seigneur Iesus-Christ son Fils;
mais que l'Enfer trauersa cruellement sa naissance par l'inhumanité des hostes de Beth-
leem, qui luy refuserent le couuert, qui l'exposerent aux injures de la saison & de la
nuict, dans vne estable; & depuis par Herodes
qui le voulut massacrer, & qui chercha sa
vie par la mort de quarante mille enfans de
son âge.

La charité publique qui recueille les enfans
exposez, deuient donc Chrestienne, elle a et
eminent motif de deuotion, d'honnorer la
sainte Enfance de Iesus, & de ne pas permettre qu'elle souffre de nouueaux outrages en
ces innocens. La ville qui les esleue sera leur
mere, ils luy duront vne obligation generale
& particuliere de leur vie, ils seront enfans
d'vne charité publique, & si les effets tiennent de leur cause, toutes leurs intentions,

toutes leurs pratiques n'iront jamais qu'à ce qui regarde le bien de l'estat & de l'Eglise. Il en faut beaucoup esperer, s'il est vray que les difficultez du commencement, les infortunes au poinct de la naissance, font vn effort qui estant vaincu, laissent le reste de la vie dans de tranquilles felicitez, & sont les presages de son bon-heur.

Chapitre XIV.

L'education des pauures enfans.

Tous les sages ont tenu que les enfans appartenoient plus à la Republique qu'aux parens, parce que les parens luy appartiennent eux mesmes, auec ce qui est de leur dépendance, comme celuy qui est maître d'vn arbre l'est de son fruict. Or les parens appartiennent à l'estat par vne conuention publique, qui a soumis leurs personnes & tous leurs droits au gouuernement, jusques à s'immoler pour ses interests, quand la necessité des affaires le demandera. De ce que les meres portent des enfans, c'est vn effet de la nature; mais de ce qu'ils procedent d'vn honeste mariage, de ce qu'ils ont esté conseruez

DE MISERICORDE.

uez contre vne infinité de passions, deuant ou en suite de leur naissance, ce sont des faueurs dont ils sont redeuables aux loix de l'état, qui par consequent doit estre consideré comme le principe d'vne honeste vie.

Sur ces considerations, Platon voulut qu'en sa Republique, les enfans fussent éleuez en commun sans estre reconnus par leur pere & mere, afin qu'ils ne donnassent ces qualitez, & leurs affections qu'à la patrie. Mais étouffer ainsi les tendresses que la nature donne à tous les animaux pour leurs petits, & ne les pas fier à la tutelle de cét amour, plus vif en l'homme qu'en toutes les creatures, c'est vne rigueur insupportable, & vne conduite peu judicieuse. Aussi les Lacedemoniens permirent la nourriture des enfans aux peres & meres, jusques à l'âge qui les rend dociles. Lors ils estoient mis dans des maisons publiques, sous l'intendance des plus notables Citoyens, qui en obseruoient les inclinations, & faisoient instruire chacun d'eux selon la portée de son genie.

Quand il s'agit des enfans trouuez, nous ne sommes pas en peine de vuider la difficulté s'ils appartiennent à l'estat, car les pere & mere luy ont cedé tout leur droit, & n'en veulent pas mesme estre reconnus pour pa-

Plutarc. in Lycurgo. Q Curtius. l. 9.

rens ; n'en ayant pas les affections. L'estat tient donc lieu de pere & mere aux enfans trouuez, & doit aussi s'employer à leur éducation, auec des soins qui répondent à l'étenduë de sa puissance, & d'vn amour legal qui soit la perfection du naturel. Le grand nombre des pauures enfans, que la misere des parens abandonne à la gueuserie, ou que l'hospital general enferme, ne seroit qu'vne semence de vices & de calamitez, si la charité Chrestienne ne prenoit le soin de leur éducation.

Si on ne se laisse point emporter à l'opinion d'vne naissance si miserable, & qu'on fasse iugement de ces petits pauures par la physionomie, par leurs inclinations, par leurs discours, on trouuera dans la multitude de rares esprits, qui estant cultiuez auec soin pourront estre les miracles de leur siecle. Cét office charitable est d'vne extreme consequence, car ces genies de feu s'éleuent tousjours au dessus de la matiere, & de la misere qui les enueloppe ; ils se portent à de grandes choses, tres-pernicieuses, s'ils ne sont pas éleuez aux bonnes, car les insignes méchancetez ne procedent que des genereuses inclinations corrompuës, comme les terres d'elle-mesme bonnes, se couurent plus que les autres de

DE MISERICORDE.

mauuaises herbes, quand elles sont abandonnées.

La Noüergue porte vne espece de marbre, si mol quand on le tire de la carriere, que sans ciseau, sans violence on l'enrichit de telle figure, qu'on veut sans qu'elle s'efface jamais, parce qu'ayant pris l'air vn peu de temps, il y deuient dur & solide comme le fer. On se promet quelque chose de semblable en l'institution des enfans, & qu'ayant esté formez à la vertu dans vn âge facile à receuoir ces bonnes impressions, ils les garderont toute leur vie. Mais l'effet ne répond pas tousiours à nos esperances, car on void de jeunes hommes qui se connoissans riches, ne sont pas plustost hors la sujettion des Maistres, qu'ils recompensent toutes les contraintes passées par d'incroyables dissolutions; ils veulent gouster toutes les libertez, tous les plaisirs, quand ce ne seroit que par vanité, & pour monstrer qu'ils sont maistres de leurs personnes. Les pauures sont incomparablement plus dociles & plus fidelles aux instructions qu'on leur a données, rien ne les tente de s'en dispenser; la bassesse de leur origine, le défaut des commoditez temporelles, rabat les sallies de leur esprit, leur ferme le passage à de mauuaises libertez, & leur

Georg. agricola l.7. de natura fossilium.

R r ij

fait vne heureuse necessité de la vertu, s'ils aspirent à vne vie plus commode. Ils voyent nettement par la raison & par l'exemple de leurs semblables, que l'excellence dans la profession que l'on suit, est le seul moyen, qui peut non seulement couurir les reproches de leur origine, mais en faire vn titre d'honneur, parce qu'ils tiendront tous leurs aduantages de leurs merites & des misericordes de Dieu. Leurs pauures parens ne les laissoient heritiers que de leur ignorance & de leur misere; les belles dispositions qu'vn Ciel fauorable leur auoit données, se seroient ou corrompuës ou éteintes dans les langueurs de leur famille, si le zele des gens de bien ne les en eust affranchis par cette pieuse éducation.

Tous ont de notables interests en cette œuure de charité, qui regarde le bien commun de l'Eglise & de l'estat; les personnes mesmes de moindre condition y pourront beaucoup contribuer; car on pourra faire en sorte auec les corps de diuers métiers, qu'ils receuront les apprentifs, auec les Colleges pour y mettre ceux qu'on verroit plus propres aux sciences; au lieu de feneants, de vagabonds, & peut estre de criminels, on auroit des hommes vtiles à l'estat, apres auoir pris les premieres teintures de la vertu dans les Seminaires. Les merites se multiplient comme à l'infiny de cette bonne éducation, qui conserue l'innocence du premier âge, qui empéche les dommages que les crimes apportent aux ames & au prochain, qui sert de preseruatif à tous les desordres inseparables de l'oysiueté, ou de l'extreme indigence, enfin qui pare aux coups de la cholere de Dieu, que les pechez attirent sur les estats.

CHAPITRE XV.

Des Academies pour l'éducation des enfans nobles, mais pauures.

CE n'est pas sans honte & sans peine, qu'ayant à representer les deuoirs de la charité publique en l'éducation des pauures enfans, je suis contraint de parler icy de quelques nobles, & de les mettre au rang de ceux qu'il faut tirer de la maison paternelle pour leur moyenner vne nourriture plus aduantageuse. Quoy, ce sang illustre qui a donné les commencemens, les progrez, les forces à l'estat, qui en fait encore aujourd'huy les felicitez, sera-t'il reduit à la misere?

Où est la justice & la gratitude, si ceux-là souffrent la pauureté, qui la chassent de l'estat au prix de leur vie, qui sont les premieres causes de la paix & de l'abondance?

Il faut icy considerer, que la noblesse est vn titre de la vertu, qui n'est pas tousiours fauorisée de la fortune, & que ces vaillants Senateurs Romains faisoient gloire de mespriser, puis qu'ils mouroient pauures, jusques à ne laisser pas de quoy fournir aux frais de leur sepulture. Si ce Gentil-homme fut tousjours demeuré chez soy, sans autres pretentions que de ménager son bien & en accroistre les reuenus, il en auroit maintenant vne paisible jouyssance, & le moyen de fournir à l'entretien de ses enfans, selon le rang qu'ils doiuent tenir; mais l'honneur l'a porté dans toutes les occasions de la guerre pour le seruice de son Prince, les depenses qu'il y falloit faire, luy paturent vn exercice de courage, plus grand qu'à vaincre ses ennemis dans le combat; en effet, quoy qu'il fut également prodigue de ses biens & de sa vie, les playes qu'il a receues se sont refermées, ses forces se sont retablies, sans aucun retour de ses biens; enfin, après que toutes les campagnes ont pris quelque chose sur le fonds, il en reste beaucoup moindre, les reuenus diminuent, le

DE MISERICORDE.

nombre des enfans s'accroist, & voilà ce vaillant homme vaincu par ses victoires, & surmonté par son courage.

Son dessein estoit d'éleuer tous les enfans masles dans l'exercice des armes, afin qu'ils fussent en estat de rendre plus de seruice à son Prince ; mais les moyens luy manquent pour fournir aux frais de l'Academie, les voilà donc contraints à passer vne vie champestre dans la conuersation des paysans, & qui n'a que la chasse pour employ, comme les sauuages ; si le courage les porte à l'armée, c'est auec la honte de n'y paroistre qu'en qualité de simples soldats, dont la vaillance est commune, la misere ineuitable, l'aduancement si rare, qu'il passe pour vn prodige dans vn siecle où tout est venal.

Ces Gentils-hommes quoy qu'incommodes, sont dans l'alliance de plusieurs qui tiennent les plus belles charges, & qui pourroient les aduancer par vne parole de recommendation ; mais comme ils ne les trouuent pas capables d'employ, en suitte d'vne mauuaise nourriture, & qu'ils s'offenseroient eux-mesmes de les produire, ils sont bien ayses d'en perdre la veuë, pour s'en espargner la honte & les reproches. Ce sont autant de pertes pour l'estat, pour les familles, pour ces personnes illustres, qui les eussent pris pour les seconds de leur fortune, sans cette mauuaise éducation.

La noblesse fait vn corps tres-considerable dans le Royaume, tous les Gentils-hommes en sont les parties, n'est il pas juste que les plus fortes soulagent les foibles, & que si les corps des mestiers font bourse commune, pour assister ceux de leur vacation qui en ont besoin; si les vieux soldats nonobstant leurs priuileges, estoient obligez de prendre la tutelle des mineurs de leurs défunts compagnons; il est plus raisonnable, dit la loy, que les nobles employez aux charges publiques contribuent pour la subsistence de ceux qui se trouuent apauuris, particulierement dans les seruices qu'ils ont rendus à l'estat, en soutenant l'honneur de leur qualité. Il seroit donc à souhaiter qu'on establit en chaque Prouince vne Academie pour l'éducation des jeunes Gentils-hommes, que dés le premier âge on les instruisit aux estudes en quelque College, par des methodes abregées, pour estre vn iour capables de tous les emploits, des traittez, des ambassades, qui se font incomparablement mieux, quand on sçait la langue Latine commune à tous les peuples, que par les plus fidels truchements, quand le

l. 1 cod. de excus. vetera.
l. 1 ff. de decurion.

Voyez l'agёt de Dieu.

corps

DE MISERICORDE.

corps aura pris ses forces, ils seront mis à l'Academie, pour y apprendre les exercices des armes, de cheual, les autres bien-seans à la noblesse, qui joignent les beautez à la force, qui les rendent adroits, agreables & genereux. Les instructions & les pratiques de la pieté Chrestienne y auront leurs heures reglées, afin de jetter dans ces jeunes ames les solides sentimens de probité & de Religion, qui s'accordent parfaitement auec les bons courages, & qui les animent dans tous les perils, par l'esperance d'vne protection particuliere de Dieu.

Ils auront pour Maistre des vertus ciuiles, quelque homme d'élite, non pas nourry seulement dans la solitude, dit saint Chrysostome, mais qui ayt paru dans le grand monde, qui en sçache tous les détours, qui ayt fait l'épreuue de l'vne & l'autre fortune, qui leur enseigne la carte de cette perilleuse nauigation, afin qu'ils en soient bien instruits deuant que s'y embarquer, il donnera de l'exercice à leurs esprits par des entretiens, qui feront naistre de l'auersion pour tous les desordres de la vie, de l'amour pour la vertu, vn zele extreme de deuenir honneste homme, il parlera de tout comme sçauant, pour meriter que tous luy donnent creance.

D. Chrys. hom. 21. in Epist. ad Ephes.

Tostat.
Exod.to.1.
fol. 10.

Moyse reçeut vn merueilleux aduantage pour les grands desseins où la Prouidence le destinoit, d'auoir esté nourry à la cour de Pharaon, comme fils adoptif de sa fille, parmy les sciences, la politesse, les conseils, les entreprises de paix & de guerre, qui tiennent les grands courages tousiours en haleine; car son ame deuint grande dans ces grands emplois, elle y prit la trempe d'vne generosité, qui void toutes choses au dessous de soy, d'vne sagesse qui sçait prendre les occasions, gagner les esprits, tirer tout à son auantage; & malgré les resistences, se faire à soy-mesme son bon destin. De ses propres experiences, il se fit cette maxime d'aduancer les nobles aux emplois publics, parce que leur bonne education les y a formez, que les vertus dont ils ont pris les habitudes, jettent des éclats, accompagnent leurs actions d'vne grace, d'vne majesté qui fait de douces impressions d'amour & de respect dans l'esprit du peuple, & le dispose à leur obeïr.

Il ne faut point douter, que les jeunes Gentils hommes nourris dans les Academies, où les entretiens, les exercices ne sont que de choses qui perfectionnent le corps & l'esprit, où le poinct d'honneur n'est qu'en la vertu, n'en retiennent de genereuses idées pour la conduite de leurs actions, sans y rien souffrir de lasche ny de remordre. Ayant à viure dans le grand monde, ils se formeront parmy cette florissante compagnie à ne point craindre les hommes, à ne point ny rougir ny pâlir, par des foiblesses communes à ceux qui n'ont rien veu que leur famille. Dans ce concert d'esprits, de forces & d'adresses, les bons courages s'affinent, les foibles s'échauffent par l'émulation, & tant d'yeux ouuerts sur les moindres fautes, y font toujours assez de remarques, pour chastier les sentimens de la vanité. Ceux qui n'ont pas moyen de soustenir les frais de l'Academie sont ordinairement mis Pages, ce semble, plustost pour soulager leur famille, que pour seruir à leur instruction, car on les y met si jeunes, qu'on leur oste le temps de l'estude, & qu'on condamne par ce moyen toute leur vie à l'ignorance, exceptez la maison du Roy, des Princes, des plus grands Seigneurs, les Pages ne font point les exercices de cheual, de danse, de Mathematique, & leur continuelle conuersation parmy les laquais, leur donne de pernicieuses habitudes, dont il leur sera difficile de se dépoüiller pour estre honnestes hommes.

orat. l. r. c.
Quint. inst.

Il est donc tres-important d'établir des

Pagination incorrecte — date incorrecte

NF Z 43-120-12

Academies, chacun en void les profits & la necessité, mais on dit, où prendre vn fonds capable de les entretenir? A cela ie dis, que si les Gentils-hommes d'vne Prouince formoient ensemble ce genereux & charitable dessein, s'ils en prenoient les fermes resolutions, leur prudence ne manqueroit pas d'ouuerture ny de moyens pour y reüssir. Ils pourroient en corps demander au Roy, qu'il assignast quelque chose sur les reuenus de la Prouince, pour donner commencement à cette institution qui regarde son seruice, & qui nourriroit ces nobles comme les Pages, plus obligez que les autres à verser leur sang pour ses interests. Le fondement de cette Academie estant jetté par les liberalitez du Roy, par les libres contributions des plus puissants, elle s'éleueroit bien-tost par plusieurs autres moyens, par les amendes, par les confiscations, qu'on auroit ordre d'y appliquer, beaucoup plus vtilement pour l'estat, que quand elles tombent en de puissantes mains, qui d'ordinaire s'en seruent pour le broüiller. Les plus riches, qui dans vne grande lignée, peuuent auoir quelques parens pauures, souffriroient que de tous les legs testamentaires quelque portion fut assignée à cette bonne œuure.

DE MYSERICORDE.

Les loix Romaines forment vn corps des decurions, qui estoient des nobles employez aux charges publiques, & ordonnent que si quelqu'vn d'eux meurt sans enfans, il ne pourra laisser que la quatriéme partie de ses biens à ses heritiers collateraux, & que le reste de la succession appartiendra de droit à la compagnie pour l'education des nobles; par ce moyen, dit la loy, au lieu de la lignée que la nature refuse à cet homme, il en aura vne plus nombreuse & plus florissante, en tous les jeunes nobles qui seront instruits par ses moyens, qui le recognoistront pour pere de leur aduancement, qui publieront sa gloire, & seruiront plus à l'honneur d'vne famille & de l'estat qu'vn heritier legitime. Le consentement de la noblesse pourroit de mesme obtenir du Roy, que des successions nobles sans enfans, que de celles qui passent en des mains mortes ou roturieres, ou en quenoüilles, vne portion appartint aux Academies; enfin, si les Gentils-hommes d'vne Prouince auoient pour cela de l'affection, ils ne manqueroient pas d'expediens.

Nostre siecle ne peut assez admirer des hommes éleuez dans de grandes charges & de grands moyens, qui se voyant pressez de l'âge, n'ont plus que cette pensée d'eterniser

Auth. 38. c. 1.

leur memoire. Ils entreprennent pour cela de grands bastimens dans les villes & à la campagne, auec des despenses excessiues, auec des soins, des embarras, des fatigues, des engagemens incroyables, dont les yssuës leur sont funestes. Car ces mesmes grands desseins qu'ils ont formez pour establir leur reputation, la noircissent, quand ils sont regardez d'vn œil jaloux par les puissances, auec les lamentations du peuple, qui se plaint que ces profusions se sont faites du sang, & de ce qu'on a tiré par violence des Prouinces desolées. Enfin, le coup inesperé de la mort enleue du monde ce personnage, la belle maison, le lieu de plaisance passe en d'autres mains, le marbre mis sur le frontispice de l'Hostel porte vn nouueau nom, qui fait oublier celuy de l'ancien Maistre, il se trouue qu'il a trauaillé pour vn autre, on ne parle plus de celuy qui a basty, mais de celuy qui possede. Quelle vanité dans ces desseins aux yeux du monde? & deuant Dieu quel abus des biens, dont sa Prouidence auoit gratifié cét homme, pour luy donner moyen de se sauuer assistant les pauures, & cependant il ne s'en est seruy que pour nourrir son luxe, ses crimes & ses conuoitises qui ont fait vne infinité de pauures.

DE MISERICORDE.

Voulez-vous acquerir des merites, auec vne eternelle reputation dans le monde, & laisser à vos descendans vne gloire qui ne finira jamais, employez vne partie considerable de vos biens, en de pieuses fondations, d'escholes, d'hospitaux, d'academies. Ne considerez pas seulement cette derniere, comme vne largesse qui ne regarde qu'vn bien temporel; car estant faite auec de pieuses considerations, elle accomplit les œuures de charité; elle console les familles affligées de ne pouuoir fournir à l'honeste education de leurs enfans, elle les forme à la vertu, elle les affranchit de mille desordres, où l'incapacité d'auoir des emplois, les pourroit precipiter; elle les sauue donc des crimes qui tuent les ames, & qui portent souuent les testes sur l'eschaffaut au des-honneur des plus illustres maisons.

CHAPITRE XVI.

Pouruoir les paures filles.

Toutes les œuures de charité ont vn merite commun, de soulager les necessitez du prochain, de l'aymer comme nous mesme en veuë de Dieu qui nous le commande, & à qui par ce moyen nous faisons vn sacrifice de nos biens & de nos cœurs. Mais la misericorde qui assiste les pauures filles, & qui les retire de l'abysme où les jette l'indigence, a cela de particulier qu'elle sauue l'ame & le corps, & que par vne assistance personnelle, elle fait vn bien public. Les hommes pleins de pieté s'employent pour donner remede aux disgraces, dont les hommes sont trauaillez dans le grand commerce de la vie commune; c'est icy le propre employ des Dames deuotes de secourir l'infirmité de leur sexe, & d'éteindre les flammes de l'autre en leur ostant la matiere, dont elles se pensoient nourrir.

Accusons icy la corruption de nostre siecle, qui fait plustost le mariage des biens que des personnes, & où vne fille recommandable par la beauté du corps & de l'esprit peut bien donner de l'amour, mais si elle n'est riche à proportion de celuy qui la considere, toutes ses rares qualitez luy sont le sujet d'vn plus grand peril; car elles attirent les ennemis de son honneur, sans se pouuoir deffendre de leurs approches : Il est question du consentement, que les attraits, que les presens, que les promesses, que tous les mouuemens du cœur humain tâchent de corrompre. Les fermes resolutions qui resistent à ces attaques sont bien rares, dans vn sexe infirme où la nature est d'intelligence, & trahit les meilleurs conseils. Il se trouue peu de beautez, qui ne se plaisent d'estre aymées, qui estant aymées n'ayment, qui aymant ne se rendent moins difficiles.

Les hommes les plus chastes & les plus saints ont mauuaise grace, & peuuent quelquesfois estre considerez comme suspects, s'ils interuiennent en ces affaires; elles n'appartiennent proprement qu'aux honestes Dames, qui peuuent entrer dans le secret de ces poursuites, en sçauoir toutes les circonstances de la personne assiegée, & la mettre hors de peril dans vne maison d'asseurance. Les Religions de filles sont des asyles, mais toutes les filles n'y sont pas propres, toutes ne s'y sentent pas appellées de Dieu; & puis la dot qu'on y demande monte si haut, que les aumosnes qui se doiuent partager entre plusieurs n'y suffisent pas; le plus court est donc de mettre ces paures captines déliurées, en quelque honeste condition auec des Dames d'vne eminente probité, jusques à ce que l'occasion se presente de les pouruoir en mariage.

Le merite de cette action passe infiniment ce qui paroist à nos yeux, si l'on considere tout le mal qu'elle preuient, & tout le bien qui en peut naistre. On déliure cette victime innocente d'vne prostitution, qui d'ordinaire de particuliere deuient publique, qui est l'écueil où se vont perdre vne infinité de jeunes hommes ; la cause de mille funestes accidens, des meurtres, des sacrileges, des abominations. Si vous sauuez donc cette pauure fille, vous conjurez en elle tous les pechez & tous les demons, comme nostre Seigneur fit en la Magdeleine ; parce que tous les crimes sont les effets de cét amour impudic ; vous sauuez le corps & l'ame de cette pauure abandonnée; vous déliurez vostre ville d'vn grand peril, & vous y fondez vne nouuelle famille, si vous faites ce mariage.

Chapitre XVII.

Rendre des visites officieuses aux malades.

Apres toutes les lumieres qu'vn Medecin s'est acquis par ses estudes & par ses experiences, apres qu'il a curieusement recherché les causes secrettes d'vne maladie, il n'en

DE MISERICORDE. 329
porte quelquefois qu'vn jugement fort imparfait. Il void bien les parties dolentes, les puissances de la nature empêchées en leurs actions ordinaires, mais le plus violent symptome porte jusques dans l'ame, où il cause d'extremes douleurs, mais imperceptibles. Le riche, qu'vne fiévre, qu'vne goutte, qu'vne grauelle abbat au lict, s'afflige interieurement de voir que l'abondance qu'il a des biens temporels, n'empéche pas qu'il ne perde la santé qui est le plus precieux de tous, & que son laquais ne soit dans vne meilleure condition, que la sienne. Les beaux iours du Printemps, les délices de la campagne, les délicatesses des festins ne sont plus pour luy ; les occasions d'honneur & de profit se passent, sans qu'il puisse y prendre part ; ses ennemis poussent leurs desseins à son desauantage, sans qu'il soit en estat de s'en deffendre, toutes ces priuations seroient sa mort, & le lict seroit son sepulchre, n'estoit qu'il est sensible à toutes ses pertes. Ses amis viennent en foule pour luy témoigner leur affection en compatissant à sa douleur; mais il reçoit toutes ces visites auec vne secrete enuie, de voir les autres exempts d'vne disgrace qui l'accable seul, & qui le rend vn objet de leur compassion ; l'entretien n'est que de choses qui

T t ij

flattent sa curiosité, mais qui l'affligent de ne les pouuoir voir de ses yeux, & ne les apprendre que par le recit des autres ; tout se passe en vains discours, qui ne venant pas du cœur, ne touchent pas celuy du pauure malade, & qui le laissant tousiours dans des sentimens humains, n'allegent pas son supplice.

Si la charité de Iesus-Christ vous porte à luy donner quelque consolation, taschez de prendre le temps ou n'estant interrompu de personne, vous le puissiez entretenir cœur à cœur, & porter les vrays remedes à l'origine du mal. Apres que les ciuilitez ordinaires auront fait l'entrée de vostre discours, faites-le tomber sur le recit de l'entretien que vous auez eu auec quelqu'vn de sa connoissance, deuenu malade dans le fort de ses plus grandes affaires ; Ie pensois, me disoit-il, en ces iours traitter d'vne charge, & faire éclorre des desseins que i'ay projettez depuis long-temps, les voila rompus par cette fiévre qui m'attache au lict, & qui m'oblige de penser à rendre mes comptes à Dieu ; il faut aduoüer que nous n'auons aucun droit au succez, ny des affaires ny de la santé, la Prouidence y donne les ordres comme il luy plaist, & en dispose par des moyens qui trompent nos es-

DE MISERICORDE.

perances & nos lumieres. En ce temps que ie destinois aux plus grands negoces, Dieu me commande la retraite, que jamais ie n'eusse obtenu de ma passion ; son nom soit beny, il m'oblige par la maladie aux saintes pratiques des Religieux, à la solitude en gardant la chambre, à l'abstinence par le dégoust que j'ay des nourritures, & le refus qu'on me fait de celles que ie desirerois le plus ; à l'obeyssance qu'il me faut rendre à ceux qui me traitent, si ie n'ay pas fait vœu de ces exercices, i'y soûmets tres-humblement mes volontez, ie tiens cette necessité bien-heureuse, qui m'oste les occasions du mal, & qui m'oblige à la penitence pour expier les fautes de ma vie passée.

Si cét amy à qui vous rendez vôstre visite, est touché de cét exemple, s'il se l'applique, & s'il y reconnoist ce qu'il est obligé de faire, vous aurez gagné son ame, & vous l'aurez docile à ce que vous voudrez luy donner d'autres instructions. Si N. S. le gratifie de quelques douceurs celestes, il luy sera facile de luy persuader par ses propres experiences, que nostre ame s'éleue fort auantageusement sur les ruines du corps, que la vie dégagée des plaisirs sensibles, est la plus heureuse, & la plus semblable à celle des Anges ; vous luy en ferez former les desseins & en prendre les fermes resolutions, s'il plaist à Dieu de luy prolonger la vie. Que si ce mal ne cede point aux remedes, & qu'il menace de mort, vous luy representerez en peu de paroles l'importance de ce moment, d'où dépend vne eternité de peine ou de gloire. Vous le porterez aux reconciliations, aux restitutions, à tous les deuoirs d'vne conscience qui veut paroistre nette deuant Dieu. Ces bons aduis donnez par vn amy seculier, ont quelquesfois plus d'effet sur vn esprit, que toutes les exhortations des personnes Ecclesiastiques qui semblent premeditées, & faites moins par sentiment ou par affection, que par office.

Cét homme riche n'a besoin que de consolations spirituelles, qui le détachent insensiblement du monde, pour éleuer ses pensées à ce qu'il doit pretendre de beatitude ; mais quand la charité vous conduit à visiter les pauures malades, vous les trouuerez abbatus par deux grandes afflictions de corps & d'esprit, & si Iesus-Christ se dit estre en leur personne pour y receuoir de la consolation, c'est là sur tout, où vous ne deuez point paroistre en sa presence les mains vuides.

Quand ce pauure languissant qui se croyoit abandonné, reçoit la visite d'vne personne

DE MISERICORDE.

de consideration, il est dans des transports d'étonnement & de douceur deuenu comme insensible à son mal ; les yeux & les mains leuées au Ciel, il benit la Prouidence qui prend ce soin d'vne miserable creature, & vous regarde comme vn Ange enuoyé pour sa consolation : Toutes vos paroles luy sont des oracles, quand vous luy representez que sa maladie & sa pauureté l'attachent à la croix auec moins de tourments que n'en ont souffert les Martyrs ; que Iesus-Christ ayant le premier merité le Ciel par la pauureté de sa vie, & les douleurs de sa passion, il a traitté de mesme tous ses fauoris, & quand ils ne sont pas reduits à cette vie mortifiante par necessité, il leur conseille de l'embrasser volontairement par vœu ; les maladies n'épargnent personne, les excez & les remedes des riches ne font souuent que les aduancer & les aigrir, le pauure a cette consolation, que ses souffrances sont des exercices qui luy sont donnez de la main de Dieu, & s'il les supporte auec ce qu'il doit de resignation, c'est le sujet de sa gloire. Nous ne sommes au monde que pour meriter le Ciel, or les richesses & les plaisirs sensibles en détournent nos affections, & les attachent à des choses perissables. Ces magnificences exterieures sont des comedies de peu de temps, des songes qui disparoissent bien-tost, qui ne laissent pour effet que les marques infames des pechez, dont ils noircissent les ames, & les rendent criminelles deuant Dieu. A l'égard du corps la mort est égale pour le Monarque, comme pour le pauure; mais si elle est sainte, du pauure elle en fait vn bien-heureux deuant Dieu, vn illustre au jugement mesme du monde; car voyez le culte qu'il rend aux Saints, qui ont passé leur vie dans vne basse & penible condition, cependant que la memoire est perduë, ou reste abominable des meschans, dont les peuples estoient idolatres.

Ce sont là de douces esperances pour la consolation d'vn pauure malade, de luy representer que son ame est affranchie de mille perils, qu'elle trouue les seuretez de son salut, & les occasions de sa gloire dans l'indigence des biens temporels; mais l'estat present de sa misere, les langueurs de son corps, les larmes & les gemissemens de sa famille, demandent vn secours prompt & effectif autre que celuy des paroles. Faites-luy donc vos largesses charitables; engagez-vous de parole de l'assister à vostre possible, afin de conjurer les craintes qui le trauaillent pour l'aduenir. La consolation que vous luy donnerez,

DE MISERICORDE.
nerez, reuiendra sur vous au centuple, par vn deluge de douceurs diuines, que le cœur humain ne peut comprendre sans l'éprouuer.

CHAPITRE XVIII.

Si l'innocence est opprimée, luy donner tout ce qu'on peut de secours.

L'Innocence est en nos ames l'image de la sainteté de Dieu, le caractere sacré que le premier homme receut en sa creation, que Iesus-Christ, que la sagesse incarnée rétabli en nous par ses merites infinis, elle est le fruict des lumieres & des chaleurs, que le S. Esprit versa sur les Apostres, pour la sanctification de l'Eglise & la conuersion du monde. L'innocence est aussi ce que pretendent toutes les loix, parce que d'elle depend la felicité des peuples, & que c'est l'vnique disposition qui peut diuertir les fleaux du Ciel, & meriter ses faueurs. Toutes les nations Chrestiennes pensent offrir vn sacrifice de iustice à Dieu, d'honnorer ceux où elles voyent l'image de sa sainteté, de leur deferer le gouuernement, de leur rendre toutes sortes de respects pendant leur vie, & apres leur mort en atten-

Vu

dre beaucoup de secours. Comme donc c'est vn deuoir public & Religieux, de rendre honneur à l'innocence le crime est public de l'opprimer, & tous sont obligez d'empécher à leur possible cette prophanation, où la sainteté diuine se trouue offensée en son image & en son agent.

Elle a souuent pris elle-mesme la protection de l'innocence par des miracles, qui luy ont assujetty la nature, & qui ont autresfois esté si fréquents au monde, que les hommes les ont mis entre les éuenemens ordinaires. Ainsi dans les accusations, ils ont cherché la preuue de l'innocence, en l'exposant à manier le fer chaud, à rendre combat, à prendre des potions abominables, comme estoit entre les Iuifs l'eau de jalousie. C'estoit tenter Dieu, vser à discretion de sa souueraine authorité, rendre commun ce que sa Prouidence reserue pour les occasions plus importantes ; enfin, c'estoit oster le prix, l'admiration, l'effet aux miracles, de les auoir si familiers. C'est pourquoy le Concile de Lateran tenu du temps de saint Loüis, deffendit ces sortes de preuues. On peut dire, que comme Dieu a mis en tous les mixtes des formes qui reparent l'alteration de leurs qualitez, comme il a permis que le vipere, que le scorpion portassent

Conc. Lat. gan. 18.

l'antidote de leur venin, il a de mesme voulu que les hommes trouuassent entr'eux, des moyens assez efficaces pour se garentir des torts qu'ils se font, sans auoir recours aux miracles.

C'est à cela, que les loix, que les Magistrats trauaillẽt par les procedures de la justice, c'est pour cela qu'ils emploient les lumieres & les forces de l'estat, pour tirer les pauures de l'oppression, & rendre à chacun ce qui luy est deub. Mais parce que le chemin n'est pas facil à chacun pour aborder cét asyle, que les secours qu'on y reçoit coustent bien cher, qu'ils sont onereux, incertains, quelquesfois nuisibles, qu'il ne faut pas attendre vne sentence dans mille rencontres de la vie, qui en trauersent les contentemens, & en noircissent la renommée ; il est necessaire qu'vn homme particulier s'employe charitablement pour le secours de son prochain, cõme pour soy-mesme. S'il découure qu'vn pauure innocent soit reduit à l'extremité par des adresses qui ne sont pas le sujet d'vn procez, ny d'vne information, qu'il ne laisse pas de le soulager par tout ce qu'il pourra d'entremise, de trauail & de diligence.

Dieu permet de mauuais Princes pour l'exercice ou le chastiment de son peuple, mais il donne toufiours aſſez de courage à quelque Prophete pour declamer contre ces excez, & en denoncer le chaſtiment. Dauid ayant commis l'adultere & l'homicide, reſolut d'abatre tout ce qui s'oppoſeroit à ſa paſſion, trouue vn Nathan qui l'oblige à reconnoiſtre ſon peché, & qui le porte à la penitence. Achab fait mourir le pauure Naboth, parce qu'il ne vouloit pas l'accommoder d'vn jardin qu'il tenoit comme vn gage precieux de l'amour & de la ſucceſſion de ſes parens; Elie le va trouuer, luy denonce courageuſement les indignations de Dieu, & arreſte au moins les ſuites funeſtes que cét énorme peché pouuoit prendre pour ſe couurir. La belle & tres-innocente Suſanne eſt accuſée par les meſmes infames vieillards, qui auoient fait inutilement leurs efforts contre ſa pudicité, le peuple donne creance à leurs fauſſes accuſations, & comme on conduit cette lamentable victime à la mort, Daniel tout jeune qu'il eſt, s'écrie; Ie ne trempe point au ſang de cette innocente, il arreſte l'execution, il eſt nommé Iuge de la cauſe par vn ſuffrage public, il conuaint les vieillards de faux, & fait tomber ſur leurs teſtes, la peine qu'ils auoient ſi juſtement meritée.

Soyez vn Nathan, vn Elie, vn Daniel, à ce

DE MISERICORDE.

pauure que vous voyez gemir, sous l'oppression d'vn plus puissant ; on employe la calomnie, la conjuration des personnes interessées, pour noircir ce qu'il a d'estime, pour le dépoüiller de ses emplois, pour luy rauir les biens ou la vie ; si vous auez de la charité, contreminez ces mauuais desseins, ayez les preuues solides de son droit, faites-les voir secrettement à ceux qui peuuent le plus au jugement de cette affaire, que vos diligences les en informent, qu'elles en dissipent tous les nuages, qu'elles en instruisent beaucoup de personnes de credit & de probité, dont le concert fasse vne voix publique en faueur de l'innocence.

Si la malice de ces persecutions se rend opiniastre, si la faueur, si la corruption le veut emporter à quelque prix que ce soit sur la verité, Allez franchement trouuer les personnes passionnées de la sorte, peut-estre que vostre zele, vos raisons, vos remonstrances, gagneront quelques choses sur leurs esprits, & amolliront leurs mauuais courages. Representez-leur que la verité se fait tost ou tard connoistre, qu'elle est, comme dit saint Augustin, d'vne nature superieure, qui reprend bien-tost son lieu naturel, apres qu'elle a souffert de la violence, comme l'huile, côme le liege reuiennent sur l'eau, où l'on les auoit plongez; qu'apres l'éclypse d'vn peu de temps, elle jette des lumieres qui montrent à découuert l'infamie de ceux, dont elle auoit esté persecutée. Le bien qui reüssit de cét employ charitable, n'est pas seulement pour cette pauure personne, que l'iniquité pensoit deuorer, la liberté que vous luy donnez deuient la consolation de tous les gens de bien, l'esperance des affligez qui se promettent les mesmes secours de la misericorde diuine. C'est la terreur des meschants, de voir qu'vne puissance superieure leur arrache la proye des mains, que par ces inhumaines & sanglantes entreprises, ils ne trauaillent que contre leur propre reputation.

Chapitre XIX.

Empescher autant qu'il se peut les mal-heurs publics.

Donner secours à quelque pauure qu'vn méchant opprime, l'affranchir des vexations d'vn plus puissant, des mauuais bruits de la calomnie, des chicanes d'vn procez, ce n'est que mettre vn pot de fleurs à cou-

DE MISERICORDE.

uert d'vne gelée qui broüit toutes les vignes, & d'vn frimats qui va defoler les moiffons. Ce n'eft pas feulement l'innocent, c'eft l'innocence qui fouffre & qui gemit aujourd'huy fous vne oppreffion publique, les dégats font vniuerfels; vne ville prife d'affaut par fes ennemis ne laiffe pas d'eftre defolée par les pillages, les meurtres & les incendies, quoy qu'vne de fes maifons ayt fa fauuegarde comme celle de Raab, à la prife de Iericho.

La lepre a corrompu le temperament d'vn corps, la léthargie, la paralyfie éteint fes efprits, & vous appliquez vos remedes au bout du doigt, pour y guerir vne écratigneure. Le mal tient de l'infiny, dit Platon, n'efperez donc pas arrefter fon cours, fi vous n'allez à fa fource, fi vous n'eftabliffez dans l'eftat de bonnes loix, auec vne prudence qui preuienne ces funeftes accidents, auec vne force inuiolable pour l'execution du bien qu'on fe propofe. Mais quoy les loix de juftice ont efté faites, & ne laiffent pas d'eftre violées? La Prouidence diuine les a grauées dans nos ames, ceux qui gouuernent en ont fait le ferment au peuple, & n'ont receu leur authorité que fous cette condition? Helas, ils font bien fouuent les premieres caufes des desolations publiques, & les tyrans de l'innocence qu'ils estoient tenus de proteger. Tellement qu'vn mal interne & public ne doit attendre ses remedes efficaces, que d'vne puissance externe & plus forte.

Ce genereux dessein de tirer les peuples de l'oppression, anima les grands courages, d'vn Hercule, d'vn Thesée, d'vn Dionysius à courir le monde, & à le purger des tyrans, que les fables nous representent comme des ours, des lyons, des centaures, des hydres, & d'autres monstres, dont les figures nous expliquent les diuerses violences & les furieux emportemens de leurs passions contre les peuples. On a fait passer ces grands Heros pour les enfans des Dieux, parce qu'ils en imitoient les bontez vniuerselles ; & que sans autre interest que celuy de la justice, après l'auoir rendu florissante dans leur pays, ils cherchoient les occasions de l'établir par tout le monde. Ces genereuses entreprises n'appartiennent proprement qu'à ces grandes ames, que la Prouidence destine au bien de l'Vniuers, auec des qualitez aduantageuses mesme plus étenduës, que celles des intelligences dont chacune n'est destinée, qu'au gouuernement d'vn estat ou d'vne Prouince. Mais quoy qu'on ne soit pas dans cette éminence,

nence, on ne laisse pas en mille rencontres d'auoir des forces capables de seruir au bien public auec moins d'éclat, non pas auec moins de zele.

Le Sage qui ne trempe point dans les passions communes aux officiers, dans les desordres du gouuernement, y peut estre consideré comme estranger, ainsi propre à secourir vn interieur qu'on tient entierement corrompu. S'il a quelque part au maniment des affaires, il sera comme l'intelligence separée du Ciel qu'elle meut; il aura dans sa contemplation, comme les Philosophes des Indes sur leur montagne, deux vaisseaux pour donner, tantost des vents qui purgent l'air, en suite des pluyes qui rendent les feconditez à la terre. Il peut pratiquer cette innocente magie par de bons conseils, qui desabusent les esprits des opinions, vieilles & corrompuës, qui soulagent l'oppression du pauure peuple, qui fassent nettement voir, que la gloire du gouuernement, les interests de l'épargne, le restablissement du commerce consiste en la moderation des impots. Le Ciel auec toutes ses influences & ses lumieres ne nous seroit pas fauorable, sans le mouuement qui les tempere; hé que seruiroit pour le bon-heur d'vn Royaume d'auoir la

Pagination incorrecte — date incorrecte

NF Z 43-120-12

fertilité des terres, la commodité des ports, le courage des habitans, si l'authorité souueraine estoit comme vn rayon de Soleil tousjours fixe, qui bruslast sans viuifier ? Si l'exaction estoit sans relasche & sans remise, si des conseils de misericorde ne temperoient la puissance à la portée des pauures sujets. Ces remonstrances sont vn bien public, qu'vn particulier plein de charité peut faire sans exciter des reuoltes, sans leuer des trouppes, sans verser de sang, & sans ces éclatantes victoires que les Heros remporterent des tyrans. Vn esprit qui void clair dans les affaires trouuera mille ouuertures pour le soulagement du peuple, sans incommoder les finances, & qui ne feront qu'empécher les sanglantes profusions de ceux qui les volent.

S'il s'acquite fidellement de ce deuoir auec la crainte de Dieu, qui ne le rend plus sensible à celle du monde, d'vne parole il abbatera les montagnes, jusques à les renuerser dans les abysmes de la mer, selon les promesses de Iesus Christ ; il humiliera ces insolentes fortunes, qui font gemir tous les estats d'vn Royaume, & qui paroissent immobiles auec cette prodigieuse masse de biens amassés en peu de temps, par les ruines & les dépoüilles des Prouinces. Il ne faut pour ce grand effet qu'vn peu de zéle, vn peu de charité, vn grain de foy que Dieu benira les desseins de misericorde qu'il vous inspire; estant raisonnables, ils feront sans faute de puissantes impressions sur les esprits des gens de bien qui seront de vostre party, pour tirer le consentement du Prince, dont vous ne cherchez que les auantages. Tenez fort contre ces harpies insatiables, qui gastent & qui desolent incomparablement plus qu'elles ne rauissent, & qui rauissent neantmoins tous les labeurs, toutes les consolations & les esperances du pauure peuple; il est reduit à des extremitez, où il ne peut plus pratiquer enuers les autres les œuures de misericorde, dont il a besoin pour luy-mesme; & voilà comment les iniquitez publiques tarissent les sources de la charité Chrestienne. Faites-les reuiure par vos bons conseils, par vos bons exemples, par les ouuertures auantageuses que vous donnerez aux affaires, & vous sentirez en vôtre ame ces eaux de consolations diuines qui l'emporteront jusques à l'eternité, d'où elles procedent.

CHAPITRE XX.

Rompre les mauuais desseins par de bons aduis.

LEs Seraphins sont des esprits de lumiere, comme de feu, qui communiquent ces mesmes qualitez diuines aux bonnes ames, vn zele ardent pour l'honneur de Dieu, & le salut du prochain, aussi des yeux toûjours ouuerts pour obseruer dans le monde, les occasions de s'y employer. La charité trouue de grandes consolations en ces reueuës qu'elle fait de tout vn peuple, quand elle y remarque la conduite merueilleuse de la Prouidence; à temperer de sorte les felicitez sensibles, que les hommes n'en fassent pas leur souuerain bien, à tirer l'innocence de l'oppression, la verité des tenebres, à soulager les necessitez publiques & particulieres en des rencontres, où les forces & les industries humaines estoient impuissantes.

Vn homme de bien trouue de quoy se satisfaire en ces considerations; mais quand il void de pernicieuses pratiques, contre qui son zele l'oblige de tenir fort, son humilité souffre d'en aller faire les corrections; beau-

DE MISERICORDE. 347

coup plus quand il découure de secrettes entreprises, contre les personnes ou les affaires publiques, le voilà dans vne orageuse perplexité, s'il les doit taire ou découurir. La premiere de ses maximes est de n'offenser aucun homme, de ne luy faire aucun mal, & de luy procurer tout ce qu'il pourra de bien. Or le denoncer en ces matieres de consequence, c'est agir contre son honneur, c'est le mettre dans le peril de perdre la vie, il craint de s'abuser à son jugement, il luy semble que la perquisition des crimes n'appartient qu'aux officiers de la justice, non pas à ceux qui professent la tranquillité d'vne vie particuliere, & qui n'ont point d'yeux pour voir les fautes d'autruy. Il a l'exemple de saint Ioseph, qui s'absteint de l'accusation, parce, dit l'Escriture, qu'il estoit homme juste, & de l'Abbé Pœmenis, qui reprit aigrement ses Religieux, & les mit en penitence, à cause qu'ils auoient mis entre les mains de la justice, vn voleur pris sur le fait. Si les personnes illustres ne peuuent pas estre contraintes à rendre aucun témoignage, la qualité qu'il prend de seruiteur de Dieu, luy semble vn titre assez aduantageux, pour affermir sa conscience dans cette resolution de n'accuser, afin de n'offenser aucune personne.

Vitæ patrum. l.2.

l.7.c. de epist.& cler. Cuiac. obseru.l.8.6.

X x iij

Neantmoins il considere que les Saints pû ent se dispenser de poursuiure en jugement vn voleur qui leur auoit fait tort, parce qu'ils luy pardonnoient l'injure & le dommage qu'ils en auoient receu; que la faute n'estant que contre leurs personnes, ils luy en pouuoient donner l'abolition, couurir son crime & leur charité; mais quand il s'agit d'vn interest public, d'vn attentat, d'vne conjuration, d'vne perfidie, d'vn patricide, de ces fureurs qui peuuent causer d'extremes desolations dans l'estat, ce n'est plus vn droit qui soit en la disposition d'vn particulier, on est donc tenu de preuenir ces mal-heurs en denonçant le criminel; en ces rencontres garder le silence, c'est aucunement entrer dans la societé du crime, comme vn receleur, c'est le commettre de ne le pas empécher à son possible; c'est l'extremité de l'injustice de preferer le particulier au public, & pour epargner vne teste que les loix condamnent, en faire perir vne infinité d'autres innocentes.

Nous sommes redeuables, comme de nos vies & de nostre éducation, aussi de nos bons offices, à la patrie, par vne pieté à qui l'on donne la preference, sur celle que nous deuons à nos pere & mere. Or le fils qui ne

DE MISERICORDE. 549

donne pas ce qu'il peut de secours à son père, dans vne pressante nécessité perd le droit de fils & de succession par cette honteuse ingratitude ; le vassal tombe dans la felonie, & est priué de son fief, s'il n'aduertit pas son Seigneur d'vn peril qui le menace, & d'vne secrete conjuration de ses ennemis, dont il auoit la connoissance. Mal-heur à moy, dit le Prophete, si ie garde le silence ; car celuy qui void venir l'ennemy, & n'en donne pas le signal, est responsable de tout le sang qui sera versé. Garder le secret d'vne conjuration, hazarder ainsi la paix de l'estat, tous les biens & toutes les vies qui peuuent perir dans les mal-heurs de la guerre, nuire si notablement au public, crainte de nuire à quelque particulier, c'est vne conduite si peu raisonnable, que le scrupule & l'ignorance ne luy seruent pas d'excuse. N'alleguez point comme Caïn, que vous n'auez pas vos freres, ny l'estat en garde : Car, dit saint Augustin, la charité vous oblige de considerer leurs interests comme les vostres, & d'immoler vostre vie pour le salut de plusieurs.

l. 2. feud. tit. 7.

Isa. 6.
Ezech. 33.

L'homme persuadé de ces raisons, ira donc trouuer les puissances pour leur declarer ingenument en secret, ce qu'il a pû reconnoistre d'vne affaire perilleuse, il exposera les circonstances qui ont donné sujet à ses soupçons, afin que tout soit éclaircy par des recherches plus diligentes que les siennes. C'est vne éminente charité, & neantmoins tres-facile, puis qu'elle ne consiste qu'en vne parole, d'empêcher vne infinité de maux, & laisser le bien dans la liberté de ses progrez. En cette occasion, saint Thomas dit, qu'on peut aller directement aux puissances, sans donner aucun aduis à celuy que l'on soupçonne, parce que l'affaire est d'vne telle importance, que le moindre retardement peut estre beaucoup prejudiciable, que la personne possedée de cette manie, ayant dissimulé son dessein, pourroit en precipiter l'execution par de nouueaux expediens, peut-estre chercher ses seuretez, par vn attentat secret sur la vie de celuy qu'il void instruit de l'affaire, pour ne le plus craindre.

D. Th. 11. q. 33. a. 7.

Il est certain que ces denonciations faites auec toute la prudence, & toutes les retenuës possibles, semblent tousiours extremement rudes à des consciences délicates, qui ne voudroient faire que du bien, sans qu'aucun y fut offensé; mais elles souhaittent l'impossible dans l'estat de cette vie, où le Ciel ne peut garder ce bel ordre qui conserue l'Vniuers, sans causer des alterations dans les estres particuliers

DE MISERICORDE.

ticuliers, Iesus-Christ n'a pas laissé d'accomplir le mystere de nostre rachapt, & de presenter ses graces à tous les hommes, quoy que plusieurs en abusent, jusques à s'en faire le sujet de leur eternelle damnation. En denonçant vn homme coupable de quelque pernicieux dessein, vous desarmez son iniquité, vous la rendez impuissante de faire le mal ; si le corps y souffre, vous sauuez son ame, vous sauuez vne infinité de personnes qui pouuoient perir dans vn deluge de calamitez publiques. Vous n'auez pas des desseins si bas, ny si funestes, de surprendre tous les hommes dans le peché, pour les accuser, & en faire des criminels ; c'est vn coup extraordinaire de la Prouidence, qui vous a porté dans cette rencontre, qui vous a donné la connoissance de ce pernicieux dessein, pour en empescher les mauuaises suites, & comme vn autre Ioseph pour accuser vos freres d'vn crime, que vos yeux ny vostre conscience n'ont pû supporter, sans en aduertir l'authorité seule capable d'y donner remede. Si vostre innocence est comme la sienne persecutée pour ce sujet, la Prouidence en peut tirer vostre gloire, desia signalée de souffrir pour vn bien public.

Yy

CHAPITRE XXI.

Déliurer les pauures Chrestiens, que le Turc tient dans vne cruelle captiuité.

IL n'est pas seulement icy question de soulager vne Ville, vne Prouince, vn Royaume, par le conseil & par les armes contre la violence d'vn gouuernement, comme l'entreprirent les sages & les Heros; il s'agit de la liberté de tous les peuples, que le Turc afflige d'vne tyrannie, la plus inhumaine, la plus injuste, la plus sanglante, la plus furieuse, & cependant la plus vniuerselle qui fut jamais depuis la creation du monde. Il tient tous les habitans de l'Egypte, de la Palestine, de la Grece, dans vne lamentable captiuité; il tient à la chaisne vne infinité d'esclaues, pris sur la Russie, la Moscouie, la Pologne, le Boheme, l'Allemagne, l'Italie, la France, l'Espagne; il les opris, il les tient dans la seruitude pour ce seul sujet, qu'ils ne sont pas Turcs; il les tient comme les ostages de l'empire absolu qu'il pretend, & qu'il se promet sur tous les Royaumes. Ces pauures affligez qu'on violente en leurs corps & en leurs ames

DE MISERICORDE.

pour les contraindre de renoncer à la loy Chrestienne, demandent misericorde à la Chrestienté. Iamais il n'y eust vne occasion plus juste, plus sainte, ny plus glorieuse, de prendre les armes pour venger l'injure faite à Iesus-Christ, à la liberté des peuples, au droit des couronnes, pour recouurer ce qu'on a perdu, pour deffendre ce qu'on est menacé de perdre, par les insatiables vsurpations de cét ennemy commun.

Ie ne fais pas estat de rapporter icy l'histoire de Mahomet, qu'on peut voir au long dans d'autres liures. Ie dis seulement en peu de mots, que cét homme de basse naissance, mais d'vne audace & d'vne perfidie prodigieuse, de facteur qu'il fut d'vn riche Marchand, épousa sa veufue, s'empara de tous ses biens, se fortifia par vn grand abord de bandis & de scelerats, qui luy rendirent tout le pays circonuoisin de la Mecque tributaire. Ces trouppes furent si considerables, que l'Empereur Heraclius, qui auoit esté défait par Cosroes Roy de Perse, les prit à son secours, pour vne seconde bataille qu'il gagna auec tous les auantages possibles. Cela rendit ces trouppes auxiliaires insolentes, jusques à se donner la principale gloire de cette action, à témoigner du mécontentement de n'en auoir pas receu, ce qu'elles meritoient de reconnoissance, & de changer petit à petit leurs seruices, en actes d'hostilité. Les délices où s'abandonna l'Empereur, affranchy des craintes qu'il auoit auparauant de son ancien ennemy, les heresies, les schismes, les reuoltes des Prouinces fauoriserent les desseins de Mahomet, qui profita de toutes les occasions, auec de merueilleux succez jusques à sa mort.

Cette tousiours heureuse iniquité grossit le courage de ses successeurs, qui poursuiuirent chaudement leurs victoires, ils broüillent les affaires de l'Empire, de quelque party qu'ils se jettent, l'oppriment, s'emparent de ce qu'ils faisoient semblent de secourir, jusques à ce que par vne longue suite d'années & de victoires, ils deuiennent maistres de la Palestine, de Constantinople, de toute la Grece. Mais helas à quelles conditions, apres auoir fait passer au fil de l'épée des mille millions d'habitans, & n'en auoir laissé que ce qu'il falloit au pays, pour n'estre pas tout à fait desert, le victorieux insolent les reduit à vne vie languissante, qui leur fait vne suitte de calamitez & de plusieurs morts. L'extreme necessité les oblige à des trauaux incroyables, & le fruict de leur trauail est emporté par de

DE MISERICORDE.

continuelles exactions, par des calomnies, dont on ne se peut redimer qu'à prix d'argent ; Donnez toutes les preuues possibles de vostre innocence & de vostre pauureté, il faut de l'argent, & le seul refus que vous en faites, donne sujet de vous traitter en criminel ; on prend ce pauure homme qu'on renuerse les pieds vn peu éleuez, sur qui l'on décharge cent coups de baston, puis on le met au ceps ; c'est à dire, entre deux poutres, cauées à proportion de la cuisse, au-dessus du genoüil, estant jointes, elles tiennent le pauure captif immobile dans les infections, les vermines, les pourritures d'vn cachot obscur & relent, auec peu de pain & d'eau, pour ne mourir qu'à la longue.

L'vnique remede de ces vexations, c'est de se rendre Turc, & lors ce qu'on leuoit sur ce miserable, se remet sur le reste des Chrestiens, qui demeurent ainsi tousjours plus chargez, sans esperance de diminution, quoy que leur nombre diminuë. Ce desespoir contraint plusieurs à l'abjuration de la foy, qui s'en va bien-tost éteinte en ce pays, si la charité n'y apporte le remede. Ils sont violentez par la perte de leurs biens, par les supplices du corps, sans aucun secours spirituel, d'où leurs ames puissent tirer quelques forces ; car leurs Prétres estant obligez de gagner leur vie par le travail de leurs mains, restent dans vne extreme ignorance des choses diuines, & la crainte que la persecution ne tombe sur eux, leur ferme la bouche en ces rencontres, comme elle les entretient dans le schisme, pour éuiter vn plus rude traittement qu'on leur feroit, s'ils estoient soûmis au Pape.

Ce qui me semble de plus cruel dans la seruitude de ce pays, c'est le tribut des enfans que le Turc fait enleuer quand il luy plaist, d'entre les bras de leur pere & mere. Le premier traittement que ces barbares leur font, est d'abolir en eux la foy Chrestienne, & le Baptesme par la Circoncision; les plus robustes sont nourris pour les arts, les armes, le labourage, les plus beaux pour des choses deshonnestes. Quelle amertume aux pauures parens, de voir enleuer ainsi les fruits de leur mariage, les plus tendres objets de leur amour, les esperances de leur maison? Quel creuecœur, quand ils considerent qu'ils ont éleué ces enfans auec tant de soins, pour estre les victimes de l'impieté, des parricides & des sacrileges? Ils n'ont aucune asseurance en ceux qui leur restent; car ou les Turcs les débauchent pour leurs abominables plaisirs, ou pour les moindres contraintes domestiques,

DE MISERICORDE. 357
ils menacent, & par effet prennent resolution
de se rendre Turcs, de sorte qu'ils sont ou
mécreans ou incorrigibles.

Les Chrestiens qui jouyssent encore de la
liberté, n'ont point de cœur, s'ils ne sont touchez de compassion au recit de ces extremes
mal-heurs ; ils n'ont point de foy, s'ils ne
vengent les injures faites à Iesus-Christ par
ces impies, qui nient sa Diuinité, qui se rendent maistres des lieux consacrez par son
precieux sang, qui violent son sepulchre, qui
le tiennent en captiuité, n'y pouuant pas reduire son Corps glorieux, qui rendent nos
deuotions & nos pelerinages tributaires, qui
ont toutes les adresses des demons, toutes
les violences des tyrans, pour vsurper les
biens, pour perdre les corps & les ames du
Christianisme.

Mais si les Chrestiens n'ont point aujour-
d'huy de pieté pour Iesus-Christ, s'ils manquent de charité pour leurs freres, au moins
qu'ils soient sensibles à leurs propres interests. Qu'ils ayent des yeux pour voir, de la
prudence pour éuiter les fureurs de cés Ante-
christ, qui a brisé tant de sceptres, versé tant
de sang, vsurpé la moitié du monde, tout
prest d'enuahir le reste, s'il ne trouue pas plus
de resistance ? Il se dit le Roy des Roys, le

LES OEUVRES
souverain des Seigneurs, de toute la terre, de toutes les mers, & n'osant pas aller jusques à prendre le titre de Dieu, il s'en dit le Lieutenant general au gouuernement des hommes. Il ne s'areste pas à ces titres insolens, la conduite & ses efforts nous font bien voir, qu'il pretend en auoir le droit, que sa loy l'oblige de l'emporter par les armes, sur tous ceux qui le luy disputent, & que cependant il ne consideré, que comme des sujets reuoltez, ceux qu'il employ, prennent les vaisseaux

En effet, quoy qu'il souffre quelques ambassades des Princes Chrestiens, il les regarde tellement au dessous de luy, que de sa part il ne leur en enuoye point, il ne les reçoit que comme des suppliants, s'ils paroissent deuant son throsne, c'est auec vne veste de ses couleurs, qu'il leur donne comme à ses valets, auec des gardes qui les tiennent par le bras, comme des prisonniers de guerre. Il ne leur permet d'ouurir la bouche que pour publier ses grandeurs, & faire leurs humbles demandes, sans que jamais ils ayent vn mot de réponse. S'ils pensent dire la moindre chose à la recommendation du Prince qui les enuoye, vn signe de main, leur impose tous aussi-tost le silence, & les chasse auec vn honteux mépris de deuant vne majesté dont ils abusent.

DE MISERICORDE.

abusent. Aux moindres ombrages qu'ils prennent d'vn Ambassadeur, ils le traittent en criminel, luy font mille violences & mille outrages; enfin le retiennent comme captif contre le droit des gens, car nous tenant comme ses esclaues, il suppose que nous n'auons aucun droit sur luy.

C'est sur ce fondement qu'ils ont permis les traites & le cõmerce pour en tirer les profits; cependant que ses pirates, d'Alger, de Tunis, de Tripoly, prennent les vaisseaux & les hommes, qu'ils vendent au marché comme des bestes, apres leur auoir fait souffrir beaucoup de tourmens, pour sçauoir leurs qualitez, & en tirer vne plus grosse rançon. C'est sur ce fondement qu'ils enleuent quelquesfois des villages entiers dans la Russie, qu'ils ont pris tant de places dans la Hongrie, dans la Dalmatie; tant d'Isles sur la Republique de Venise, & que s'estant depuis peu rendus maistres de la Canée, ville principale de la Candie, ils font tous les ans couler des trouppes, pour s'assujettir le reste de l'Isle, afin d'incommoder en suite toute l'Italie, & toutes les terres estant maistres de la mer; ses vaisseaux en font depuis long-temps la découuerte, car ils passent souuent le détroit, & viennent le long de nos costes faire le pillage d'hommes & de marchandises, sous la conduite des renegats, qui sçauent les routes, & qui surprennent les plus aduisez en changeant leurs pauillons. Escriuant ces choses, j'apprends auec vne extreme compassion, que cét vsurpateur vient de faire des courses, des dégats, des massacres inconceuables dans la Silicie, qu'il s'est emparé de Varadin, forteresse d'vne extreme consequence, & qui seruoit de bouleuart à la Hongrie. Il menace ce Royaume & les pays voisins d'vne prochaine desolation, pour de là passer dans les Allemagnes, & porter ses armes victorieuses dans toutes les terres, s'ils ne luy font point plus de resistance.

Ne nous plaignons point icy de la Prouidence diuine, qui semble nous abandonner à ce puissant ennemy; ce sont les pechez & les diuisions de la Grece; ce sont les guerres continuelles entre les Princes Chrestiens, qui luy donnent cette audace, parce qu'ils combattent pour ses interests, qu'ils font vne diuersion des forces, qu'il ne pourroit soustenir, si elles estoient vnies contre luy; ils se diuisent, ils s'affoiblissent, ils se mettent en estat d'estre vaincus, quand ils sont attaquez separément, jusques à fauoriser les armes de leur ennemy commun, quand elles seruent à leurs pretentions particulieres. Dieu laisse les hommes en leur liberté, il les sollicite au bien par les graces, par ses inspirations, par les remonstrances de l'Eglise, que s'ils ferment les yeux à ses lumieres, le cœur à ses mouuements, s'ils se veulent perdre par des projets de vanité, ne sont ils pas les causes de leur ruine ? Ils entretiennent les guerres entre les estats voisins, pour auoir, disent-ils, de quoy donner de l'exercice aux courages, pour auoir l'honneur d'emporter quelques victoires; mais sur tout pour tirer le sang du peuple, & le tenir dans l'impuissance de resister aux ordres du gouuernement, s'ils s'emportent à ces extremitez, sans considerer les mal heurs publics des guerres & de l'extreme pauureté; le desespoir, les crimes, les pertes des ames; la défaite de tant de creatures raisonnables qu'on immole cruellement à l'ambition, s'ils continuent dans ces abominables politiques qui violent toutes les loix, qui causent vn deluge de pechez, qui resistent aux graces de Dieu, qui prouoquent ses justes indignations, pensent-ils meriter ses misericordes, & qu'il arrestera par miracle le torrent d'vne tyrannie, à laquelle ils ouurent eux-mesme le passage. Qu'on fasse la paix entre les Princes Chrestiens, & l'vnion de leurs forces, que le peril d'vn mal-heur commun appaise les reuoltes de l'Heresie, ie ne doute point que l'on n'emporte tout ce qu'on pretend d'auantage sur le Turc.

Nous auons cette obligation à la Republique de Venise, d'auoir fait paroistre la foiblesse de ce tyran, dont elle a soustenu seule vingt ans durant les efforts, auec peu de perte, beaucoup de succez, quoy qu'elle n'ayt pas poussé ses victoires au poinct, où elles pouuoient aller. Nous sommes fort bien instruits par la relation de tous ceux qui ont fait le voyage du Leuant, par vne petite flotte d'Angleterre, qui paroissant deuant Alger, mit cette ville dans vne extreme consternation, & en obtint tous les esclaues qu'elle demandoit. Nous sçauons par les aduantages que les Cheualiers de Malthe, ont tous les iours sur le Turc, que ses forces ne sont pas telles, que la crainte les a fait paroistre. Il est vray que les relations qui viennent de là, parlent de quelques armées, de cent, & de deux cent mille hommes, il falloit dire de bouches, parce qu'ils y comptent les chameaux, les asnes, les cheuaux, les valets, les esclaues, qui sont necessairement en tres-grand nombre, quand il leur faut passer les deserts, & porter toutes les prouisions, iusques à l'eau

DE MISERICORDE. 363
pour la subsistence d'vne armée. Quoy qu'on puisse dire, le nombre des soldats est petit, des aguerris beaucoup moindre, parce que la pluspart achepte cette qualité pour estre moins violentez par les Gouuerneurs, & auoir plus de commodité pour le trafic. Hé que feroit cette canaille auec son idée de predestination, que se precipiter dans les armes des François, des Espagnols, des Allemans, à qui la generosité est naturelle, & qui se sont fait à leurs dépens vn art infaillible de la guerre.

Les Turcs ne sont puissants sur nous, qu'à cause que nous nous rendons foibles par nos continuelles diuisions. Ie ne m'estonne pas, s'ils ont banny d'entre eux les sciences, puisque ces lumieres que nous possedons auec auantage, nous éblouïssent & nous confondent; si vne fois les Princes Chrestiens peuuent bien tomber d'accord, sa ruine est ineuitable, & bien plus facile que dans les victoires qu'ont gagnée sur eux Godefroy de Boüillon, Scanderbech, Iean Castriot, Iean d'Austriche. Les Cheualiers de Malthe ont de grandes forces toutes prestes, auec vne entiere connoissance des mers, des ports, du fort & du foible de leur ennemy; les Veniciens sont actuellement dans le combat, auec

Zz iij

des forces qui balancent la victoire, pour peu donc qu'on se joigne à leur party, il ne peut manquer d'emporter l'autre, la Republique de Genes, les Ducs de Florence & de Savoye, sont en disposition de donner secours ; l'Eglise le promet plus grand, car si elle veut qu'on vende ce qu'elle a de plus precieux, jusques aux vases sacrez, pour rachepter les esclaues, quelle profusion de charité ne doit-elle point faire, pour se liberer elle-mesme d'vn vsurpateur qui a juré sa ruine, & dont la principale ambition est de s'emparer de ses biens, de ses personnes, de prophaner tout ce qu'elle adore. Le motif de cette guerre est si juste, il est si saint, que tous les particuliers y contribuëront charitablement ce qui leur sera possible. Il ne faut point douter que tous les Chrestiens du pays, qui gemissent sous la tyrannie du Turc, ne se declarassent ouuertement contre luy dans l'occasion de cette entreprise ; que les enfans du tribut ne vengeassent la violence qu'on leur a faite dés le premier âge, qu'ils ne se souuinssent de leur origine, & qu'ils ne tournassent leurs armes contre le tyran qui les veut contraindre au parricide. Nous auons les forces, le courage, la justice, l'interest, la Religion, le Dieu des Armées de nostre costé ; hé d'où vient que les

can. Apostolicos & ssq. u. q. 2.

DE MISERICORDE.

conseils ne se portent pas à cette sainte & genereuse entreprise, d'où depend la liberté des peuples, la propagation de la foy, la paix vniuerselle du monde, le salut des ames, l'empire & la gloire de Iesus Christ?

Quand les pauures Israëlites furent emmenez captifs en vne terre estrangere, Ierusalem & leur Temple occupé par les infidelles, ils faisoient mille fois le iour des vœux pour la deliurance de ces lieux sacrez, ils y estoient continuellement de pensée, ils tournoient le visage vers cét endroit en leurs prieres, ils ne demandoient la liberté ny la vie, que pour venger ce qu'ils souffroient d'inquietudes par ces horribles prophanations. Les Chrestiens sont aujourd'huy libres dans les florissants pays de l'Europe; hé seront ils stupides jusques à n'auoir point vn vif ressentiment, de voir en captiuité toute la Terre sainte, où le Fils de Dieu a pris sa naissance temporelle, où il accomplit les mysteres de nostre salut, où il nous a donné les regles de nostre foy, de nostre vie, auec les esperances de nostre gloire, si nous sommes veritablement Chrestiens. Cette terre est nostre patrie, & nous la deuons retirer des mains de cét vsurpateur, s'il nous reste quelque sentiment de pieté, & si nous ne voulons point attirer sur nous les violences de cét impitoyable ennemy, par nos laschetez.

On s'estonnera peut-estre, de ce que les croisades ont esté faites plusieurs fois, sans qu'elles ayent reüssi, quoy que les victoires ayent esté promises par les Saints, par des reuelations, par de bons presages, comme au temps de saint Bernard. I'ay consideré cela, comme ce qui aduint aux Israëlites, lors qu'ils se resolurent de venger l'injure faite à vn Leuite par la tribu de Benjamin. Ils consulterent Dieu sur cette entreprise, il leur respond qu'elle est juste, qu'ils prennent hardiment les armes, qu'ils emporteront la victoire; le combat se donne, ils sont défaits auec perte de vingt mille hommes morts sur la place. Les voilà dans les gemissemens, & à recourir à Dieu, s'ils doiuent recommencer le combat, la réponse est qu'ils le recommencent; ils vont à la charge, & sont encore mis en déroute, auec perte de dix-huit mille hommes; ils recourent à Dieu tout éperdus de cette défaite, & d'vn oracle qui auoit trompé leurs esperances, ce ne sont que gemissemens, que jeusnes, que prieres, que sacrifices, pour sçauoir de Dieu, s'ils doiuent renouueller le combat, apres ces insignes pertes, Dieu leur commande de charger leurs ennemis dés le lende-

Iudic. cap. 20.

lendemain, & qu'ils en auroient la victoire. Cela reüssit parfaitement, l'armée qu'ils combattoient fut défaite, la ville qu'ils assiegeoient, prise, auec vne ruine si generale, que leurs animositez se changerent en compassion.

Vn sentiment Religieux les empécha de perdre le courage dans la suitte de ces disgraces, ils ne doutoient pas que les réponses de Dieu ne fussent vrayes, & parce qu'elles ne determinoient pas le nombre des combats qu'il leur falloit rendre, ils iugent qu'ils les deuoient continuer, iusques à ce qu'il plust à sa Majesté de les finir par la victoire. Hé faut-il que les Chrestiens manquent aujourd'huy de cœur, pour deffendre leurs pays, leurs libertez, leurs vies, leurs autels, à cause de quelques succez qui ne leur ont pas esté tousiours heureux contre le Turc. Vn Saint leur diroit ce qu'Elizée dit autrefois à Ioas, auquel il auoit commandé de la part de Dieu, de frapper la terre de son baston, & qui s'arresta au troisiesme coup, si vous eussiez frappé iusques à sept fois, vous eussiez entierement défait vos ennemis. Les armes sont tousiours heureuses contre les infideles ; si l'on y perd la vie du corps, c'est vn triomphe dans le Ciel pour les ames purgées par le sang

4. Reg. 13.

Aaa

qu'elles ont versé pour la gloire de Iesus-Christ ; Quoy que les entreprises de saint Loüis n'eussent pas tousiours l'auantage, sa foy l'emporta sur les considerations humaines, & crût qu'il accomplissoit les volontez de Dieu, de rendre combat, encore que les effets fauorables de ses promesses fussent remis en quelque autre temps. Ce que son armée souffrit en cette guerre, & ce que les pauures Chrestiens ont enduré depuis sous cette violente tyrannie, sont les expiations des pechez, dont la Grece estoit coupable par tant de desordres, de schismes & d'heresies. En suite, nous auons sujet de croire que la Prouidence doit bien tost mettre fin à cette vaste iniquité, qu'elle luy a prescrit des bornes, & luy a dit, comme à la mer, tu iras iusques à ce poinct, & non plus auant.

Il faut icy considerer que l'empire des Ottomans a fait ses progrez par la suite de plusieurs siecles, & que le remede d'vne maladie si longue, pour luy estre proportionné, n'est pas l'ouurage d'vn ou de deux regnes. Si la curiosité de l'esprit cherche le temps des crises qui nous doiuent donner quelques esperances, ie croy qu'on en peut tirer le iugement d'vn liure intitulé, *Fatum vniuersi*. Ie ne suis pas fort credule en ces obseruations, neant-

DE MISERICORDE.

moins les experiences & les prieres de personnes fort considerables, m'obligerent d'en escrire l'Apologie qui est à la fin du liure. Ie prends la liberté d'en rapporter icy quelque chose, sur ce que nous enseigne Gerson, que dans les affaires politiques, il ne faut pas negliger le iugement des personnes bien versées en l'Astrologie, mais en faire vn poids fort considerable, quand il s'accorde auec les necessitez & les raisons de l'estat, comme en ce sujet. Ie dis donc qu'au temps où nous sommes, le monde courant ses grandes années en la figure vniuerselle arriue au quatré de Mahomet, & que dans vne pareille conjoncture tous les gouuernemens en 1080. ans depuis leur naissance ont souffert de notables calamitez, le liure en la page 34. en fait le dénombrement, & en rapporte les exemples, des Iuifs, de l'empire Romain, de la France, & d'autres. Cet aspect se rencontre dans le signe de Libra, qui est l'ascendant du regne de nostre Monarque Louis XIV. comme si le Ciel le destinoit pour estre l'Ange exterminateur de cét Antechrist, & pour en faire vne solemnelle iustice au profit, & à la veuë de tous les peuples.

Si, selon saint Thomas, les Cieux sont les instrumens dont se sert la diuine Prouidence

Gerson in trilogio Astrologiæ Theolog. prop. 10.

D. Th. l. 3. contra Gentiles. c. 82. 83. 92.

Apologia fati. vu. pag. 17.

pour l'execution de sa justice ; si ces funestes rencontres, sont comme les grands tours, les temps de visite, de cholere & de vengeance, selon que les euenements, depuis la creation du monde l'ont fait paroistre ; nous auons maintenant sujet d'esperer vn succez plus fauorable de nostre entreprise, qu'elle ne fut à saint Loüis enuiron l'an 1269. lors que la teste de Meduse passoit par l'origine de la France. Dieu put lors animer le courage des François à cette guerre par des reuelations, pour leur faire voir que l'ennemy qu'ils attaquoient n'est pas inuincible, parce qu'en effet saint Loüis gaigna sur luy de grands auantages, mais il ne put pas poursuiure ses victoires, son armée s'estant affoiblie par vne violente peste qui la mit hors de combat.

Nous auons le mesme motif de pieté qu'eût ce saint Roy, l'occasion plus fauorable, mais vne necessité plus pressante de nous opposer au cours d'vne infatiable tyrannie, qui fait tous les iours de plus grands progrez, & d'arrester vn embrazement, qui va desoler toutes les terres du Christianisme. Toutes nos croisades n'ont pas reüssi ; mais on ne leue pas le siege d'vne ville, pour en auoir esté repoussez en deux & trois assauts ; on ne se rebutte

DE MISERICORDE.

pas de la nauigation, ny des profits que l'on en espere, pour quelques tempestes ou quelques naufrages; les grandes ames s'animent sans s'étonner par la difficulté d'vne entreprise, qui fait l'éminence de la gloire. Si les seules forces de la France ont disputé la victoire contre ce puissant ennemy, si la Republique de Venise soustient ses efforts depuis si long temps, que ne doit-on se promettre si les forces, de la France, de l'Espagne, de l'Empire, de l'Italie, l'attaquent toutes ensemble par les endroits qui leur seront plus commodes. Ie ne doute point qu'on ne l'emporte par cét assaut general, & que nous n'ayons tout ce qu'on peut souhaiter de fauorables succez. Peut-on souhaiter vne plus fauorable occasion pour donner de l'exercice aux courages, plus aduantageuse à l'auidité du soldat, & au zele d'vn veritable Chrétien, que d'aller contre ce tyran, qui est riche des dépoüilles de tous les peuples, qui tient à la chaisne des millions d'esclaues pris sur eux, qui nous fait vn crime de nos mysteres, & de nostre foy. Hé serons-nous si lasches de ne venger pas ces rapines, ces cruautez, ces sacrileges?

L'Eglise qui s'est accreuë par la patience de ses premieres persecutions, se void toute défolée par celles de cét Ante-christ, si ses enfans ne la deliurent de cette miserable captiuité, & si selon la parole de Iesus-Christ, ils ne font perir par le glaiue, celuy qui s'en sert depuis tant de siecles pour les opprimer? Quoy souffrir que les Chrestiens, les coheritiers de Iesus-Christ, ses amis, ses domestiques soient traitez auec des rigueurs qu'on ne tient pas aux cheuaux? Chacun sçait ce qu'ils souffrent de calamitez, comment n'en auoir point de compassion? Si les fidels ne forment qu'vn corps, ses parties en sont retranchées, elles sont mortes, elles n'ont plus l'esprit de charité, si elles ne sont pas sensibles aux peines des autres, & si elles ne leur donnent pas ce qu'elles peuuent de soulagement. Qu'on ne regarde point ce mal comme estranger, puis qu'il touche nostre foy, nostre frere, Iesus nostre Prince, & que l'orage qui croist, qui s'approche continuellement, ne peut manquer de fondre bien-tost sur nos testes. Hé donnons de l'efficace aux graces & aux oracles du Ciel. Saint Louïs emportera la victoire qui luy fut promise sur le Turc, si nostre Monarque Louïs XIV. qui est de son sang, l'heritier de son sceptre, de son nom, de la foy, de son zele, se porte à cette entreprise en vn temps, où la paix de la Chré-

DE MISERICORDE.

rienté, où tous les presages du Ciel & de la nature nous en promettent vn heureux succez.

Nous auons encore cette genereuse lignée qu'vne prouidence particuliere choisit autresfois, pour reprendre le Royaume de Hierusalem, pour venger l'honneur & les interests de tous les Chrestiens. Le mesme sang remplit les veines de cette genereuse posterité, elle est animée du mesme courage & du mesme zele; elle est illustre par tout ce qu'on peut souhaiter de valeur, d'adresse, de felicitez dans les armes; par des victoires qui eussent merité plusieurs triomphes dans l'ancienne Rome, & qui nous promettent de plus grands prodiges dans cette occasion, où la Prouidence l'a particulierement destinée. Le Turc craint ce coup depuis long-temps, la paix presente des deux plus grands Monarques Chrestiens, l'embrasement qui vient de consommer presque la moitié de Constantinople, les reuoltes successiues de ses Bachats sont les presages de sa ruine prochaine; faisons-luy cette courtoisie de iustifier ses craintes, de ne prolonger pas dauantage son supplice: c'est son soulagement & nostre interest, car le delay de deux ou trois ans cause la ruine, la captiuité, la mort, peut-estre l'apostasie de dix mille pauures Chrestiens. Nous sommes sur la deffensiue, denoncer la guerre à ce sacrilege, ce n'est pas verser le sang, c'est en guerir vn grand flux par vne seignée, c'est empécher qu'on ne le verse dauantage, qu'on n'en fasse couler des ruisseaux par toute la Chrestienté, c'est sauuer les corps & les ames, les Royaumes & l'Eglise de s'opposer genereusement à cét impitoyable vsurpateur. C'est vne sainte milice qui combat d'esprit & de corps, les ennemis visibles & inuisibles de nostre salut, ou l'on est Soldat & Religieux, Protecteur & Martyr de la foy ? Que peut craindre, & que ne doit esperer le Chrestien en cette rencontre ? S'il sort du combat la vie sauue, c'est pour l'y reporter à toutes les occasions, & s'acquerir tousiours autant de couronnes ; s'il meurt, il va deuant Iesus-Christ son Prince, couuert du sang qu'il vient de verser pour son seruice, & qui par cette plus grande de toutes les charitez, ne peut qu'il ne reçoiue ce que le Ciel a de plus magnifiques recompenses, enfin, puisque les impostures de Religion ont donné commencement à cette mal-heureuse secte, il faut qu'vne genereuse pieté la ruine, & que Iesus Christ nostre Soleil de justice éteigne les foibles lumieres de cette Lune.

D. Bern. ad militia templi.

Chapitre XXII.

Les œuvres spirituelles de misericordë.

ON peut bien iuger que les œuures de misericorde, qui soulagent les necessitez de la vie sensible, sont d'vn merite excellent, puisque Iesus-Christ les recommande par tant de preceptes dans son Euangile, qu'il leur promet pour recompense la remission des pechez, & dit que les aumosnes qu'on fait aux pauures, sont des thresors qu'on amasse pour l'eternité. Il semble qu'il mette la perfection de l'homme en ces exercices exterieurs, puis qu'au dernier iour du iugement, il les rapporte & les publie comme les causes qui seules ont merité la gloire aux eleus. Nous auons dit au commencement de cette partie que ces bonnes œuures sont si fort recommandées, parce qu'elles vont au soulagement des necessitez corporelles qui sont pressantes, & qui ne souffrent point de délay, quoy que les riches ne s'y portent qu'auec peine, & que dans les auidizez insatiables qu'ils ont d'acquerir, donner, leur soit vn supplice. Comme donc la medecine

Bbb

commence à guerir le mal par des remedes aux symptomes, dont le peril est plus grand, comme dans les places assiegées, on garde mieux les endroits plus foibles, & qu'on les munit de plus de soldats, le Fils de Dieu nous donne de plus grands preceptes de ces œuures de misericorde, où la nature nous rend moins portez & plus infirmes.

Il couste ordinairement peu de donner quelque bon aduis, de faire des corrections & choses semblables, où la vanité mesme se porte si much auec des libertez, des excez & des insolences que Iesus Christ chastie, par la parabole de celuy qui ayant vn chasteau d'vne poutre, reprend son prochain, dont la veuë n'estoit qu'vn legerement incommodée d'vne paille. Mais quand il faut mettre la main à la bourse, donner, & s'appauurir d'autant en vn estat, où l'on seroit plus prest de receuoir, c'est où les recompenses & les menaces sont necessaires pour fléchir les volontez : si neanmoins on fait la comparaison entre les œuures de misericorde corporelles & spirituelles, il se trouuera que celles-cy sont plus excellentes, parce qu'elles se rapportent au bien de l'ame qui est la plus noble partie de l'homme, & qu'elles conduisent au souuerain bien où consiste sa felicité. Les Anglois

DE MISERICORDE.

ne laissent pas d'estre les plus éclattantes images des perfections de Dieu, & de tenir le premier rang des creatures, quoy que Moyse n'en parle point, quand il nous décrit la creation du monde; ainsi les œuures de charité spirituelles ne perdent rien de leur merite, quoy que l'Euangile ne les mette point en ligne de compte, parmy celles à qui le dernier arrest assigne vne eternelle beatitude pour recompense.

Si Iesus-Christ semble les auoir moins commandées de paroles, il nous les enseigne, & eust dessein de nous y former par toutes les actions de sa vie. Car il dit, qu'il n'est venu que pour annoncer aux hommes les importantes veritez de leur salut, pour les conduire au chemin du Ciel, pour éclairer les esprits de ses lumieres, pour embraser les cœurs d'vn feu sacré qui les purifie, qui les transforme, qui les enleue dans la region superieure d'où il est pris, & pour signifier tous ces secours spirituels, il se dit la voye, la verité & la vie. Quand par ses miracles il rend les yeux aux aueugles, le mouuement aux paralytiques, la liberté de la parole aux muets, la vie aux morts, ce sont veritablement toutes faueurs corporelles, mais qui se rapportent au salut des ames, dont il voulut par ce moyen

Bbb ij

gaigner la créance & la conuersion aux veritez de son Euangile. Aussi toutes les fois qu'il rendoit ces santez miraculeuses, c'estoit tousiours auec quelques aduis salutaires, de ne plus pecher, pour ne plus encourir ce chastiment, de le reconnoistre pour le Messie promis en la loy, pour le Fils de Dieu, qui deuoit estre l'vnique objet de leurs esperances, la cause & le moyen de leur salut.

C'est vne leçon qu'il a faite à toutes les personnes charitables, de s'employer tellement aux œuures de misericorde exterieure, qu'elles y joignent les spirituelles, qu'en soulageant le corps par les aumosnes, par leurs soins & leurs bons offices, elles informent en mesme temps les ames par de saintes instructions; car toutes les trauerses de la vie commune, les maladies, les pauuretez, les injures, les pertes de biens, d'amis, & d'honneur seroient supportables, n'estoit que l'opinion les aigrit, & que d'vn mal imaginaire, elle en fait de veritables douleurs. La cholere s'arme & palit par l'horreur des vengeances qu'elle medite, elle exagere ce qui l'offense, elle se figure des monstres pour les combattre, & pour iustifier l'extremité de ses transports; la crainte grossit les objets, prend honteusement la fuite, & s'abandonne sur des phantô-

DE MISERICORDE.

mes qui n'ont de l'existence qu'en vne imagination blessée. Vn auare, vn ambitieux gemit dans son abondance, & croit faire des pertes insignes, s'il ne reüssit pas en ses grands projets, & s'il regarde, non pas ce qu'il possede, mais ce qu'il voudroit acquerir; vn pauure qui se considere de mesme nature peut estre d'vn esprit plus éclairé que le riche, croit sa misere intolerable, d'estre reduit à la dépendance, au trauail & à la sujettion comme vne beste. Vn homme nourry dans de mauuaises habitudes, les considere comme des chaisnes qui l'attachent, & qui luy ostent la liberté d'agir autrement : Vn autre se donne mille inquietudes par vn esprit qui forge, & qui ne peut resoudre ses difficultez, qui produit & qui renuerse ses desseins par des vicissitudes & des agitations perpetuelles : Vous trouuerez des humeurs si délicates, qu'elles se froissent aux moindres rencontres; d'autres plus fermes se brisent, parce qu'elles ne sçauent pas ceder, pour se remettre dans l'occasion. Tous ces esprits foibles ou violents s'embarassent dans mille inquietudes & mille disgraces, dont les suittes sont comme infinies, si la charité des autres ne vient à leur secours, par des lumieres qui éclairent l'ignorance, qui donnent des reso-

Bbb iij

lutions aux doutes, des consolations aux affligez, des expediens pour les dégager d'vn labyrinthe.

L'argent qu'on donne en aumône, se consomme par vne seule necessité, à qui mesme le plus souuent il ne suffit pas, mais vn bon conseil affermy par vne heureuse experience, sert de maxime pour la conduite de toute la vie ; il fait qu'on trouue ses interests mesme sensibles, dans vne éminente vertu, & à rechercher auant toutes choses la gloire de Dieu. Vn bon aduis, est vne aumône spirituelle, dont les riches, les puissants Monarques, les plus sublimes genies, ont quelquesfois le plus de besoin ; & comme la lumiere profite plus aux estres animez qu'aux insensibles, ces secours spirituels & charitables, causent plus de biens dans les meilleurs esprits, employez aux diuers offices de la vie commune.

Chapitre XXIII.

Instruire les ignorants.

Mettez vn aueugle dans vn chemin fort inégal, rompu de fosses, enuiron-

DE MISERICORDE.

né de precipices, presque à chaque pas il fera des cheutes, auec des craintes continuelles de la derniere, qui sans secours & sans remede le doit fracasser. C'est l'image d'vn homme ignorant, qui ne peut ny s'arrester ny se conduire dans les perils de la vie, où n'ayant pas le discernement des objets, il fait le bien par hazard, le mal par coustume, tousiours chancelant, incommodé de cheutes, & dans la crainte de la derniere où il doit perir.

Ne dites point que son ame a naturellement des idées vniuerselles du bien & du vray, qui peuuent seruir à regler son iugement & ses desirs; car l'homme ayant pris sa premiere nourriture des sens, il s'imprime facilement des opinions du monde qui les fauorisent, & prend ce consentement vniuersel pour vne loy de la nature : Il le suit d'inclination, par exemple, par des attraits & de fortes persuasions, qui dans la foiblesse de son âge pourroient passer pour des contraintes, s'il auoit conceu d'autres sentimens. La foule l'emporte aux plaisirs des sens, aux richesses, aux autres commoditez de la vie, comme si elles en faisoient le souuerain bien, les personnes qui les possedent luy paroissent heureuses, & ce qu'il souhaitte le plus, c'est de leur estre semblable.

Trismegiste, Platon, tous les Philosophes tiennent que cette ignorance est la source de tous les maux publics & particuliers, parce qu'elle suppose le mal pour le bien que l'on desire naturellement ; qu'ainsi conduisant l'esprit, & les desirs par vn faux principe, les consequences n'en peuuent estre que malheureuses à l'infiny ; ce phare trompeur montrant l'écueil pour le port, conduit necessairement au naufrage; si donc l'ignorance est la cause de tout le mal, celuy qui la peut guerir sera l'autheur de tout le bien, dont les hommes sont icy capables.

C'est pourquoy, ie considere le merite comme incomparable des saintes societez qui consacrent leurs temps, leurs soins, leurs estudes à l'éducation de la jeunesse, dans les sciences jointes à la pieté, qui leur donnent des maximes & des habitudes toutes contraires à celles du monde, qui leur mettent en main les regles pour ajuster leur conduite dans les diuerses rencontres de la fortune;enfin, qui leur enseignent l'art d'vne sainte & heureuse vie. Les sciences cultiuent l'esprit, elles étouffent les mauuaises productions d'vne nature fertile, mais abandonnée;elles épurent, elles exercent, elles subtilisent la raison,

elles

elles rendent vn homme capable de mieux réüssir en toutes sortes d'emplois, elles luy donnent la veuë du vray bien, elles l'y conduisent, elles l'y rappellent toutes les fois qu'il s'en écarte, & le reduit à la penitence. Les personnes qui se dédient à cét employ charitable, donnent des Docteurs, des Religieux, des Predicateurs, des Prelats à l'Eglise, des Aduocats, des Magistrats à la justice, des hommes illustres au conseil des Princes, & comme elles obligent infiniment toutes les parties de l'estat, elles meritent tout ce qui se peut de reconnoissance. Ceux qui donnent leurs personnes & leurs soins à cét exercice, ne peuuent pas vacquer au commerce d'vne vie commune, pour acquerir le necessaire à leur entretien, il faut donc qu'ils le reçoiuent des liberalitez publiques ou particulieres ; c'est pourquoy le merite ne se peut pas assez estimer de ceux qui ont estably des Colleges, qui parlent & qui enseignent encore après leur mort durant plusieurs siecles, par toutes les bouches entretenuës de leurs charitables fondations.

La jeunesse se peut ayséement guerir de ses ignorances, parce qu'elle se rend docile, & qu'elle prend sans beaucoup de peine, le ply qu'on luy veut donner ; mais quand les mauuaises inclinations de la nature se sont fortifiées auec l'âge parmy les fausses opinions du monde, l'esprit se trouue enueloppé de tenebres, & d'vne double ignorance presque inuincible, dautant & qu'elle ne void pas la verité, & qu'elle se figure de la voir, en des erreurs qui luy sont directement opposées; c'est dit Philon, comme vn homme qui resue d'autant plus, qu'il s'imagine de ne pas resuer, comme les folies & les seditions sont plus dangereuses, quand elles se conduisent auec les ordres, que la prudence donneroit à ses plus justes desseins. La raison ainsi corrompuë n'a plus de lumieres ny de desirs que pour le party des sens, que pour les vanitez & les crimes, auec des transports impetueux qui ne reçoiuent plus de conseil, parce qu'ils luy paroissent des justices & des veritez. Voilà l'ignorance qui possede maintenant les esprits du monde; qui les entretient dans les desordres d'vne vie licentieuse, dans le libertinage des nouuelles heresies, dans les polices modernes, dans les rapines, les concussions & les sacrileges, qu'on nous fait passer pour vne sagesse éminente.

Mal heur, dit le Prophete, à ceux qui donnent le nom de lumiere aux tenebres; mais qui les peut dissiper, & dans les horreurs, dans les confusions de cette nuict, qui peut nous faire vn grand iour, comme au commencement du monde, que la voix de Dieu ? Les Predicateurs sont ses Anges, qui la portent de sa part aux peuples, qui taschent auec vne sainte generosité de guerir leurs ignorances, de leur enseigner les mysteres de la foy, vne probité de mœurs, vne sincerité de conscience, vne conduite raisonnable & sainte, qui leur donne dés icy de grandes tranquillitez auec les douces esperances de la beatitude. Ils annoncent la gloire de Dieu, comme les Cieux ; mais auec des instructions bien plus efficaces, dit saint Chrysostome, parce que le Ciel auec tout l'éclat de ses figures, & la justesse de ses periodes depuis tant de siecles, n'a pas persuadé les veritez ny morales ny Religieuses aux hommes, & les Apostres en peu d'années, ont conuerty tout le monde. Vn feruent Predicateur en moins d'vne heure, conuertira quelquesfois plus de mille ames à Dieu, dont chacune est d'vn prix inestimable, racheptée par le sang de Iesus Christ. C'est donc l'exercice d'vne éminente charité, qui n'épargne ny ses veilles, ny ses fatigues, pour acquerir les qualitez propres à mouuoir les cœurs, à les détacher du monde, à les reduire sous l'obeyssance de Dieu, pour en faire non

D. Chrys. hom. 18. in ep. ad Rom. & hom. 3. in 1. ad Cor.

plus les objets de sa justice, mais de ses infinies misericorde. Ce zele en emporte quelques vns Iusques dans les nouueaux mondes parmy les barbares, pour leur annoncer les veritez de l'Euangile au prix de leur sang & de leur vie qu'ils exposent genereusement, quand il s'agit de sauuer les ames.

Ceux qui n'ont pas les aduantages de nature, pour s'employer à ce sacré ministere de la predication, & qui neantmoins sont possedez du mesme esprit de charité, le mettent en exercice dans vne vie plus retirée, mais non pas moins laborieuse, en la composition des liures. Si Dieu les fauorise de ses benedictions le fruict en est grand, parce qu'estant multipliez à la faueur de l'impression, ils se répandent par tous les lieux, ils peuuent instruire les hommes de plusieurs siecles ; leur presence est continuelle dans vn cabinet, où ils attendent en repos la curiosité du Lecteur qui les consulte, & qui veut en peser tout à loisir les sentimens. Cette voix secrette qui parle à tant d'yeux, qui se répand sans s'affoiblir en tant de pays, qui peut resusciter par tout tant de morts, sans éclatter comme la trompette de l'Ange ; ces grands effets s'accordent auec les desseins de la charité, dont les effusions n'ont point d'autre terme ny d'autres bornes que l'infiny.

Gerson de laude scriptorum.

CHAPITRE XXIV.

Trauailler à la conuersion des heretiques.

L'Heresie presente aux Catholiques l'occasion de pratiquer en son seul sujet, les diuerses œuures de charité dont nous auons fait le discours aux chapitres precedents, qui sont de donner les instructions necessaires à l'ignorance, & de combatre l'infidelité. Ce n'est pas que l'Eglise se mette toûjours en deuoir d'employer le fer & le feu, pour exterminer les ennemis de la foy, ils font leurs dégats principalement dans les ames; aussi les doit-on principalement combatre, arrester leur violence, & les reduire en sujettion auec les armes spirituelles, dont parle l'Apostre. Il a ce dessein, quand il dit que les heresies estoient necessaires, non seulement pour faire l'épreuue d'vne viue & genereuse foy, qui ne se laisse ny surprendre par les stratagémes des mécreans, ny abattre par leur violence, qui ne se contente pas d'estre sur la deffensiue, mais qui leur donne l'attaque, & qui les oblige à receuoir les conditions de la paix, que Iesus-Christ nostre Monarque vniuersel veut établir entre tous les hommes.

La seule parole diuine fut l'épée, dont se seruirent les Apostres & les Martyrs pour conquerir tout le monde, pour obliger les peuples & les tyrans, à quitter leurs anciennes superstitions, & à se soûmettre aux loix de l'Euangile; Ces Saints ne se contenterent pas de posseder le don de la foy, & le tenir comme vn thresor qu'ils dûssent cacher; ils ne se contenterent pas des témoignages de leurs consciences, de l'applaudissement des fideles, des douceurs & des consolations, dont la misericorde de Dieu les preuenoit; ils crûrent que l'Eglise estant vn ciel, ses lumieres se deuoient répandre sur toute la terre, que le feu sacré du Saint Esprit qu'ils auoient receu, demandoit vne plus ample matiere que leurs cœurs, & que c'estoit par son embrazement vniuersel, selon les Prophetes, que le monde auec ses crimes, deuoit estre consommé deuant que jugé. Dans les transports de ce zele, ils partagent entre eux toute la terre habitable pour l'informer des veritez Euangeliques; chacun d'eux se porte dans les regions que la volonté de Dieu luy assigne, chacun ne craint point d'attaquer genereusement l'impieté jusques dans son thrône, & les difficultez de

DE MISERICORDE.

l'entreprise, les fatigues qu'il y faut souffrir, le sang qu'il y faut verser, sont de puissants attraits pour leurs courages.

Plusieurs personnes consacrées à Dieu, ont en cela suiuy les Apostres, & animées d'vn mesme zele, ont porté les veritez de l'Euangile, iusques sous les deux poles. Mais helas sans passer les mers, la France trouue maintenant chez soy les occasions aussi meritoires & plus pressantes, de combatre l'infidelité déguisée par les diuerses sectes des heretiques. Ce n'est pas sans vn notable reproche que nous sommes aujourd'huy reduits à viure, parmy les ennemis de l'Eglise, de l'estat & de nostre paix, d'estre en communauté de biens, auec des conjurez qui nous monstrent encore aujourd'huy les ruines de nos Eglises, pour vne eternelle protestation de la rage qu'ils ont conceuë contre nous, & qui ne s'arreste que par impuissance. Ces miserables ne se contentent pas des trop grandes libertez qu'on leur donne de viure à leur mode, auec quasi tous les droits des Catholiques, ils s'emportent quasi tous les iours dans les préches, dans les compagnies, à blasphemer contre les mysteres que nous adorons ; ils ont leurs emissaires pour corrompre les esprits, & pour donner du credit à leurs sectes abominables.

Ils employent toutes sortes de moyens pour grossir leurs trouppes par nos deserteurs, par l'alliance de tous les autres heretiques, quoy que contraires en sentimens, pourueu qu'ils s'accordent à la ruine de l'Eglise.

Il seroit bien étrange, que le feu ayant pris à nostre maison, & qui gaigne tousiours pour la consommer, nous ne nous mettions pas en deuoir de l'éteindre? Que ces nouueaux Venus ayent la vanité auec le mauuais courage d'étendre leurs sectes, & que nous soyons lasches, jusques à ne leur point faire de resistence? Iesus Christ est-il moins nôtre Sauueur & nostre Prince; ses mysteres sont-ils deuenus moins adorables qu'aux premiers siecles, où les Empereurs employoient toutes leurs forces, pour exterminer les Ariens, les Manicheens, les Donatistes, toutes ces furies d'enfer, qui ne font qu'exciter des troubles lamentables dans les consciences, dans l'Eglise, dans les estats.

Les loix ne iugent pas raisonnable, que les Catholiques viennent en conference auec les apostats de la foy, que contre l'ordre de la justice, on mette en égalité deux partis si fort inégaux, que le criminel conuaincu soit traité comme l'innocent, que les nouuelles propositions d'vne secte aillent du pair auec les ancien-

anciennes veritez de l'Eglise, qu'on offense l'authorité des Conciles, des Saints & doctes Prelats qui y donnerent leurs suffrages, & le Saint Esprit qui y presidoit, d'en remettre les decisions en controuerse. Sur cela, les Princes Chrestiens iugerent qu'ils deuoient leur protection aux oracles de l'Eglise; que c'estoit vne misericorde d'ôter les armes aux furieux, les libertez d'agir à ceux qui ne s'en seruent que pour se jetter eux-mesmes, & traisner apres eux les autres dans le precipice. Mais ces contraintes se terminent à l'exterieur, elles irritent, & n'amollissent pas le cœur endurcy d'vn heretique, elles arrestent les progrez de son erreur, sans auancer sa conuersion, qui est ce que l'Eglise pretend.

En cette rencontre où il s'agit de gaigner les ames, la charité Chrestienne renonce fort librement à ses droits, & s'humilie jusques à traitter du pair, par preuues & par raisons, auec des coupables condamnez. La douceur qui trauaille à leur conuersion, leur doit faire la courtoisie tout entiere, dit saint Augustin, leur découurir la verité sans aigreur, sans reproches, sans inuectiues, mais auec toutes les affabilitez qui témoignent qu'on ne recherche que leur bien, non pas la palme de l'esprit, dans les chaleurs & les subtilitez

D. August. serm. 11. de verb. apos. cap. vlt.

de la dispute. La foy, l'esperance, la charité, sont des dons de Dieu, & quand ils sont estouffez dans l'ame, ce qu'on y peut faire, c'est la disposer tranquillement à les receuoir de nouueau, du mesme principe qui les auoit donnés ; comme quand le feu sacré venu du Ciel, qu'on gardoit religieusement estoit éteint, il n'estoit pas permis de le r'allumer par la collision du fer & du caillou, mais en preparant des matieres propres à s'enflammer par le rayon du Soleil. C'est ce que la charité Chrestienne tasche de faire, quand elle trauaille à la conuersion des heretiques ; car elle est patiente, elle est affable, elle ne pretend aucun interest particulier, tous ses desseins, & tous ses efforts ne vont qu'au salut des ames, & à la gloire de Iesus-Christ.

Cela n'empéche pas qu'vn Prince qui veille pour la conseruation de son estat, ne voyë par vne longue experience des siecles passez, que la diuersité des sectes le menace de ruine, parce qu'elles diuisent les esprits & les affections, & qu'vn pretexte de Religion qui se promet le secours de la puissance infinie de Dieu, porte les courages à toutes les extremitez qu'on tient plus saintes, de ce qu'elles sont moins raisonnables. De fait, le Turc en ses vsurpations, l'Allemagne, la Hollande en

DE MISERICORDE.

leurs reuoltes, l'Angleterre en ses sacrileges, ont pris la nouueauté d'vne secte, pour le solide fondement de leurs desseins, & comme vne forte chaisne qui attacha les peuples à leur seruice. Sans déguiser icy la verité, tout heretique est ennemy de la Monarchie, & ne peut souffrir qu'auec d'extremes contraintes au temporel, vn joug dont il s'affranchit au spirituel. On obserue entre eux des secretes intelligences auec les estrangers, qu'ils ont porté jusques aux menaces, pour emporter de force sur le conseil du Roy, ce que la raison ne leur pouuoit accorder : Ce ne sont que surueillans sur tous les traittez des Princes, sur tous les incidens de l'Europe, que conferences, que contributiós particulieres pour leurs interests, l'estat possedé par ce demon de reuolte, de sang, de blasphemes, de sacrileges, souffre d'horribles contorsions, & si on ne le conjure fortement, nous sommes menacez de ruine, selon la parole de Iesus-Christ.

Il est difficile que la prudence du Prince souffre toutes ces menées contre son seruice? Qu'ayant du cœur il tolere des conjurez, qui ont si souuent fait des entreprises pour se saisir de la personne des Roys, qui ont violé leurs sepulchres, bruslé leurs os, & jetté les cendres au vent par vne vengeance immor-

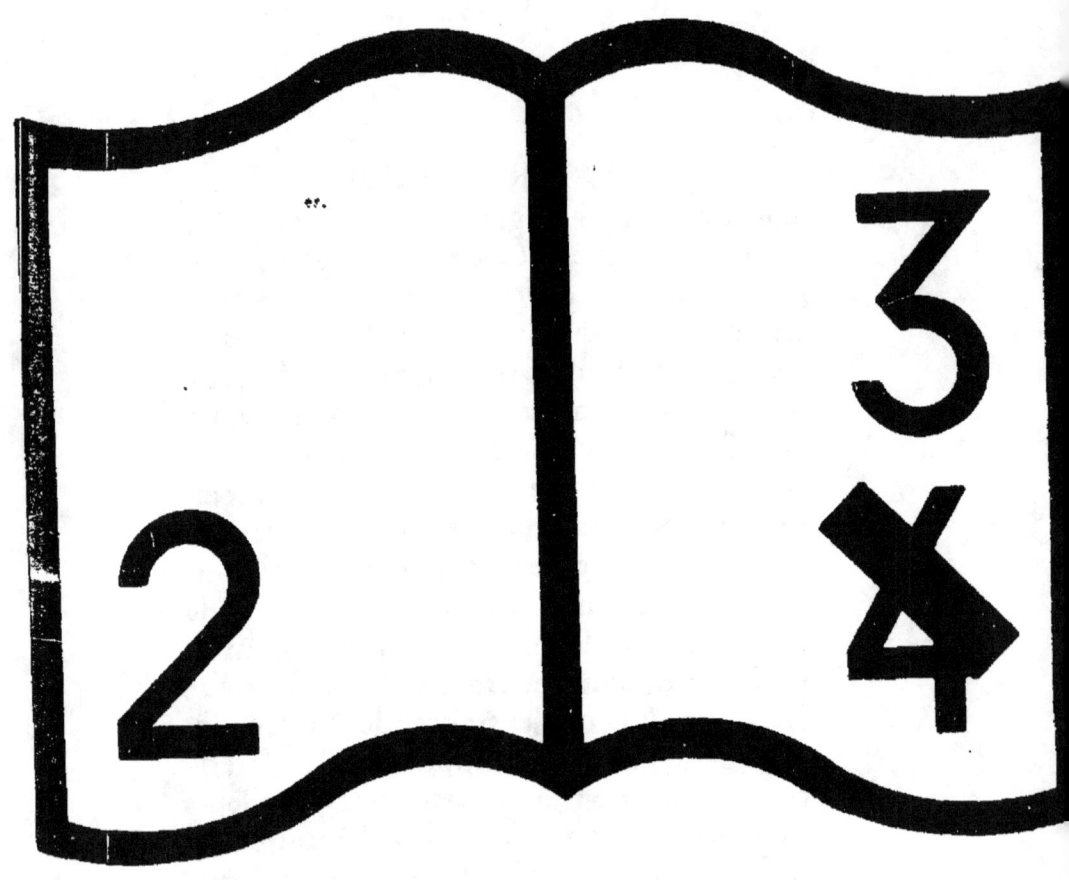

Pagination incorrecte — date incorrecte

NF Z 43-120-12

telle ? S'il a de la Religion, comment peut-il voir de bon œil les ennemis de l'Eglise qu'il a pour mere ? Comment en supporter les blasphemes ? Comment se figurer quelque sentiment d'amour & de respect en ceux qui le font passer publiquement en leurs prêches pour ridicule, & pour idolatre ? L'arche de l'ancienne Loy ne pust souffrir vne idole à ses costez, quoy qu'estant captiue, elle fut receuë auec quelque sorte d'honneur en son temple. Hé comment la Religion Catholique, qui est en France la premiere en possession, puissante & victorieuse de ses ennemis, peut-elle endurer vne mal-heureuse secte, qui veut partager ses droits, & qui les trouble, quand elle ne s'en peut emparer. Les Huguenots ne souffrent pas les Catholiques dans les villes & les pays où ils sont les maistres, côme dans Geneve, dans la Hollande, dans l'Angleterre ; il est juste, selon la maxime generale, qu'ils passent à nostre égard par le droit qu'ils establissent pour eux, qu'ils souffrent ce qu'ils nous font souffrir, quoy qu'ils soient dans des conditions infiniment au-dessous des nostres.

Que doit-on attendre du conflict de deux Religions, quand elles se disputent le poinct de la verité, auec des raisons en apparence

DE MISERICORDE.

également fortes, sinon le libertinage qui se tient neutre en cette dispute, qui ne croit plus rien, sinon que toutes les creances consistent en opinion; qui par ce moyen donne cours aux siennes, & de la corruption des mœurs tombe par degrez dans l'Atheïsme. Ostez de l'estat la Religion & les bonnes mœurs, ce n'est plus qu'vn corps sans ame, sans puissance, sans autre mouuement que celuy de sa pesanteur, qui le porte en bas & l'attache au dernier des élements, pour y acheuer sa corruption. Ie presente tous les iours à Dieu mes vœux & mes sacrifices, afin qu'il luy plaise éclairer l'esprit & le conseil des Princes, d'apporter vn puissant remede à ce mal si contagieux; que l'on conjure efficacement ce phantôme, qui se déguise, qui se transforme, & prend des visages differens pour n'estre pas reconneu.

Toutes les ruzes de Caluin sont maintenant découuertes, ses mines sont éuentées, il est battu de ses armes, conuaincu de faux par les propres textes, qui seruoient de fondement à ses nouueautez; & nous voyons de nouuelles heresies qui luy succedent, qui par vne apparente reforme de mœurs & de doctrine, tirée, comme ils se vantent, sur l'original de la primitiue Eglise, ne pretendent

Ddd iij

pas moins que de renuerser l'Eglise. Ils abolissent l'authorité des Prestres au Sacrement de Penitence ; ils accoustument petit à petit les ames à se passer des Sacremens, ie supplie tres-humblement le Lecteur de considerer, que toutes ces subtilitez de la predestination & de la grace, se terminent à faire croire, que tout le mal qui se fait au monde vient d'vne volonté de Dieu determinée, souuerainement infallible, qui abandonne à cela certaines personnes, sans leur donner les moyens & les graces de faire autrement ; s'ils sont dans l'impossibilité de faire le bien, ils ne sont point coupables ; il ne doit point y auoir de penitence pour eux en ce monde, d'Enfer ny de Paradis en l'autre. C'est ainsi que Lucian establit son impieté sous le nom de Cyniscus Philosophe, qui rend Iupiter confus & sans replique par cét argument, si vous auez fait naistre vn homme dans vn mauuais & inéuitable destin qui l'oblige au mal, & qui luy oste la liberté d'agir autrement, pourquoy le punissez-vous dans les Enfers ; c'est vous qui faites le mal, dont vous luy imposez la necessité, & vous luy en faites porter la peine; elle est desia grande d'estre reduit par force à manquer aux deuoirs de la raison, à porter le nom & le visage d'homme, sans se pouuoir

Lucianus dialogo Iupiter confutatus.

DE MISERICORDE.

acquiter de ce qui est propre à sa nature ; cependant vous acheuez son mal-heur par des supplices eternels, vous punissez le défaut de vostre bonté, sur celuy que sans aucun sujet vous en auiez exclus, vous le rendez impuissant, & puis miserable à cause de son impuissance, par vne double injustice.

Ie tiens cette secte la plus dangereuse, qui fut iamais en l'Eglise, parce qu'elle oste le principe de toutes les actions morales en ostant la liberté ; elle oste le principe de toutes les actions surnaturelles en ostant la grace, qu'ils disent n'estre point donnée à quelques personnes, de sorte que l'obseruation des commandemens de Dieu leur est impossible. Voilà donner l'excuse à tous les pechez actuels, sans qu'il soit plus question de l'originel remis au baptéme ; voilà proclamer la liberté des sens, toutes sortes de perfidie dans le commerce ; voilà rejetter toutes les extrauagances, tous les transports des passions sur les decrets de Dieu, qui ne nous a pas rendu les vertus, & les œuures de salut possibles ? S'il donne ses graces, elles sont à leur dire tousiours efficaces ; s'il ne les donne point, on est incapable d'agir pour le Ciel; ainsi iamais les hommes ne tombent dans l'ingratitude enuers Dieu, quoy que tous les

Prophetes, que l'Euangile, que tous les Peres de l'Eglise declament contre ce vice comme le capital de tous, & le plus ordinaire qui soit au monde. Ie suis honteux de rapporter ce que ces dangereuses doctrines peuuent sur l'esprit des femmes, à qui l'on fait facilement croire que leurs infirmitez sont inéuitables en certain temps, & qui ayant receu ces mauuaises impressions, les pratiquent, les publient, de sorte que sans honte d'escolietes, elles deuiennent maistresses. Ie n'en dis pas dauantage sur ce sujet, dont i'ay traitté plus amplement dans vn liure exprés ; tant de plumes, tant de langues, tant d'assemblées de Prelats, tant de decrets des souuerains Pontifes ont terminé ce different, qu'il n'y deuroit plus rester de difficulté dans des esprits raisonnables ; neantmoins puis qu'on ne laisse pas de publier par tout ces pernicieuses doctrines, la charité Chrestienne oblige toutes les personnes capables d'en faire voir les abus, les suittes, les consequences dangereuses dans les rencontres.

Des Misericordes de Dieu en la conduite de l'homme.

CHAPITRE XXV.

Mettre les nouueaux conuertis à couuert des outrages, & des necessitez que les heretiques leur font souffrir.

L'Heresie est fille & mere de plusieurs pechez, comme elle en naist, elle les produit, c'est, dit nostre Seigneur, vne engeance de vipere qu'on ne laisse point croistre sans peril ; c'est la lignée des demons qui recompensent la sterilité de leur espece, par la multiplication de nos mal-heurs; Ordinairement vn homme ne se resout pas à quitter l'Eglise, que par vne conscience chargée de plusieurs crimes secrets, & que les difficultez d'en obtenir le pardon par vn changement de vie, reduisent à cét extreme libertinage, de ne plus rien croire pour ne plus rien craindre. Neantmoins ne pouuant passer sa vie auec ce qu'il souhaite d'estime, sans l'exercice de quelque religion, il embrasse celle qu'il void la plus fauorable aux sens, qui flatte & qui couure ses mauuais desseins. S'il a quelque aduantage de naissance, d'esprit, ou de fortune, il est receu auec mille applaudissemens de ces infideles qui s'en font vn fort, l'objet de leurs admirations & de leurs liberalitez; il s'y nourrit, il en prend les habitudes, tant d'interests, tant de chaisnes l'attachent, qu'il est humainement aussi peu possible de le remettre dans les sentimens de la foy, que de rendre les qualitez naturelles à l'eau, qui a coulé par les cendres, d'où elle a pris la couleur & l'amertume de lessiue.

Mais si cét homme a des enfans, quelque diligence qu'il apporte pour les éleuer dans l'heresie, ils en échappent, parce qu'ils en découurent les abus à la faueur des lumieres & des mouuemens de la grace ; aussi ces diuins remedes trouuent de plus fauorables dispositions à la santé, dans des ames qui ne sont malades que par sympathie, & par la dépendance des autres. Cét enfant secoüe le joug de la puissance paternelle, quand elle deuient tyrannique, quand elle passe jusques à pretendre des droits sur vne ame qui n'est point de sa jurisdiction, & contre l'authorité de Dieu que nous adorons tous les jours, par preference sur tous les liens de la nature, comme nostre Pere celeste. Il sçait bien qu'en abjurant l'heresie, il encourrera l'indignation de tous ceux qui la professent, particulierement de sa famille & de son Pere, dont l'inhumanité taschera par toutes sortes de moyens, de luy ôster la subsistence de la vie : Il sçait bien que ces mécreans font profession d'affliger tous ceux qui les quittent ; qu'ils employent tout ce qu'ils ont de force & d'industrie pour les rendre miserables, afin de les reduire au repentir, au moins pour détourner les autres de semblables entreprises par des punitions exemplaires, qu'ils font passer pour des coups de la main de Dieu. Ce genereux conuerty preuoit toutes ces persecutions, & s'y resout, tout prest de perdre la vie, pour sauuer son ame dans la veritable Religion. Ses préjugez ne sont pas fautifs, car si tost que sa conuersion est éuentée par le suruèillant, il void ses parens, ses amis & ses ennemis conjurez à sa ruine. Il est chassé de la maison paternelle, auec tout ce qu'vn amour offensé peut conceuoir d'indignations, vomir d'injures, & s'emporter à de mauuais traittemens. Les aduis se donnent au lieu de sa retraite, des trauerses qu'on doit donner à son establissement; de sorte que nous auons veu des Gentils hommes d'illustres naissances, parce qu'ils estoient conuertis, persecutez de sorte, & reduits à telle extremité, qu'ils n'auoient pas du pain à mettre à leur bouche.

Eee ij

l.13. & 18. cod. de hærer. & Manich.

Les loix deffendent bien aux peres heretiques, d'oster leurs biens à leurs enfans qui se conuertissent à la foy; mais elles ne vont pas jusques à regler toutes les affaires domestiques, & quand elles empêchent vne expresse exheredation, elles laissent à la cholere d'vn pere mille expediens, pour diuertir la plus solide partie de ses biens, les engager par des obligations contrefaites, pour donner de son viuant, ce qui resteroit apres sa mort, & ne laisser à ce pauure abandonné qu'vne succession fort onereuse, où son profit seroit de renoncer. Il me semble que ce seroit le deuoir de la justice, de Monsieur le Procureur General, à la diligence de Messieurs les Euesques, d'obliger le pere à faire à son fils vne pension conforme à sa qualité, l'assigner par hypotheque sur le plus clair de son bien, sans qu'il en pût disposer autrement. Hé comment souffrir qu'vne mal-heureuse secte, qui ne subsiste que par vn excés de tolerance soit audacieuse, jusques à renuerser les loix de la nature & de l'estat, exclure vn enfant de la succession, parce qu'il est Catholique, condamner l'incomparablement plus grande partie du peuple, le Roy, l'Eglise & l'Estat en ce nouueau conuerty, quand on luy fait vn crime de sa pieté?

DE MISERICORDE.

Si ce secours public qui est lent, & qui, peut estre, apres tant de demandes qu'on en a faites, n'a point paru, vient à manquer, voilà ce pauure conuerty reduit aux extremitez, à n'auoir plus que Dieu pour Pere, & que l'Eglise pour Mere; elle luy a donné vne nouuelle naissance, le receuant à la foy, & à la participation de ses Sacremens; elle luy doit de mesme à son possible, donner vne subsistence necessaire, & ne l'exposer pas à la rage de ses ennemis. Ils recueillent auec des soins extremes les apostats qui se rangent de leur party: C'est à nostre grande confusion que leurs liberalitez purement humaines & opiniastres, soient plus grandes que nos charitez auec le motif de la foy? Qu'ils trouuent dans vn petit nombre plus de secours, que nous n'en pouuons auoir dans la multitude des Catholiques?

La nature prend beaucoup de soins, & a des adresses merueilleuses pour soulager ses nouuelles productions, parce qu'elles sont si foibles qu'elles ne peuuent soustenir le moindre excez des qualitez qui les enuironnent, & qui les doiuent nourrir. Au Prin-temps elle fait distiller des pluyes legeres & chaudes sur les plantes sorties depuis peu de germe; elle donne à tous les oyseaux des tendresses mer-

Eee iij

neilleuses pour leurs petits, quand ils les couuent, quand ils fluent dans leurs gorges la nourriture demy digerée ; quand ils les conduisent, les appellent, les mettent à couuert du peril : Elle transforme le sang de la mere en laict, afin qu'il flatte le goust de l'enfant par vne delicieuse douceur. Saint Paul se sert de cette comparaison, pour expliquer le temperament qu'il apporte au debit de sa doctrine, & aux exercices des Catechumenes pour épargner leur foiblesse ; de peur que la persecution ne rebutast leurs courages, il ordonne, il leue par tout des questes pour subuenir à leurs necessitez.

Ne faut-il pas craindre que la foy de ces nouueaux conuertis ne s'affoiblisse, par les incommoditez qu'ils endurent, par le défaut des secours qu'on leur auoit promis, & qu'ils ne soient penitens de leur penitence ? Ne faut-il pas craindre que les autres qui auroient les mesmes inclinations de se conuertir, ne les rejettent, pour ne pas tomber dans vne pareille disgrace ; qu'ils ne suiuent pas la voix de Dieu qui les appelle à la foy, parce que vous ne leur presentez pas la main pour les soustenir, qu'ainsi leur perte ne soit vostre condamnation. Il est bien juste que l'Eglise en ces rencontres, fasse les deuoirs d'vne cause vniuerselle, qu'elle imite les bontez de la Prouidence, & les graces de Iesus-Christ par des effusions liberales ; Et parce qu'vne pressante necessité ne souffre point les longueurs d'vne queste & d'vne contribution, ce seroit vn œuure bien charitable d'établir vn fonds pour l'assistance de ces nouueaux conuertis; que des personnes d'authorité prissent la deffense de leurs interests contre l'animosité des parens, & la conjuration des heretiques.

Chapitre XXVI.

Donner de bons conseils.

Les richesses bien establies sont dans le monde ciuil vn auantage si grand, qu'elles mettent l'homme dans vne espece d'independance, & dans vn estat quasi semblable à celuy des causes vniuerselles, qui peuuent beaucoup obliger sans rien receuoir. Les arts conduisent leurs operations par certaines regles recueillies d'vne longue experience, qui rendent vn maistre capable d'executer ses desseins, sans recourir aux aduis ny à l'industrie des autres. Ce n'est pas vn petit sujet d'étonnement, de voir que l'homme puisse si parfaitement reüssir en ces choses exterieures, qu'il n'aye aucunement besoin de secours, & qu'en ce qui regarde la conduite de sa propre vie, de son interieur, de ses passions, de ses mœurs, sa raison se perde & s'égare, si d'autres ne l'assistent de leur conseil.

Quand les lumieres naturelles seroient cultiuées par les sciences dans vn bon esprit, s'il n'est bien informé des loix & des modes de la conuersation ciuile, ces notices generales luy sont comme vne longue veuë, du lieu où il veut aller, mais il ne peut tenir le droit chemin, dans les diuerses routes des forests, & les trauerses des eaux, s'il n'est conduit par vn bon guide. Agir sur des maximes generales, sans considerer les circonstances qui font le poinct de l'affaire en ces matieres de fait, c'est se promettre beaucoup de fruict d'vne semence qu'on jette indifferemment en tout temps, & sur toute sorte de terre, par cette maxime qu'il faut semer pour recueillir. C'est suiure à plein voile vn vent qui va droit au port, sans éuiter les écueils qui l'enuironnent. Les villes maritimes qui ont cette situation aduantageuse pour leur deffense, exercent cette charité pour les vaisseaux qu'elles voyent venir à l'abord, de leur enuoyer des
pilotes

pilotes parfaitement bien inſtruits aux détours, qu'il faut prendre pour éuiter le naufrage : Rendez ce bon office à celuy que vous voyez courir à ſa perte, auec d'autant plus de peril, qu'il eſt plus perſuadé d'auoir toutes les connoiſſances neceſſaires pour ſa conduite, & d'en bien ſçauoir les grandes maximes, qui neantmoins n'eſtant pas priſes auec ce qu'il faut de moderation, luy font faire les plus grandes fautes.

Vous verrez vn homme perſuadé qu'il faut commencer ſon eſtabliſſement à la cour, par des liberalitez qui luy acquierent quantité d'amis, par quelque combat qui le mette en eſtime d'vn grand courage, & à couuert des entrepriſes que la temerité pourroit faire contre ſon honneur : Vous qui ſçauez le train du monde, donnez ſecretement aduis à ce braue, que ces amis de fortune l'engageront à des deſpenſes exceſſiues, & que trois mois de grand éclat pourront renuerſer ſes grands deſſeins, en l'obligeant à la retraite; que des méchans luy ſuſciteront des querelles pour ſe faire vn ſpectacle de ſa valeur, & l'expoſeront tant de fois, qu'ils ſe déferont de ſa perſonne, & de l'ombrage qu'elle leur donnoit. Faites luy voir qu'il faut de la patience dans les affaires, comme à la chaſſe

Fff

pour attendre les occasions ; qu'il faut ménager ses forces pour vn long voyage ; que les entreprises precipitées ne sont jamais bien-heureuses ; que prodiguer ses biens & sa vie, c'est agir au gré de ses ennemis, contre soy-mesme, contre l'honneur de sa famille, du Prince, & de Dieu; c'est bien-tost perir dans le temps pour toute l'eternité.

Vous voyez vn ambitieux qui poursuit la faueur d'vn Prince, comme si c'estoit le souuerain bien de la vie, & qui pour cét effet se reduit à toutes les extremitez de la seruitude, quoy qu'honteuse ou criminelle. Vostre prudence choisira le secret d'vn entretien, & l'occasion de ses mécontentemens, pour parler auec liberté de l'humeur des Princes, qui ne se tiennent obligez d'aucuns bons offices, comme si tous leur estoient deus, & comme s'ils n'estoient pas tenus de payer en affection les seruices qu'ils croyent ne leur estre rendus que par interest ; Aussi dans la vie de chaque Prince vous pouuez compter, les esperances trompées, les déroutes, les fins tragiques & mal-heureuses d'vn grand nombre de fauoris; car ce tiltre n'est qu'apparent, & n'a rien en soy de solide, non plus que ces rares coloris, dont le Soleil peint pour peu de temps les nuées.

DE MISERICORDE. 409

Ayez compaſſion d'vn pauure jeune homme, qui perd ſon temps, ſon eſprit, ſa ſanté, ſa vie, ſous les chaiſnes d'vn fol amour, & qui n'a plus de ſentiment que pour ſes peines. Les raiſons ſont foibles ſur vne ame, qui n'eſt plus en elle meſme pour des entendre. Il faut vſer de diuerſion contre des forces, qui eſtant entieres, ſont trop grandes pour eſtre vaincuës; cette paſſion furieuſe ſe doit défaire par elle-meſme, par les mépris où elle ſe porte, pour venger ceux qu'elle ſouffre; par les jalouſies qu'on luy donne, & qu'elle peut rendre auec tout ce qu'elle pretend d'aigreur, ſi l'on attache à quelque objet legitime. Si cette violente maladie donne quelques bons interualles à l'eſprit, vous luy repreſenterez ſes extrauagances, de conſacrer des affections eternelles, à vne beauté de peu d'années, ou de peu de iours, à vn cœur plus changeant en ſes deſirs que la matiere, parce qu'il eſt en meſme temps ſuſceptible de pluſieurs formes; que les femmes ſont déreglées en leurs amours, comme en ces apetits qui le portent à trouuer plus de délices en des fruits verds, ou en de la craye qu'à de bonnes viandes; à aymer des bouffons, & des contrefaits, plus que des ſages & des perſonnes fort accomplies.

Fff ij

Les maladies spirituelles ont des accez plus violents que les autres, parce qu'elles s'attachent au principe du sentiment, & qu'estant la pluspart honteuses, on les tient cachées aux yeux & aux remedes : Vostre charité ne laissera pas de trauailler à leur guerison, quand elle pourra les découurir par quelque symptome. On peut craindre qu'vn esprit n'ayt quelque sentiment de libertinage, quand il en fait souuent des propositions, quoy qu'en apparence pour s'en éclaircir. Vn autre gesné secretement de scrupules, vous en donnera des signes par vne humeur sombre, vn visage morne, des yeux chargés de larmes, vne parole entrecouppée de souspirs, comme si tous ses mouuemens estoient des crimes, comme si Dieu n'auoit que des seueritez pour les chastier. En tous ces desordres des mondains, ou des spirituels, celuy qui donne conseil, ne manquera pas de raisons particulieres pour les combattre ; mais elles seront foibles, s'il ne sçait prendre les temps & les dispositions plus tranquilles, où elles puissent estre mieux receuës. Il seroit bon d'auoir à propos de son sujet quelques histoires modernes, ou former des paraboles d'vn air assez plausible, pour meriter l'attention de celuy qu'on entretient, & pour le rendre iuge équitable en sa propre cause, par vne innocente tromperie pareille à celle dont le Prophete Nathan se seruit, pour obliger Dauid à la penitence. Il faut ainsi preuenir l'opposition des esprits attachez à leurs propres sentimens, faire que l'exemple leur soit vn miroir, où ils soient contraints de voir leurs défauts, & s'ils s'ayment, de les corriger.

Ces adresses & autres semblables peuuent seruir, pour essuyer la honte qu'on a naturellement de receuoir le conseil d'vn autre, comme si l'on estoit moins homme, c'est à dire, moins raisonnable que luy; elles conuainquent sans persuader, & sans vn discours tyssu de raisons, qui souffrent tousiours quelques repliques, & qui n'emportent les esprits que quand ils se veulent rendre. Cette composition est plus difficile en ceux qui ont la science & la pratique du monde, qui pensent ne plus rien voir de nouueau dans tous les accidens de la vie, dont ils ne se soient fait des regles infallibles pour l'vne & l'autre fortune; estant bien persuadez d'auoir vne éminente capacité, qui les rend comme les oracles d'vn Royaume, s'ils negligent de prendre conseil dans leurs affaires particulieres, on les void ordinairement tomber dans de lourdes fautes, & dans des pieges dont vn homme qui n'auroit que le sens commun, se seroit sauué ; soit que ces sages mondains ayent tant de lumieres qu'ils s'en éblouïssent, tant d'expediens qu'ils s'y embarassent, tant de precautions que pour preuenir des maux imaginaires, ils s'exposent à de veritables; qu'à force d'aller à tant de fausses allarmes qu'ils se donnent, ils ne soient plus en estat de souftenir celles de leurs ennemis. Aussi l'on a veu des Princes tenus vniuersellement pour sages, estre neantmoins tres-mal-heureux, sans qu'on en doiue accuser leur mauuais destin ; mais seulement parce qu'ils se sont voulu donner toute la gloire de leurs entre-prises, & ne prendre conseil que d'eux mesmes. Au contraire, l'on a remarqué des regnes tres-florissants, & touſiours victorieux durant la minorité des Princes ; où tout se gouuernoit par les aduis bien concertez de plusieurs testes parfaitement bien instruites, de ce qui regarde le bien public ; & dont le zele animoit les connoissances sans les confondre.

Mais quand il s'agit d'vn interest particulier, les passions representent les objets tout autres, que par effet ils ne sont, & causent tant de troubles en la raison, que les plus experimentez sont contraints de confesser qu'en ces rencontres, ils ont besoin de conseil. Les Medecins en leurs maladies, les Aduocats, les autres personnes du monde en leurs affaires ont recours à la consultation ; & plust à Dieu qu'ils tinssent la mesme conduite, en ce qui est de la conscience ? Vous les verrez suiure vn abus commun, des pratiques pernicieuses, qui desolent les particuliers & les Prouinces, qui sont des vols & des injustices, sans qu'ils fassent reflexion sur ce mal, parce qu'il est ancien & public, comme si les hommes pouuoient vser de prescription contre les loix de Dieu leur souuerain, & que des crimes sur crimes dûssent passer pour excuse.

Si l'homme de Dieu vient à la connoissance de ces desordres, il en doit dire ses sentimens, dans les predications, dans les conferences, dans les rencontres, auec cette sainte liberté qui ne souffre point de chaisne, qui parle en faueur de la justice, sans s'arrester par tout, ce que le monde peut donner de crainte ou d'esperance. Les Prophetes annoncerent les volontez de Dieu aux Princes & aux peuples, quoy que leurs testes endurcies n'eussent point d'oreilles pour les entendre, ny de ceruelle pour les conceuoir. Iesus-Christ veut que ses disciples soient comme le Soleil & la lumiere du monde, qui se répand sur les objets mesme incapables de la voir, qu'ils imitent la bonté du Pere Eternel, qui verse ses pluyes par tout jusques sur les arénes & sur les rochers.

Donner conseil aux personnes employées dans les grandes charges, c'est seconder les intelligences commises de Dieu pour le gouuernement des Royaumes, leurs illustrations sont interieures, & quand la voix d'vne homme porté par la mesme inspiration les rend sensibles, elles deuiennent plus efficaces pour amollir les cœurs, & les imprimer fortement des veritez surnaturelles malgré toutes les mauuaises coustumes. Si quelqu'vn de ces notables vous vient demander conseil, il se met dans vne fauorable disposition de le receuoir, & le secret d'vne conference vous donne moyen de sçauoir le détail d'vne affaire pour en mieux resoudre les difficultez, & distiller dans cét esprit ce que vous y souhaitez de bons sentimens. Si vous n'estes pas consulté sur ces mauuaises conduites, parce qu'on ne les iuge pas telles, & qu'on n'en forme pas seulement les doutes; ne laissez pas de les faire naistre, de les éclaircir, de publier en public & en particulier les loix diuines,

que

que le monde tâche d'abolir par des coustumes contraires. Donnez des aduis, faites d'instantes prieres, des reprimandes en toutes les occasions, mesme hors de temps, sans craindre d'estre importun ; que la constance de vostre zele l'emporte sur la dureté des cœurs, dit l'Apostre ? Hé pourquoy ceux qui doiuent leurs libertez & leur salut à Iesus-Christ, se lasseront-ils de reduire ces sujets rebelles à l'obeyssance.

Si selon les loix, celuy est reputé commettre le crime qui le persuade, ceux qui portent les autres à la vertu par leurs bons conseils, sont les cooperateurs de Iesus-Christ au salut des ames, les causes secondes, les cieux qui publient sa gloire, & qui répandent ses lumieres. Mettez vn homme hors des interests humains, & qui ne regarde que Dieu, rien ne luy est plus facile qu'vn bon conseil; la raison & la charité qui le produisent sont des sources inépuisables, l'esprit qui l'a conceu s'en décharge auec plaisir ; pourquoy donc estre chiche d'vn bien spirituel qui ne couste rien, qui croit & multiplie comme la lumiere à mesure qu'il se communique ; qui peut auoir des progrez de vertus & de merites comme infinis, particulierement quand il se donne à des personnes publiques. C'est

l.4. de furt.
l.vn. c. de
rap. viro.

vn des grands effets du Sacerdoce, que nous auons dit estre commun aux Chrestiens dans vne condition seculiere, de remettre les pechez du prochain, d'en rompre les chaisnes par la force spirituelle d'vn bon conseil, de presenter à Iesus-Christ ceux qu'il a racheprez de son sang, qu'il a conduit au bien par les lumieres & les mouuemens de ses graces, & les leur obtenir encore plus abondantes par ce sacrifice de justice.

CHAPITRE XXVII.

Consoler les affligez.

LE succez des choses humaines est tousjours incomparablement moindre que la passion ne se le propose; souuent il est si contraire à ses projets, vn coup de disgrace renuerse tant de desseins & tant d'esperances, que dans le commerce de la vie commune vous trouuerez peu d'hommes sans affliction. Ils la déguisent neantmoins, comme si elle estoit vn reproche de peu d'industrie, & d'vne conduite peu raisonnable, renduë malheureuse par les justes choleres du Ciel. Ils portent toutes les apparences de joye sur le

DE MISERICORDE.

visage, & dans vn discours plein de vanité, la magnificence des habits, de la suitte, de la maison, de la table, ne vous monstre que des délices, cependant que les affaires, ou moins fauorables, ou qui menacent de ruine, gehennent ce pauure mondain d'vne secrete douleur, comme s'il estoit le plus miserable de tous les hommes. Il prend d'abord cette qualité, s'il vous choisit pour vous déduire en secret l'histoire de ses disgraces, pour vous ouurir son cœur, & par ses plaintes le soulager d'vne passion enfermée qui le suffoquoit; Ce choix qu'il fait de vostre personne vous oblige, parce qu'il suppose en vous vne bonté sensible à ses peines ; vne fidelité qui les tiendra secretes ; vne probité qui sans en tirer aucun aduantage, n'aura que des inclinations & des efforts pour les soulager, aussi vous luy deuez la patience à ses discours, la compassion à sa douleur, & ce que vous pouuez y apporter des remedes. Quand ces tristes entretiens n'iroient pas jusques dans vostre cœur, &, n'y feroient pas de sensibles impressions, au moins la courtoisie vous oblige d'en auoir les apparences par la parole & sur le visage, témoignez d'estre touché de ce qui l'afflige,& curieux en la recherche de tous les moyens possibles pour le soulager.

Ggg ij

Vn homme que la charité possede, qu'elle anime & qu'elle conduit, n'a pas besoin de se contrefaire en ces rencontres; car il est veritablement touché par la misere de son prochain, il mesle ses plaintes & ses larmes auec les siennes, il pousse les mesmes soûpirs, parce qu'il n'a qu'vn mesme cœur; & toute sa peine n'est qu'à moderer les sentimens, de sorte qu'ils n'empéchent point ce qu'il luy doit donner de consolation : Il pleure auec ceux qui pleurent, comme l'Apostre, mais par des motifs fort differents ; car il ne tient pas les choses exterieures, d'vn prix tel, qu'elles meritent nos affections, qu'elles doiuent faire nos contentemens par leur iouyssance, ny nos douleurs par leurs pertes ; c'est le principal sujet de ses larmes de voir des ames si foibles, si fortement attachées à des objets perissables, qu'elles en suiuent tous les mouuemens, qu'elles en souffrent toutes les alterations par des peines & des morts tousiours renaissantes dans vne nature spirituelle ; il pleure ces ames tombées dans la confusion d'vne tristesse, qui les empéche d'entendre & d'accomplir les volontez de Dieu, & qu'vn petit défaut necessaire à leur profit, les rend ingrates de toutes les graces precedentes, peut-estre incapables d'en receuoir de nouuelles; il pleure les pleurs de ces pauures abusez, qui n'estant encore icy que dans l'enfance, à l'égard de l'âge parfait que nous esperons au Ciel, ne se soûmettent pas à la conduite paternelle de la Prouidence, & ne se rendent pas dociles à ses ordres.

Apres auoir donné toute la paisible audience que ce pauure desolé pouuoit souhaiter de luy, apres tous ces témoignages d'amour, de fidelité, de condolcance, de secours, enfin il luy peut dire: Ces coups du Ciel sont des necessitez qu'il nous faut souffrir icy-bas, comme les nuicts, les hyuers & les orages; neantmoins de sorte que par nostre indifference nous en puissions éuiter l'injure, & en estre moins offensez. Le feu nous est la nuict & l'hyuer vn second Soleil, les maisons nous sont vn asyle contre les injures de l'air, si que l'ame rentre dans son interieur, qu'elle se retire de l'opinion commune qui agite ses passions, & qu'elle se rende attentiue à la voix de Dieu, qu'elle considere l'eternité où le cours de l'âge la meine, elle ne sera pas ou fort peu sensible aux disgraces de cette vie. Le Texte sacré nous la décrit comme vne milice, n'est-ce donc pas se tromper soy-mesme, de s'y promettre les tranquillitez de la paix sans allarmes, sans combats, & sans quel-

Ggg iij

ques playes. Vous ne vous diriez pas le plus infortuné des hommes, si vous consideriez que la misere qui cause vos plaintes, vous est commune auec vne infinité d'autres, & si vous venez à la comparaison, mille personnes feroient leur bon-heur de l'estat où vous vous plaignez d'estre reduit.

Nostre siecle a veu des hommes autrefois bien riches, deuenus extremement pauures, jusques à mendier leur pain; d'autres, que la tyrannie d'vn plus puissant a tenu dans les prisons, auec la crainte continuelle de tous les maux qu'ils pouuoient souffrir; d'autres voyent la déroute entiere de leurs affaires sous la poursuite des creanciers, & les auiditez de la justice; d'autres sont à la gesne de la goutte & de la pierre; d'autres se voyent rongez d'vne vlcere, consommez petit à petit d'vne pulmonie; chacun n'a le sentiment, & ne fait estat que de sa douleur; elle paroist à la verité plus grande, si vous la comparez au bon-heur passé; mais ces cheutes ne sont pas des precipices, comme en des fauoris, en des Generaux d'armée que nous auons veu sur l'échaffaut.

Vous plaignez-vous d'auoir des seruiteurs peu fidelles, des enfans mal conditionnez, vne femme peu retenuë qui offense vostre honneur, & menace voſtre vie. Conſiderez voſtre peu de fidelité à ſeruir Dieu, comme voſtre Maiſtre, à luy obeïr, comme à voſtre Prince & à voſtre Pere, à luy garder la foy que vous luy auez tant de fois promiſe au Sacrement de Penitence, comme à l'Eſpoux ſacré de voſtre ame, qui en auoit recherché les affections par tant de preſens & tant de douceurs. Si vous conſiderez bien l'eſtat penible où la Prouidence vous a reduit, vous iugerez qu'il a beaucoup de proportion auec les qualitez, & non pas auec l'excez de vos démerites; que vous pouuez connoiſtre par vos propres déplaiſirs, ceux que vos infidelitez donneroient à Dieu, ſi l'éminence de ſa nature ne l'exemptoit de ces paſſions.

Vous vous plaignez d'vne amitié ou d'vne faueur, que vous auiez cultiuée par de longs ſeruices, & qui vous manque dans l'occaſion; hé ne ſçauez-vous pas que les volontez ſont changeantes, qu'elles ſuiuent des impulſions ſouuent plus hazardeuſes que raiſonnables, & que Dieu meſme ne les contraint pas, quoy qu'il s'agiſſe d'vn bien public, pour ne rien faire au prejudice de la liberté qu'il luy a donnée. Vn creancier dites-vous, vous pourſuit par toutes les rigueurs de la juſtice, vn con-

durant vous met les puissances en teste, & trauerse vos desseins auec des forces qui passent les vostres ; hé vous estonnez-vous que chacun poursuiue ses interests, que le fort emporte le foible ; peut-estre n'auriez-vous pas plus de retenuë dans vne pareille occasion. Toutes ces disgraces sont les maladies particulieres du monde ciuil, dont chacune a pour remede des considerations specifiques, qui sont le sujet d'vn autre volume.

to.4.de la Moral. Chrest. l'vsage des biẽs & des maux.

On peut dire en general, que Dieu ne nous permet point icy de contentemens sans quelques trauerses, de joyes sans douleurs, afin que nous soyons instruits par nos propres experiences, que ce monde où toutes choses sont dans le mouuement & la vicissitude, n'est pas le propre lieu de la felicité, que nous ne deuons pas aussi l'y pretendre, ny attacher nos affections à des objets qui ne les peuuent remplir, & où nos esperances sont tousiours trompées. Representez-vous les Apostres, les Martyrs, qui passerent toute leur vie sous vne continuelle persecution, & qui la finirent par vne mort violente. O s'il nous estoit permis de voir la gloire, dont ces Saints iouyssent au Ciel, & d'entendre leurs sentimens sur les trauerses qui donnent de l'exercice aux courages dans ce monde; ils nous diroient

DE MISERICORDE. 423

roient que porter la croix apres Iesus-Christ, c'est le suiure pour prendre part à sa gloire; que c'est le plus honorable employ de ses fauoris, de vaincre le monde par vne fermeté de cœur, qui ne se laisse ny corrompre par ses presens, ny abattre par ses violences, & que si dans la beatitude, leurs ames pouuoient former quelques desirs de se rejoindre à leurs corps pour commencer vne autre vie, ils n'en choisiroient point d'autre que celle de la souffrance, parce qu'elle est auantageuse au salut, qu'elle écarte les occasions du peché, qu'elle donne de l'exercice à la vertu, qu'elle marche sur les pas de Iesus-Christ, & le suit dans vn chemin qui ne peut manquer de nous conduire à la gloire. Vne vie si courte que mille accidens rendent incertaine, ne sçauroit estre mieux employée qu'en l'acquisition de ces merites, qui nous valent vne bien-heureuse eternité. Ces considerations generales appliquées bien à propos aux diuers mouuemens d'vn esprit pressé de douleur, luy rendent ces libertez pour s'éleuer au dessus des choses mondaines, & luy en faire perdre les regrets luy en ôtant les desirs.

Hhh

Chapitre XXVIII.

Appaiser les querelles & les procez.

La nature porte les hommes d'inclination, comme tous les animaux d'vne mesme espece à se maintenir en paix, la raison la leur persuade, la foy leur commande, toutes les loix diuines & humaines les y obligent; & neantmoins l'amour propre soustenue des passions ennemies, qui troublent cette commune tranquillité : L'enuie, l'auarice, l'ambition allument des guerres entre les peuples, des querelles & des combats entre les nobles, des procez entre toutes sortes de conditions, & sous le pretexte de justice, toutes les loix de la conscience sont impunément violées. On entretient les parties dans l'ardeur qui les transporte d'auoir gain de cause, on leur en donne les expediens par des pratiques criminelles, que ie serois honteux de rapporter, & l'on leur persuade que la justice porte des balances, pour incliner du côté qui donne le plus. Vn petit succez, vn coup de surprise, anime les esperances de l'vn, irrite l'animosité de l'autre, c'est vn combat de mauuais esprits, qui ne laissent pas de causer des pertes & des desolations bien sensibles. L'ame y fait la premiere perte de son integrité, de son repos, de son Dieu, sous des passions de vengeance qui la rendent indigne de ses misericordes. Le corps y souffre les fatigues de la sollicitation, les mauuaises nuicts que les soins & les craintes luy apportent, les infirmitez naissantes de là; les seruitudes qu'il faut rendre à tous ceux dont vous esperez quelques secours : Mais sur tout les biens se consomment dans les longueurs d'vn procez; car celuy qui le gaigne y perd, celuy qui le perd y void sa ruine.

Les querelles de Gentils-hommes ne donnent pas moins d'inquietudes, & leur conduite est beaucoup moins raisonnable, quand l'offensé pour toute justice, va de nouueau s'exposer à la violence de l'agresseur dans vn combat, qui ne se termine pas par le courage & par l'adresse, mais par le sort & l'hazard des armes. Il expose la vie pour l'honneur, souuent il perd l'vn & l'autre par les mains, ou de son ennemy, ou de la justice. Quelle desolation pour les familles, où le haines deuiennent hereditaires, & quelle douleur pour les pere & mere de mettre au monde des enfans, qui doiuent estre les victimes de ce Demon de sang & de vengeance. Cependant beaucoup de ceux qui ont couru ces dangers veulent que les autres y passent, pour estre receus au nombre des braues; vn nombre de petits mutins, de gladiateurs temeraires, d'autres extremes à loüer, ce qu'ils apprehendent le plus, font ensemble vne voix publique, qui met le poinct d'honneur à vuider les differens par cette manie. Les Dames rauies dans l'admiration d'vn courage si fort affranchy de leur naturelle timidité, le publient, n'ont que des loüanges & des faueurs pour ce vaillant, auec vne secrete passion de se l'acquerir, comme vn trophée de leur merite, & vn protecteur de leur liberté.

Suidas in verbo δαιτμοί.

Athenes éleut autresfois des vieillards les plus notables de ses Citoyens, pour auoir l'œil sur les differens qui s'éleuoient en la ville, & pour s'employer à leur accord, sans qu'on en vint, ny aux combats, ny aux procez. Les loix Romaines permettent aux parties de conuenir entre elles d'arbitres, qui terminent leurs difficultez, auec vn compromis de quelque somme assez grande, pour s'obliger reciproquement à la sentence qui sera renduë. Nous viuons encore sous de pareilles coustumes, neantmoins trop foibles pour arrester les animositez, qui causent tant

12. ff. de recep. arb.

de desordres dans les familles & dans l'estat. Car si les parties doiuent faire choix des arbitres, & se soûmettre d'vn commun accord à leur iugement, c'est n'ordonner des remedes qu'à la discretion d'vn malade qui n'en veut point. Les courages sont échauffez à la vengeance, ils y attachent tous leurs interests, en tirent leur gloire, & en font l'objet de leur vanité ; comment donc est-il possible qu'ils viennent chercher des voyes d'accord, veu que celuy qui feroit pour cela le premier pas, seroit consideré comme s'il rendoit les armes, & manquoit de cœur.

Si ces expediens publics sont inefficaces, l'entreprise d'vn particulier en ce grand sujet sembleroit aussi temeraire, que de ceux qui promettoient de calmer les mers, & de donner des vents fauorables. Pomponace dit, que comme des cloches fondües sous vne heureuse constitution du Ciel, sont plus propres pour appaiser les tempestes, qu'vne personne née sous l'influence de Venus, auec les aspects fauorables des autres planettes, sera plus propre à ménager l'accommodement des affaires. La justesse de sa complexion, l'agréement du corps, les adresses d'vn esprit dégagé de passions, gaignera d'abord la bienveillance des personnes mesme inconnuës;

Pomponat. l. de incantation.

mais pour amollir les cœurs, & les détacher de leurs interests, ie croy qu'ils faut vne vertu plus qu'humaine ; Moyse qui auoit ces bonnes qualitez naturelles auec de grands auantages, & qui sentoit les premieres impulsions des prodiges où Dieu le destinoit, ne peut voir deux Israëlites qui se querelloient, sans leur faire la correction, mais non pas sans resistence & sans peril ; car le plus insolent luy dit, qui vous a donné l'authorité sur nous pour nous reprendre, & luy reprochant d'auoir depuis peu de iours tué vn entrepreneur des Egyptiens, l'obligea de chercher ses seuretez en la fuitte. Ce miserable eut grand tort, dit saint Chrysostome ; car d'aduertir ceux qui manquent à leur deuoir, ce n'est pas vn acte de iurisdiction, mais d'humanité, comme de remettre dans le bon chemin ceux qui s'en écartent. Hé pouuezvous voir deux de vos freres en querelle, & vous faire vn spectacle de leur combat, comme d'vn lyon & d'vn taureau dans vn amphitheatre ? Ce ne sont pas des bestes feroces, ce sont des hommes, ce sont vos freres, ce sont les membres d'vn corps, dont vous faites vne partie, qui se déchirent ; vous deuez donc estre sensible à leurs desordres, porter l'esprit & la main pour les appaiser. Celuy qui

D. Chrys. hom.15.in 2.ad Cor. Id.hom.15. in Math.

DE MISERICORDE.

fait, & l'autre qui souffre l'injure, ont également besoin de vostre secours, l'vn pour le tirer de l'oppression, l'autre du peché ; commencez cette bonne œuure, vous ne manquerez pas d'estre secondé de plusieurs personnes charitables, la protection particuliere de Dieu vous tirera des dangers, & couronnera vos desseins en vne cause de charité qu'il fait sienne.

Chose aucune ne doit paroistre impossible auec le secours du Tout-puissant, la difficulté d'vne entreprise ne fait qu'enfler le courage d'vn homme de bien, qui met toutes ses confiances en Dieu, & qui dans l'incertitude des éuenemens ne laisse pas de luy sacrifier ses foibles efforts ; sitôt donc qu'il peut éuenter quelque querelle entre des Gentils-hommes, il en informe les amis communs, s'instruit auec eux, du fait, des raisons, des expediens, & puis il va trouuer separément les parties, monstre à chacun le mal-heur où il se precipite, contre les deffenses expresses du Prince & de Dieu ; la vanité du sujet qui les fait resoudre à cette action desesperée, les suittes funestes qui de sa personne passeront à sa famille, ce que le iugement public luy donne de tort, & apres auoir rabattu beaucoup de sa presomption, le porter à quelque honnorable accommodement.

Il n'apportera pas moins de diligence, pour appaiser ceux qu'il void resolus de se poursuiure en procez ; c'est à dire, de se ruiner, corps, biens & ame. Apres s'estre bien informé du fait & du droit de cette affaire, qu'il l'estudie pour en connoistre tous les détours, & toutes les subtilitez : Il peut prendre l'occasion d'en traitter auec les parties qu'il trouuera tres faciles, jusques à se rendre importunes en cét entretien. Quand il fera voir à chacun sa cause douteuse par des raisons pertinentes, par les prejugez, par les sollicitations, par l'incertitude & l'hazart, qui ne regne pas moins dans les iugemens que dans les armes, il pourra le disposer à vn accord qui tournera sans faute à son honneur, son interest & son repos. Appaiser les querelles & les procez entre des courages échauffez à les poursuiure, c'est vne prudence que ie considere comme vne émanation de la Sagesse diuine, quand elle a fait l'accord des qualitez & des mouuemens contraires, dans les cieux, dans le monde, dans nos corps; & que de tout elle en compose vne rauissante harmonie. Cette charitable occupation peut donner de l'exercice aux meilleurs esprits, & sans finance, sans faueur, éleuer vn homme par le plus

honno-

DE MISERICORDE

honnorable de tous les titres, quand ses affections des interessées, l'auront rendu l'arbitre, le iuge, l'oracle, le liberateur de sa patrie.

Mais entreprendre l'accord des differens particuliers, & n'arrester pas les troubles & les guerres d'vn estat, c'est ajuster vne chambre dans vn vaisseau battu par vne horrible tempeste, sans employer l'art & les diligences necessaires, pour le sauuer du prochain naufrage; si vous considerez les malheurs publics & particuliers que produit la guerre, vous pourrez connoistre par opposition, les auantages & les felicitez de la paix. La guerre est vn transport furieux qui ne respire que les vols, que les massacres, que les incendies, que le bouluersement des Villes & des Prouinces, qui met pour cela toutes les passions, tous les crimes en liberté, qui n'a pour loix, comme les Demons, que celles qui donnent quelque ordre pour renuerser auec plus d'adresse & plus de succez toutes les loix, & tous les ordres. La compassion naturelle est là toute éteinte, pour n'estre point ridicule, on prend plaisir, on fait gloire de verser le sang, les hommes sont là des tygres qui égorgent & qui déchirent par vne cruelle inclination, pour assouuir leur rage sans necessité. Cette

ame humaine creée de Dieu, pour la cônoiſ-
ſance des veritez naturelles & ſurnaturelles,
pour l'exercice des vertus, pour des graces &
des merites qui la rendent digne d'vne eternité bien-heureuſe, n'a dans la guerre pour
employ qu'à mediter, qu'à conduire de ſan-
glantes executions, directement contraires
aux deuoirs de la charité, aux deſſeins de Ieſus-
Chriſt, donttoute la vie euſt pour fin de donner la paix au monde.

La paix eſt l'élement des ſciences, des vertus, des ſaintes conduites qui meritent les benedictions du Ciel, & qui les attirent ſur les
Royaumes pour les rendre heureux; la paix
renoüe l'alliance que la nature a mis entre
tous les peuples, pour rendre commun par le
commerce, ce que la diuerſité des climats a
de particulier: elle ſoulage les peuples par
l'abondance de toutes choſes, elle ôte les occaſions & les neceſſitez pretenduës des crimes, où s'emporte vne extréme pauureté; elle
donne aux hommes vne tranquillité de vie,
auec les moyens de ſatisfaire aux deuoirs charitables & religieux. Tant de prieres, tant de
clameurs, des pauures & de ſaints, ont à la fin
obtenu cette felicité publique des miſericordes de Dieu. Nous voyons poindre l'aurore
de ce beau iour qui doit mettre fin à nos mi-

DE MISERICORDE.

ferés, calmer les orages, dont nous auons esté depuis si long-temps batus, & nous donner l'accomplissement de nos desirs, peut-estre au delà de nos esperances. Aussi tous les peuples donnent mille benedictions aux deux plus grands Princes de l'Europe, & à leur conseil, d'auoir si sagement concerté les articles de la paix, auec tant de precautions, & des aduances si judicieuses sur l'aduenir, qu'on a sujet de se la promettre perpetuelle. Le Ciel auoit destiné ces grands genies pour exercer cette charité publique, d'où dépend la felicité de nostre siecle, & pour reparer ce que le mal-heur des guerres nous a fait souffrir. Nous ne serons plus ridicules au Turc, qui se fortifie depuis tant de siecles, à la faueur de nos diuisions, qui se fait vn plaisant spectacle de nos combats, des esclaues de tous les peuples Chrestiens, comme si le Ciel nous rendoit aueugles, jusques à ce poinct de fauoriser le dessein qu'il a d'étendre sa secte & sa puissance par tout le monde. S'il faut donner de l'exercice aux courages nez pour les armes, jamais l'occasion ne fut plus belle ny plus sainte comme nous l'auons representé; & ie prie le Dieu des armées d'assister les nôtres de la milice du Ciel, qui a si souuent exterminé les impies, quand nos pe-

Iii ij

LES OEVVRES
chez n'ont point fait de résistence à ce grand secours.

CHAPITRE XXIX.

Toutes les œuures charitables doiuent estre accompagnées de la priere.

CEluy qui fait part à son prochain de ses moyens ou de ses conseils, se doit considerer comme vn pauure qui assiste l'autre; qui n'exerce ses liberalitez que des aumosnes qu'on luy a mis pour cét effet entre les mains. Il est comme la Lune, qui ne nous donne de lumiere que ce qu'elle en emprunte du Soleil; comme les intelligences superieures, qui n'éclairent, ne purgent, ne perfectionnent les plus basses, que par le rayon qu'elles reçoiuent de Dieu. Si donc cét Astre nous fait plus de iour la nuict, à mesure qu'il est plus en presence du Soleil; si les Seraphins reçoiuent auec surabondance & sans relasche les ardeurs & les illustrations diuines qu'ils respandent sur les ordres inferieurs; il faut que les hommes soient tousiours en la presence de Dieu par l'oraison, pour exercer leurs charitez auec succez : pour donner, il faut qu'ils

DE MISERICORDE.

reçoiuent, & les commoditez temporelles, & les veritez diuines, qui sont le pain du corps & de l'ame, qu'en qualité de pauures nous demandons tous les iours à la Diuine misericorde.

Ces biens qui vous paroissent les fruicts d'vne succession, d'vn trauail, d'vne faueur, d'vne industrie, viennent veritablement à vous par ces moyens, mais comme par des canaux vuides d'eux mêmes, incapables de fournir cette abondance, si la premiere bonté n'en estoit la source. On ne demande pas que vous donniez autant que vous receuez; Vous pouuez retenir de ces biens autant qu'il vous est necessaire, pour la subsistence de vostre famille; comme les terres où coulent les eaux, s'en reseruent assez d'humidité pour remedier quelque temps à leur seicheresse. Mais les diuerses passions, de l'amour propre, de la crainte, de l'auarice, de l'ambition, donnent aujourd'huy de si vastes étenduës aux necessitez domestiques, qu'elles ne laissent rien ou bien peu pour l'assistance des pauures; au moins en ces rencontres recompensé vostre peu d'aumosne, par la ferueur de vos prieres.

Si elles sont faites auec vne sincere deuotion, elles éleuent l'ame à Dieu, la presentent

I ii iij

deuant le throsne de sa Majesté, où elle luy rend ses hommages, luy demande misericorde pour soy, comme pour les pauures qui languissent dans les miseres de cette vie. Vn homme qui conuerse ainsi dans le Ciel en reuient dans le commerce du monde, auec des amplitudes de charité, libres des bassesses & des empressemens de l'amour propre ; il en reuient plus saint, plus liberal, auec des suauitez prises entre les parfums des Anges, souuerainement propres à donner de la consolation ; son port, son visage, ses discours s'en ressentent, & font conceuoir quelque chose de plus qu'ils ne signifient. Il donne ce qu'il peut, promet dauantage, releue les esperances d'vn pauure affligé, luy fait trouuer de la douceur en toutes ses peines, par la consideration d'vne vie si courte qui les doit finir, & d'vne autre bien-heureuse où elles seront eternellement couronnées. Il luy monstre que ce qu'il luy apporte de secours, est vn effet de la diuine Prouidence, & d'vne bonté paternelle, dont il espere obtenir par ses prieres, ce qui luy sera plus auantageux pour son salut ; la santé, les commoditez de la vie, enfin vne patience capable d'adoucir ses peines, & d'en faire vn grand thresor de merites.

Tous n'ont pas des richesses pour fournir

aux grandes aumosnes, ny la capacité pour donner de la consolation ou de bons conseils, ils peuuent neantmoins estre touchez de compassion, voyant la misere de leur prochain, & conceuoir vn grand desir de la soulager ; or afin que ces volontez ne fussent pas entierement sans effet dans les foiblesses de l'esprit ou de la fortune, Dieu laisse à chacun la priere, comme vn moyen general pour accomplir ses charitables desirs. Car, dit Philon, ce que l'homme juste ne peut de luy-mesme, il l'obtient des bontez de Dieu, il ouure par ses prieres les thresors du Ciel, pour faire couler vne pluye feconde de benedictions, sur ceux dont il se rend l'intercesseur ; il est l'asyle des miserables, le support de la foiblesse, le remede vniuersel des calamitez humaines, le germe des graces, l'ame du monde ; tant de merueilles faites, par Moyse, Abraham, Isaac, Iacob, nous apprennent qu'il faut tout esperer par les intercessions d'vn homme juste. *Philo. l. de migrat. Abraha.*

Soyez vertueux, vous serez fauory de Dieu; ainsi, quoy que pauure, vous serez assez puissant par vos prieres, pour soulager les necessitez de tous les hommes ; pour obtenir aux familles desolées, ce qu'il leur faut de subsistence ; aux grands & aux Princes, la paix que le monde ne peut donner. Dieu qui est vne essentielle charité, se plaist à voir cette vertu regner entre les hommes, que l'vn entre dans les interests de l'autre, qu'il prie pour luy, auec des affections aussi tendres que pour soymesme. Nous sommes les productions de l'eternelle charité de Dieu, des esclaues racheptez par l'incomparable charité de Iesus-Christ; ne vous estonnez donc pas, si la charité qui est l'esprit de Iesus dans les fidelles, calme les elements & les esprits, fait des miracles, obtient des faueurs particulieres, puisque c'est elle qui a produit & racheptè tout le monde. Accompagnez donc vos aumosnes de la priere, afin qu'elles soient plus agreables à Dieu, & qu'elles profitent plus à ceux que vous voulez soulager; priez pour les pauures, pour les riches, pour les Princes, & ce ne sera pas le moindre des bons offices, que vous deuez au rang qu'ils tiennent. Pratiquez cette insigne pieté, qui est le principal employ du Sacerdoce, d'où les peuples se promettent toutes leurs felicitez, qu'ils taschent aussi de reconnoistre par tant de venerations & de largesses.

CHAP.

CHAPITRE XXX.

Assister les défuncts de nos suffrages.

IE concluds ce petit ouurage, comme plusieurs autres precedents par les pensées de la mort, qui est la fin de cette vie, & le commencement d'vne autre que nous esperons plus tranquille & plus heureuse. La consideration de ces deux termes, du lieu qu'il nous faut quitter, & de celuy où il nous faut rendre, de ce que nous sommes, & de ce que nous serons, comprend ce qui peut seruir à vne veritable conoissance de nous-mesmes, & à vne sainte conduite de nos actions : Quand la iustesse de nostre complexion & de nostre regime prolongeroit nostre vie, jusques à quatre-vingts ans, ce grand âge est vne durée bien courte, si vous en faites comparaison auec la longue suite des siecles qui ont entretenu, & qui doiuent tousiours renouueller le monde depuis sa naissance, jusques à sa fin.

Nostre esprit fait cette reueuë, mais pouuant tenir compte du passé, il se perd dans les vastes & incomprehensibles espaces de l'aduenir ; beaucoup de temps s'est écoulé deuant que nous fussions en l'estre, beaucoup dauantage se passera où nous ne serons plus. Desia sur ce petit terme de nostre vie, la mort s'est emparée de tout le passé, & nous menace à toute heure, de nous reduire au rang des choses qui ne sont plus. Vn coup inesperé rauit ce mondain d'entre ses amis, ses richesses, ses grands desseins, pour le jetter nud dans vn cercueil, où bien-tost il ne sera plus que vers & que pourriture ; n'est-ce pas vne folie & la derniere des extrauagances de faire ces grands preparatifs de l'auarice & de l'ambition pour vn si petit voyage ; de se donner tant d'inquietudes pour vn temps, où peut-estre ils ne seront pas, & pour les iouyssances incertaines d'vn aduenir, perdre les tranquillitez du present, l'innocence & les consolations de l'ame par des offenses, qu'on n'aura peut-estre pas ny le temps, ny les volontez d'expier.

Cependant, l'ame est interieurement persuadée de son immortalité, & plus elle consulte sa raison, plus elle se confirme dans cette creance, que tous les peuples, que tous les sages de tous les siecles ont tenuë, comme vne lumiere infallible de la nature ; si quelques-vns semblent n'auoir pas esté dans ce sentiment, & ne l'ont pas publié dans leurs escrits, c'est qu'ils iugerent qu'il estoit preiudiciable aux pures affections que l'on doit à la vertu, si l'on la pratique par les esperances des felicitez, & par la crainte des peines qu'on se propose en l'autre vie. Ie ne m'arreste pas à déduire icy les preuues de ce grand, sujet à qui i'ay donné le second Tome de ma Theologie naturelle, il me suffit de conclure sur les raisons de la Philosophie, & les oracles de la foy, que nous sommes en ce monde au temps du trauail & du combat, deuant que venir à la recolte, aux couronnes & au triomphe. Nous sommes dans le mouuement qui doit nous reporter à nostre principe, & clorre heureusement le cercle de sa bonté qui nous a crées, de ses graces qui nous ont conduit, en la parfaite iouyssance de sa gloire. Nous viurons là de sa vie, nous connoistrons par ses lumieres, nous aymerons par son amour, nous serons heureux par ses immenses felicitez, & nos conditions humaines seront conuerties en diuines, comme le fer dans vne ardente fournaise, n'a plus que les qualitez du feu, comme le miroir que l'on presente au Soleil, éclatte de ses rayons, & n'est plus qu'vn globe d'vne excessiue lumiere. Mais parce que les perfections de Dieu

Kkk ij

sont infinies, & qu'il est bien rare qu'vne ame ayt les puretez necessaires, pour les receuoir au sortir d'vne vie meslée de sens & de passions ; il faut qu'elle soit parfaitement purifiée, deuant qu'estre admise dans le Ciel, qui ne peut souffrir les moindres taches.

Les pieces qu'on tire d'vn moule, quoy que bien taillé, doiuent tousiours estre recherchées par la main de l'ouurier ; il faut que l'or pris de la mine passe par le feu, pour se décharger de ce qu'il auoit de moins pur. On ne mettoit point les esclaues en liberté, sans leur donner vn petit coup de main sur la joüe, & de verge sur les espaules, comme pour expier, par cette douce vengeance tous les démerites passez de leur seruitude ; ainsi les ames ne passent point d'vne vie mourante à vne immortelle, sans vn second baptesme de feu qui purifie, ce qu'elles auoient accueilly d'imperfection depuis qu'elles auoient esté remises en grace.

Ce lieu métoyen nettoye les pechez qui ne sont pas si griefs, qu'ils meritent vne eternelle damnation, mais neantmoins incompatibles auec la sainteté de Dieu ; & c'est pourquoy sa justice les chastie par ces misericordieuses & cuisantes flammes. La peine ne

Quinc.obs. lib.5. c. 3.

DE MISERICORDE.

peut estre que grande, qui punit des fautes commises contre vne souueraine Majesté; les regrets sont extremes d'vne ame, qui se void priuée par sa faute du souuerain bien qui le connoist, qui le desire, & n'en peut jouyr. Le supplice de ces flammes purifiantes seroit insupportable, si la misericorde de Dieu ne temperoit sa justice par la consolation des bons Anges, & par les secours qu'elles peuuent receuoir de nos suffrages.

D. Th. qu. disp. de peccato veniali q. 7. a. 11.

Les défunts sont tousiours parties de l'Eglise, ils sont auec nous, les membres d'vn mesme corps, ainsi nous sommes obligez de compatir à leurs peines, & d'y apporter ce que nous pourrons de secours. Ce pere s'est peut estre embarassé dans les affaires, auec des passions trop violentes, pour acquerir plus de biens à ses enfans; ils sont donc la cause de quelques pratiques moins justes, dont son ame est restée sallie au sortir du monde; ils sont en possession des biens qui sont les fruicts de son trauail, & les occasions des pechez qu'il faut expier; n'est-il pas juste que vous répondiez à vn amour paternel par vn filial, que vostre pieté soulage vne ame qui luy auoit consacré toutes ses affections, que vous la tiriez à vostre possible des perils où elle s'est engagée, que vous la guerissiez des playes qu'elle a souffert pour vostre sujet, & que la tendresse de son amour ne soit pas payée par la dureté du vostre. S'il vous falloit faire des frais excessifs, pour signaler vos reconnoissances, enfermer des richesses & des meubles precieux dans son tombeau, dresser des mosolées, ordonner des jeux & des solemnitez annuelles au iour de son decez, comme on faisoit anciennement, peut estre que des deuoirs si onereux rebuteroient vôtre courage ; mais pour vne vie qui s'est toute employée à rendre la vostre plus commode ; vostre pere, l'autheur de vostre vie & de vostre bien, ne vous demande que des prieres, que des Messes, que quelques aumosnes de peu de dépense, & d'vne tres-facile execution ; luy refuser ces choses, ou les tenir en longueur, c'est vne impieté plus grande, que si de son viuant vous l'eussiez laissé mourir de faim. Hé pourquoy remettre si long-temps, ce qui vous couste si peu ? Pourquoy laisser vne pauure ame languissante dans les flammes, quand vous l'en pouuez facilement déliurer ? Pourquoy prolonger ses peines, vous opposer aux misericordes de Dieu qui la vouloit déliurer par vos suffrages, afin qu'elle en eust le soulagement, & vous le merite. C'est vostre interest de poursuiure l'é-

DE MISERICORDE. 445

largissement d'vne ame, qui estant entrée dans la faueur & les puissances de Dieu, ne manquera pas de s'employer pour vostre bien.

Si ses merites au sortir du monde la portent apres quelques instants de purgation dans la gloire, & qu'elle n'ayt pas besoin de vos suffrages ; ils se refléchiront sur vous, auec vne multiplication de lumieres & de graces, que la misericorde de Dieu qui couronne les bonnes volontez, & qu'vne ame, qui vous en sera redeuable, vous peut obtenir par son intercession. O Dieu de toute bonté, vous ne nous faites des commandemens, que pour nos propres interests, vous voulez déliurer les ames du Purgatoire par nos suffrages, afin que la mesme charité qui leur donne l'entrée du Ciel, nous la merite, & que leur faisant misericorde, nous la receuions de vous ?

L'inclination de la nature nous porte au soulagement de nostre prochain, la raison nous y engage, la loy de Dieu nous y oblige, il y va de nos interests, puisque nous ne pouuons estre bien-heureux, ny en ce monde, ny en l'autre, que par les œuures de misericorde ; n'est-ce donc pas agir contre toutes sortes de droits & contre nous mesme, de manquer à ce deuoir ? Le Verbe diuin qui nous fait ce commandement, le confirme par son exemple, il s'abaisse jusques à se faire homme, & se reuest de nostre nature pour la sauuer : Iesus-Christ, Homme-Dieu, s'immole au Pere Eternel, par les austeritez continuelles de sa vie, par les supplices, & la mort extrémement cruelle de la Croix ; il resuscite auec les playes éclattantes qu'il auoit receuës, afin que nous soyons bien instruits des pratiques & des recompenses de la charité. Nous en sommes les enfans, le nom de Chrestien que nous portons la signifie : Nous tenons la vie, la subsistence, les graces & les moyens de nostre salut de l'eternelle charité de Dieu ; Iesus-Christ est né par l'operation de l'Amour diuin, d'vne Vierge ; il vit, il meurt, il resuscite pour nostre salut. Hé taschons d'imiter cét original, & que nostre conduite charitable en soit vne fidelle copie? Autrement, quand au sortir de cette vie, les riches comparoistront deuant le thrône de sa Majesté, & qu'il leur dira ; I'ay tiré vostre famille de la poussiere, pour la mettre dans les grands emplois ; i'ay conseruéé vos biens contre l'auidité des puissances, contre les coups de l'enuie, contre les ruzes & les violences de vos ennemis, ie vous ay demandé

pour

DE MISERICORDE.

pour toute reconnoissance que vous fissiez quelque aumosne aux pauures sans vous incommoder, & mesme auec promesse de vous en rendre le centuple : Ie vous ay sans cesse aduerty de ce deuoir par les bonnes inspirations des Anges, par la voix des Predicateurs, par l'aduis de ceux qui dirigeoient vostre conscience : où sont vos bonnes œuures, où sont les pauures que vous auez tirés de prison, que vous auez nourris dans leur extreme necessité, que vous auez visités dans leur maladie, où sont les filles que vous auez sauuées du desordre, les captifs que vous auez tirés de la chaisne : Vous auez veu ces miseres, & vous auez estouffé les sentiments de compassion dans vostre cœur : Vous sçauiez des pauures honteux couchez sur la paille, qui n'auoient pas du pain à mettre à leur bouche, au lieu de les assister des moyens que ie vous auois donné pour cela : Vous en auez fait des profusions en vos vanitez : Vous auez plus consideré les chiens que les pauures, & des commoditez qui deuoient seruir à vostre salut, vous en auez entretenu vos crimes : Allez miserables receuoir le traittement qu'ils meritent : Allez auec les Demons que vous auez choisi pour maistres. Allez viure dans vne mort eternelle auec eux, puisque toute la vie que vous auez passé dans le monde ne fut qu'vne resistence continuelle aux graces qui vous vouloient tirer de ce peril. Est-il possible que les hommes soient aueuglez jusques à ce poinct, de ne pas voir les indignations du Ciel, que le défaut de charité attire sur leurs personnes & sur leurs maisons ; les mal-heurs sans fin où ils precipitent leurs ames, quand ils font vn mauuais vsage des biens ; & que par ce desordre, ils perdent le repos de la conscience, d'où dépend la solide consolation de cette vie, ils perdent tous les fruicts de la vie Chrestienne, toutes les esperances de la gloire. Est-il possible que des hommes raisonnables, ne se portent pas aux œuures de charité qui leur sont commandés par toutes les loix naturelles, diuines & humaines ; qui tirent sur eux, l'amour, l'estime, l'honneur des peuples, les faueurs du Ciel, qui comblent l'ame de consolations diuines, qui la nourrissent des douces esperances, qu'au sortir de cette vie ils entendront de la bouche de Iesus-Christ. Venez benits de mon Pere, j'auois faim, vous m'auez donné de quoy viure; j'estois nud vous m'auez couuert, j'estois ma-

DE MISERICORDE. 449

lade, j'estois prisonnier, j'estois affligé, vous m'auez assisté de vos visites, de vos secours, de vos consolations. Venez mes chers amis, pour estre infiniment consolez; venez posseder la gloire en la compagnie des Anges & de Dieu pour toute l'eternité.

FIN.

www.ingramcontent.com/pod-product-compliance
Lightning Source LLC
Chambersburg PA
CBHW060514230426
43665CB00013B/1515